尚書大傳疏證

〔清〕皮錫瑞 撰
吴仰湘 點校

中華書局

圖書在版編目(CIP)數據

尚書大傳疏證/(清)皮錫瑞撰;吴仰湘點校. —北京:中華書局,2022.3
ISBN 978-7-101-15631-7

Ⅰ.尚… Ⅱ.①皮…②吴… Ⅲ.①《尚書》-研究②史料-中國-商周時代 Ⅳ.K221.04

中國版本圖書館 CIP 數據核字(2022)第 011717 號

責任編輯:劉 明 郭睿康

尚書大傳疏證

〔清〕皮錫瑞 撰
吴仰湘 點校

*

中華書局出版發行
(北京市豐臺區太平橋西里 38 號 100073)
http://www.zhbc.com.cn
E-mail:zhbc@zhbc.com.cn
三河市航遠印刷有限公司印刷

*

850×1168 毫米 1/32 · 11⅝印張 · 2 插頁 · 139 千字
2022 年 3 月北京第 1 版 2022 年 3 月第 1 次印刷
印數:1-3000 册 定價:46.00 元

ISBN 978-7-101-15631-7

點校前言

《尚書大傳》是西漢初年今文經師解説《尚書》的名作，又由東漢末年經學大師鄭玄作注，其中記載古代禮制與史事，「皆唐、虞、三代遺文，往往六經所不備，諸子百家所不詳」（陳壽祺《尚書大傳定本序》），因此具有極高的思想與文獻價值。《漢書·藝文志》著録《尚書》「經二十九卷、傳四十一篇」。此二十九卷經書，後人認作伏生所傳今文《尚書》；而四十一篇傳文，或謂伏生所撰，或稱伏生弟子張生、歐陽生所纂集。可惜《尚書大傳》在宋代已無完本，至明末而全書亡佚。

清代輯佚之學發達，《尚書大傳》及鄭注備受關注。自清初朱彝尊首輯鄭玄《尚書大傳注》，迄於晚清，《尚書大傳》及鄭玄《尚書大傳注》的輯本，竟達二十餘種，重要者有：孫之騄《尚書大傳》三卷、《補遺》一卷，惠棟《尚書大傳》四卷、《補遺》一卷，盧見曾《尚書大傳》四卷、《補遺》一卷，附盧文弨《考異》一卷、《續補遺》一卷，孔廣林《尚書大傳注》三卷，陳壽祺《尚書大傳輯校》三卷、《叙録》一卷、《辨訛》一卷，莊述祖《校尚書大傳》三卷，王謨《尚書大傳》二卷，袁鈞輯、袁堯年校補《尚書大傳注》三卷、《尚書五行傳注》一卷、《尚書略説注》一卷，黄奭《尚書大傳注》一卷，王仁俊《尚書大傳佚文》一卷、《補遺》一卷，王闓運《尚書大傳補注》七卷等。其中以陳壽祺之輯本爲最善。陳氏在孫之騄、盧見曾、孔廣林等輯本基礎上，「覆加稽核，揭所據依，稍參愚管而爲之案」（陳壽祺《尚書大傳定本序》），案語精當，辨證精細，改正前人輯校的闕失與訛誤，對復原《尚書大傳》極有裨益。而繼陳氏之緒業，集成《尚書大傳》搜輯、校訂與考證，闡發之大功者，必推皮錫瑞的成名作《尚書大傳疏證》。

皮錫瑞（一八五〇—一九〇八）字鹿門，湖南善化人。皮氏於光緒八年（一八八二）舉順天鄉試，後四赴禮闈均報罷，以講學、著述終老。他從訓詁、名物入手治經，進而精究《尚書》，兼攻鄭學，晚貫群經，雖宗主今文，但學風謹嚴，持論平實。皮氏又是晚清教育名家，自光緒十八年（一八九二）起主講南昌經訓書院，二十四年（一八九八）兼任長沙南學會學長，「戊戌政變」後遭禁錮而終止經訓書院講席，二十八年（一九〇二）又受聘創辦善化小學堂，並相繼在湖南高等學堂、湖南師範館、長沙府中學堂講授經史，爲新式教育鞠躬盡瘁，被譽爲「經師人師」。

皮錫瑞始治《尚書》即宗主伏生，改署所居曰「師伏堂」，對伏學推崇備至。他認定《尚書大傳》出自伏生，既痛心於全書散佚，也不滿意前人的輯校，提出：「近儒搜輯古書，不遺餘力，而伏《傳》全本，莫睹人間。吳中略摭缺殘，侯官復增校訂。揆之鄙見，尚有訛漏，乃重加補正，爲作疏證。」（《尚書大傳疏證自序》）他以陳壽祺輯本爲主，兼取二盧（見曾、文弨）、孔、袁諸家之長，從輯校與疏證兩方面同時用力，欲畢其功於一役。皮氏自述「殫精數年，易稿三次」，從始作《尚書大傳箋》（皮氏後人繫於一八八七年，未必準確），至一八九二年《尚書大傳疏證》成稿，並陸續校補，一八九五年又採王先謙之議，更定體例，「改從《白虎通疏證》式樣，伏《傳》用大字，鄭注中字，案語夾行小字，陳案語融入己説」（《皮錫瑞日記》乙未年正月初七日），最終定稿爲七卷，嗣經友人夏敬莊出資授梓，翌年秋天即刻成行世。惟因刊板匆促，皮氏發現不少訛誤，卻未及改正，後又察覺體例不盡完善，「中多瑣碎，而大義有未盡，詳略不當，非更訂不可也」（《皮錫瑞日記》丁酉年十二月初二日），立志重加校訂，將來再出定本，可惜迄未償願。

綜觀《尚書大傳疏證》，主要成就有三：其一，依據陳壽祺輯本，進一步補遺漏、廣異文、正訛誤，搜輯更完備，考訂更精確，編排更合理，形成更完善的《尚書大傳》文本，「其書爲《大傳》輯本中最可稱許之本」（劉起釪《尚書學史》）。其二，從文字、史事、制度、義理等方面入手，對《尚書大傳》做全面疏證、闡發，徵引詳明，疏解透徹，議論精當，「足以昌明濟南一家之學，藉存二帝三王之遺」（夏敬莊《尚書大傳疏證序》），既將伏生絶學抉發無隱，也使西漢今文《尚書》之學大爲昌明。其三，對《尚書大傳》鄭玄之注力作箋證，爲鄭注所涉訓詁、史事、名物、禮制等提供佐驗，彰顯奥義，同時著力判分伏、鄭同異，講明家法，别白今、古，尤其對注違《傳》義之處詳加辨析，「申伏抑鄭」（倫明《尚書大傳疏證提要》），使乾嘉以來「併伏、鄭爲一談，昧古、今之殊旨」（《尚書大傳疏證自序》）的局面焕然一新。可見，皮錫瑞完成《尚書大傳疏證》，實是鄭玄注《尚書大傳》以來最爲杰出者，堪稱伏學第二功臣。而他以伏還伏、以鄭還鄭，一洗學界阿鄭詆伏、尊古抑今的風習，在清儒中也難有比肩之人。

在皮錫瑞個人學術發展歷程中，《尚書大傳疏證》也有著深遠影響。皮氏研究《尚書》經歷三個階段：首先，通過考辨僞古文，走向分别今、古文，發現《尚書大傳》《史記》等所載西漢經説在《尚書》研究中最爲關鍵，並對東漢馬、鄭古文提出不信任。其次，通過對伏學闡幽表微，及評議鄭玄《尚書大傳注》，進一步區分兩漢《尚書》今、古文，強化尊今抑古的觀念。最後，通過全面考證二十九篇《尚書》的文字、史事、禮制、義理，恢復今文《尚書》的本來面貌，確立西漢今文經學的學術權威。因此，就皮氏個人的《尚書》研究而言，《尚書大傳疏證》實是一部承前啓後之作，既將他此前注重伏學的主張化爲現實，又爲《今文尚書考證》奠下堅實基礎。至於皮氏後來研究鄭學，沿用疏證之體，旁徵博引，考鏡源流，辨析異同，分别今、古，可謂輕車熟路，也應受益於撰作《尚書大傳疏證》的經歷。

《尚書大傳疏證》由皮氏師伏堂光緒二十二年（一八九六）刊於南昌經訓書院，後收入《師伏堂叢書》，再經影印，得以廣泛流傳。兹據師伏堂刻本進行整理，其中陳壽祺輯校文字，則參校光緒十四年（一八八八）南菁書院《皇清經解續編》本。整理成果先後收入《皮錫瑞集》（岳麓書社二〇一二年）、《皮錫瑞全集》（中華書局二〇一五年）。此次新校，以《皮錫瑞全集》本爲工作本，著重從審斷句讀、斟酌標點、比對異文、覈校訛舛等方面用力，糾正少數錯誤，並删去個别冗餘校注。

有關點校事項，説明如下：

（一）凡「經」「傳」「記」「注」「疏」「正義」「解詁」「釋文」等，若非確指某書、某篇，而指對其中字句的注解或説明，不加書名號，以省繁複。

〔二〕凡底本中訛、脱、衍、倒文字者徑改，出校説明依據。

〔三〕凡避諱字、版刻混用字，一律徑改，不出校記。

〔四〕凡引文，經覆檢原書後，若有文字訛誤或文意歧異者，據原書改正，出校説明；而屬節引、撮述大意及無礙文義的文字出入，則不作校改。

〔五〕民國學者倫明所作《尚書大傳疏證提要》，作爲附録置於書末。

辛丑仲夏，吴仰湘校訖並誌

序

秦變法而二帝三王之法永墜，秦燔書而二帝三王之書亦亡。書不可亡，天生伏生，傳《尚書》經二十九篇、傳四十一篇。或謂《大傳》是生殁後，歐陽、張生撰集。猶之《論語》，亦出門人，不可謂非濟南之書也。漢時，歐陽、夏侯三家，皆立於學。别有古文，出自孔壁。然孔安國先通伏生今文，歐陽和伯事伏生，授兒寬，寬又受業孔安國。歐陽、大小夏侯氏學皆出於寬，則漢時今、古文本是一家，初無殊旨。緐古文以汩今文，蓋昉於劉歆。歆當新莽時，以古文《尚書》立學，必自爲之章句、訓解。建武中興，廢之，而説已傳播，衛、賈、馬、許皆崇信。《五經異義》所載古《尚書》説，多用《周禮》易今文義，蓋本歆説。歆説既行，學者遂爲「古文」二字所壓。以鄭君之精識，其注《大傳》，猶多改其字、變其義，不守濟南師法，豈非爲「古文」所誤哉！

三家《尚書》既亡，濟南之傳中絶。賴有《大傳》，巋然獨存。宋朱文公作《儀禮經傳通解》，多采其書。元、明以來，空言滋甚，並《大傳》亦不存於世。近儒迭相綴輯，福州陳氏輯本最善，然亦有譌漏，且無疏解，不便學者誦習。皮君鹿門，治今文學，取陳氏本重加釐訂，爲作疏證，足以昌明濟南一家之學，藉存二帝三王之遺。予見其書，爲付剞氏，以詔後學。書成，乃述其緣起，並發其大旨如此。

歲在柔兆涒灘相月，新建夏敬莊序

自序

自暴秦燔坑，經義堙曖。而《易》主卜筮，《詩》存諷誦，《春秋》未箸竹帛，《禮》《樂》本無成書，推原廢興，匪咎煨燼。惟《尚書》一經，上紀五家，邈乎百篇，未由再覩。斯文未喪，一老憖遺。箸録本於秦官，發藏先於孔壁。五三六經之旨，如日中天；二十八篇之文，比宿北斗。若夫別撰大義，不盡發明本經。而歐、張傳授，皆出高足；劉、班《畧》《志》，首列《傳》名。漢世四家言《詩》，二戴述《禮》；公羊經旨，司馬史才。考其記禮之辭，多相出入；序事之畧，亦堪證明。是知山東之大師，無若泲南之閎遠。

厥後東京祖鄭，南宋宗朱。懿彼兩賢，師法百禩。而《六蓺》撰定，特爲注釋；《儀禮通解》，多引《傳》文。然則專家雖亡，莫尋虎觀之緒；四卷具在，猶見鴻生之遺。降逮元、明，競逞虛誕。俗學蔑古，委之榛蕪；空言禍經，烈於秦火。近儒蒐輯古書，不遺餘力，而伏《傳》全本，莫睹人間。吴中略摭缺殘，侯官復增校訂。揆之鄙見，尚有譌漏，乃重加補正，爲作疏證。仿孔沖遠之例，釋滯求通；衍鼂家令之流，暢微抉隱。而皇、熊舊疏，莫可據依；摩詰古圖，空傳仿佛。拾遺訂墜，有四難焉：伏生生自先秦，多識古禮；學興前漢，是爲今文。枝葉所嬗，非止三家《尚書》；符節相同，通夫十四博士。乃自紅休一出，赤伏中興，信列國陰謀之書，用山巖疑似之説。昧者遂疑今爲漢法，古是周文。素王之制，定自太常；六典之篇，可概上古。四輔匡主，以爲《周禮》無文；太子迎侯，孰識異代之法？今將祛此大惑，紹夫顓門，而曲臺逸文，廛珠散失；石渠議奏，碎璧湮淪。其難一也。

東京作章句，必曲曲以敷陳；西漢尚微言，不字字而比傅。江都之述《繁露》，太傅之傳《韓詩》，比於是編，實堪鼎足。乃或昧於古書之例，徒以耳食自矜。《臯謨》之言貢士，必欲强通；《多士》之論宮城，亦思影坿。成王幼在襁褓，不解甚言非真；《梓材》謂命伯禽，務在穿鑿立異。致爲此書詬病，實由誤會傳文。今將辨明體裁，析解淆惑，而譌謬沿襲，或且强作調人；摧陷廓清，莫能比於武事。其難二也。

漢通天人，多出齊學。《詩》説五際，《春秋》三科，擬諸《洪範》之辭，皆明災異之旨。故自漢至隋，並著於史。良以五行之義，自成一家之言。宋人疾緯書如仇讐，謂

「天變不足畏」。《中候》十八，既詆讖言；大法九章，皆從棄置。今將甄極讖緯，推明禹疇，而河、洛遺文，無由鉤擿；向、歆異說，亦尟折衷。其難三也。

金絲既振，乃有壁書；門户斯岐，多逞胷臆。鄭君既注是書，自宜恪遵勿失，乃詆歐陽爲蔽冒，信衛、賈爲雅材。間下己意，比於箋《毛》；或易本文，同夫注《禮》。易「曰容」爲「曰睿」，變「大交」爲「南交」。《甘誓》六卿，解以周制；《堯典》八伯，義非虞官。帝者之服五章，天子之城九里，皆由泥古，不免獻疑。近人併伏、鄭爲一談，昧古、今之殊旨。西莊之作《後案》，阿鄭實多；樸園之攷今文，詆伏尤妄。今將別漢司農之注，守秦博士之傳，而庸俗異視，易謬玄黄；别定一尊，莫分黑白。其難四也。

錫瑞殫精數年，易稾三次，既竭駑鈍，粗得端緒。原注列鄭，必析異同；輯本據陳，間加釐訂。所載名物，亦詳引徵。冀以扶孔門之微言〔一〕，具伏學之梗概。世有達者，理而董之。

歲在旃蒙協洽壯月，善化皮錫瑞自序於江右經訓書院

【校勘記】

〔一〕「微」，原誤作「徵」，據《師伏堂駢文》及《皮鹿門年譜》改。

目録

尚書大傳疏證卷一

唐傳

《困學紀聞》卷二云：「《大傳》説《堯典》，謂之《唐傳》，則伏生不以是爲《虞書》。」

堯典

辯章百姓，百姓昭明。《癸辛雜識》前集引《尚書大傳》第一曰云云。又《毛詩·采薇》正義、《史記·五帝紀》索隱、《後漢書》注引「辯章百姓」。

疏證曰：《東觀漢記》、《漢官解詁》皆引「辯章」。鄭注《尚書》云：「辯，別也。章，明也。」亦從今文。《白虎通·姓名》篇曰：「姓所以有百者何？以爲古者聖人吹律定姓，以紀其族，人含五常而生，正聲有五，宮、商、角、徵、羽，轉而相雜，五五二十五，轉生四時，異氣殊音悉備，故姓有百也。」鄭以「辯章」爲「別明」，今文家解「辯章百姓」，當如《白虎通》「吹律定姓」之説。

主春者張昏中，可以種穀。《堯典》正義。《禮書》引作「穀」，《周禮·司寤氏》疏引作「稷」。

疏證曰：《尚書》作「鳥」，而此云「張」者，《天官書》曰「張，素」，即鳥之嗉也。穀即禾。禾即粱，今之小米。《説文》：「禾，嘉穀也。二月始生，八月而孰，得時之中，故謂之禾。禾，木也。木王而生，金王而死。」穀，禾皮也。《氾勝之書》曰：「種禾無期，因地爲時。三月榆莢時雨，高地强土可種禾。」或引作「種稷」者，後世多誤認粱、稷爲一物。詳見程瑶田《九穀考》、劉寶楠《釋穀》。

主夏者火昏中，可以種黍、菽。《周禮·司寤氏》疏引作「黍菽」，《堯典》正義、《禮書》引無「菽」字。

疏證曰：《春秋説題辭》曰：「精移火轉生黍，夏出秋改。」杜預注曰：「去春之夏，故移也。農書曰：黍之言暑也，必須暑改得陰乃成也。」《説題辭》又曰：「菽者，屬也。春生秋熟，理通體屬也。菽赤黑，陰生陽，大體應節。小變赤，象陽色也。」宋均注曰：「陰、陽，謂春、夏也。大體，謂多黑也。小變，謂時之然也。」《白虎通》曰：「清明風至，則黍稷滋。」崔寔《四民月令》曰：「四月可種黍，謂之上時。」《氾勝之書》曰：「黍者，暑也。種必待暑，先夏至二十日，此時有雨，强土可種黍。畝三升。黍心未生，雨灌其心，心傷無實。凡種黍，皆如禾，欲疏於禾。」又曰：「種大豆，率人五畝。大豆忌甲卯。三月榆莢時雨，高田可種大豆。夏至後二十日，尚可種小豆。不保歲，難得。宜椹黑時種，畝五升。」

主秋者虚昏中，可以種麥。《堯典》正義、《周禮·司寤》疏、《禮書》引同。

疏證曰：《説文》曰：「麥，芒穀。秋穜厚薶，故謂之麥。麥，金也。金王而生，火王而死。」《白虎通》曰：「閶闔風至，則種宿麥。」《氾勝之書》曰：「夏至後七十日，寒地可種宿麥。麥早種，穗强有節；晚種，穗小而少實。麥種以酢漿，無蟲。冬雪止，掩其雪，勿從風飛去〔一〕，則麥耐旱。」

主冬者昴昏中，可以收斂、蓋藏。《周禮·司寤》疏引多「蓋藏」二字，《堯典》正義、《禮書》無。

疏證曰：陳壽祺曰：「《太平御覽·時序部》十八、又二十一、又二十四引《尚書考靈曜》曰：『鳥星爲春候，火星爲夏期，專陽相助，同精感符。虚星爲秋候，昴星爲冬期，陰氣相佐，德乃弗邪。子助母收，母合子符。』鄭康成注：『虚星，北方宿也。昴星，西方宿也。陰，指母也。』《禮記·月令》正義引《書考靈曜》曰：『「主春者鳥星昏中，可以種稷。主夏者心星昏中，可以種黍。主秋者虚星昏中，可以種麥。主冬者昴星昏中，則入山可以斬伐〔二〕、具器械。」王者南面而坐，視四星之中者而知民之緩急，急則不賦力役，故敬授民時。』《書緯》之言，與伏生《書傳》同。《淮南子·主術訓》：『張昏中則務種穀，大火中則種黍、菽，虚中則種宿麥，昴中則收斂、畜積、伐薪木。』案：此即本《大傳》。」

秋昏虚星中〔三〕，**可以種麥。**注虚，北方玄武之宿，八月昏中見於南方。《齊民要術》一

主冬者昴昏中，可以收斂、田獵、斷伐。當上告之天子而下賦之民，故天子南面而視四星之中，知民之緩急，急則不賦籍，不舉力役。故曰：「敬授人時。」此之謂也。注籍，公家之常徭。《太平御覽》二十六《時序部》十一。又《尚書·堯典》正義、《北堂書鈔》、《路史·後紀》十一引小異。

疏證曰：《大傳》兩言「民」字，引經必作「敬授民時」。《説苑·雜言》篇文與《大傳》、《考靈曜》畧同，引《書》曰：「敬授民時」。他如《史記·五帝紀》、《漢書·百官公卿表敘》《律曆》《食貨》《蓺文志》、《李尋》《王莽傳》、《潛夫論·愛日》篇、《班祿》篇，《中論》、《國語》韋注，《漢官儀》，《孫叔敖碑》，《後漢書》劉陶《改鑄大錢議》，皆作「民時」。段玉裁以爲衛包改經作「人時」，蓋淺人又依衛包所改經以改《大傳》。

東方者何也？動方也。物之動也，何以謂之春？春，出也。故謂東方春也。《太平御覽》十八《時序部》三。又《蓺文類聚》三。又《廣韻》十八《真》引「春，出也」下，多「萬物之出也」。《玉燭寶典》引傳「物之動也」作「物方者動」，「春，出也」作「春者，出也。出也者，物之出」，「故謂」作「故曰」。

疏證曰：《尸子》曰：「東者，動也。《震》氣，故動。」又曰：「東方爲春。春，動也。」《春秋元命包》曰：「春之猶言偆。偆者，喜樂之貌也。」又曰：「春含名蠢，位東方，動蠢明達。」注：「春之言蠢，東之言動，含此名以自明自達也。」《漢書·律曆志》曰：「少陽者，東方。東，動也，陽氣動物，於時爲春。春，蠢也，物蠢生，迺動運。」《白虎通・五行》篇曰：「木在東方。東方者，陽氣始動，萬物始生。木之爲言觸也，陽氣動躍，觸地而出也。」又曰：「所以名之爲東方者，動方也，萬物始動生也。」又曰：「春之爲言偆。偆，動也。位在東方。其色青，其音角者，氣動躍也。」《風俗通・祀典》篇曰：「春者，蠢也，蠢蠢摇動也。」《爾雅》釋文引劉歆注曰：「角，觸也。物觸地而出，戴芒角也。」「春」與「出」雙聲。《召誥》「維丙午朏」，作「維丙午蠢」。

南方者何也？任方也。任方者，物之方任，何以謂之夏？夏者，假也，吁荼萬物，養之外者也。故曰南方夏也。《御覽》二十一《時序部》六。注 吁荼，讀曰「嘘舒」。《事類賦》。又《玉燭寶典》引傳「任方者」作「任方也者」，「吁荼萬物而養之外也」作「假也者，吁荼萬物而養之」，注「嘘舒」下多「也」字。

疏證曰：《禮記・鄉飲酒義》曰：「南方者夏。夏之爲言假也，養之長之，假之仁也。」《尸子》曰：「夏爲樂。南方爲夏。夏，興也。南，任也。是故萬物莫不任興，蕃植充盈，樂之至也。」《漢志》曰：「太陽者，南方。南，任也，陽氣任養物，於時爲夏。夏，假也，物假大，乃宣平。」《白虎通・五行》篇曰：「南方者，任養之方，萬物懷任也。」《三禮義宗》曰：「夏，大也，謂萬物長大也。夏謂南者，南，任也。」案：古「南」、「男」、「任」三字通。《左氏傳》「鄭伯男也」亦作「南」，《禹貢》「二百里男邦」《史記》作「任國」，可證。懷任，猶懷妊也。

西方者何也？鮮方也。鮮，訊也。訊者，始入之皃。始入者何以謂之秋？秋者，愁也。愁者，萬物愁而入也。故曰西方者秋也。[注]秋，收斂皃。《御覽》二十四《時序部》九。《玉燭寶典》引傳曰：「西方者何也？鮮方。或曰：鮮方者，辟辟之方也。辟辟者，始入之貌。始入則何以謂之秋？秋者，愁也。愁也者，物方愁而入也。故曰西方者秋也。」注「收斂也」作「收斂之皃」。

疏證曰：陳壽祺曰：「愁，當如《禮記》作『揫』，字之誤。注『秋』字亦當作『揫』。」錫瑞案：《爾雅·釋天》曰：「秋爲白藏。」又曰：「秋爲收成。」又曰：「秋獵曰獮。」注：「獮，殺也，順秋氣。」《春秋元命苞》曰：「秋，愁也，物愁而入也。」《春秋繁露》曰：「秋之爲言猶湫。湫者，憂悲之狀。」又曰：「秋，怒氣，故殺。」《漢志》曰：「秋，䪢也，物䪢斂，乃成就。」《白虎通》曰：「秋之言愁也。其帝少皡。少皡者，少斂也。其神蓐收。蓐收者，縮也。」《釋名》曰：「秋者，緧也，緧迫萬物，使得時成也。」《三禮義宗》曰：「秋之言揫縮之意，陰氣出地，始殺萬物，故以秋爲節名。」以「西方」爲「鮮方」者，《匡謬正俗》曰「西」有「先」音。攷古韻，「西」不與「齊」韻通。《詩·小明》「我征徂西」與「明明上天」叶。班固《西都賦》「汧涌其西」與「涇渭之川」叶。《樂府·雁門太守行》「安陽亭西」與「莫不欲傳」叶〔四〕。此云「鮮方」，義亦由諧聲出也。「鮮」，當如《爾雅》「秋獵曰獮」之義。古文《尚書·柴誓》，《大傳》作《鮮誓》。《史記·魯世家》云「作《肹誓》」，徐廣曰：「一作『鮮』，一作『獮』。」索隱曰：「鮮，獮也。言於肹地誓眾，因行獮田之禮，以取鮮獸而祭。故字或作『鮮』，或作『獮』。」是「鮮」、「獮」聲義皆近。「獮」有「殺」義，故秋曰鮮方。《五行志》云：「金者，西方。萬物既成，殺氣之始也。」傳云：「離逢非沴，維鮮之功。」鄭注：「鮮，殺也。」《玉燭寶典》引「訊」作「誶」者，古者「訊」、「誶」通用。《詩》「訊予不顧」，「訊」一作「誶」。

北方者何也？伏方也。伏方也者，萬物伏藏之方。伏藏之方，則何以謂之冬？冬者，中也。中也者，萬物方藏於中也。故曰北方冬也。陽盛，則吁荼萬物而養之外也；陰盛，則呼吸萬物而藏之内也。故曰：吁吸也者，陰陽之交接，萬物之終始。注 吁荼，氣出而温。呼吸，氣入而寒。温則生，寒則殺也。《御覽》二十六《時序部》十一。又《蓺文類聚》三、《記纂淵海》卷三節引。又《事類賦》五。《玉燭寶典》引傳作「北方者何也？伏方也，萬物之方伏。物之方伏，則何以謂之冬？冬者，中也。中也者，物方藏於中也。故曰北方冬也」。

疏證曰：《禮記·鄉飲酒義》曰：「北方者冬。冬之爲言中也。中者，藏也。」《尸子》曰：「北方爲冬。冬，終也。北方，伏方也。萬物至冬皆伏，貴賤若一也。」《漢志》曰：「人陰者，北方。北，伏也，陽氣伏於下，於時爲冬。冬，終也，物終藏，乃可稱。」《白虎通·五行》篇曰：「北方者，伏方也，萬物伏藏也。」《春秋繁露》曰：「冬氣衰，故藏。」

中春辯秩東作，中夏辯秩南譌，中秋辯秩西成，中冬辯在朔易。《周禮·馮相氏》注。賈公彦疏云「據《書傳》而言」。《史記·五帝紀》索隱亦引「辯秩東作」。

便在伏物。《史記·五帝紀》索隱。

疏證曰：《索隱》曰：「使和叔察北方藏伏之物，謂人畜積聚等冬皆藏伏。《尸子》亦曰：『北方者，伏方也。』《尚書》作『平在朔易』。今案：《大傳》云『便在伏物』，太史公據之而書。」段玉裁曰：「作『朔易』者，古文《尚書》；作『伏物』者，今文《尚書》也。今本《尚書大傳》曰：『辯在朔易，日短。朔，始也。傳曰：天子以冬，命三公，謹蓋藏，閉門閭，固封竟，入山澤田獵，以順天道，以佐冬固藏也。』此『朔易』二字乃淺人所改，『朔，始也』三字亦淺人妄增。『命三公』云云，所謂『辯在伏物』，絶無『始易』之意也。漢人多用今文《尚書》，《王莽傳》曰：『予之北巡，以勸蓋藏。』『蓋藏』即『伏物』也。此今文《尚書》説也。」侯康曰：「段説非也。段所疑者，以《大傳》下數語絶無『始易』之意。然《大傳》於『辯秩西成』，傳亦與『西成』意不相涉，蓋渾舉大意而已。況《正義》引王肅此句注云『改易者，謹約蓋藏，循行積聚。《詩》：「嗟我婦子，曰爲改歲，入此室處。」言人物皆易』，正與《大傳》意同。使《大傳》果爲『伏物』言之，王肅必不取以解『朔易』。此今文之不作『伏物』，又一證也。」錫瑞案：二説皆屬偏見。三家今文《尚書》傳本各異，則《大傳》或亦有「朔易」、「伏物」兩本，賈公彦、小司馬各據其一，不必是此而非彼也。《大傳》以北方爲「伏方」，則「伏」即是「北」，不必定作「朔」字，始與東、西、南三方相對也。王肅亂經之人，其説何足爲據？

分命和仲，度西曰柳穀。《周禮·縫人》注。賈疏云「是濟南伏生《書傳》文」。

疏證曰：《尚書正義》引夏侯等「昧谷」爲「柳谷」。《史記·五帝紀》曰「昧谷」，徐廣曰「一作『柳谷』」，則《史記》亦當本作「柳谷」，後人妄改之。《大傳》「柳穀」之「穀」字，蓋亦叚借爲「谷」。「谷」與「穀」通。《莊子》「臧與穀二人相與牧羊」，崔譔本「穀」作「谷」，是其證也。蓋伏生用叚借，夏侯等用本字。春爲暘谷，秋爲柳谷，義正相對。《論衡》云「日出扶桑〔五〕，暮入細柳」，故曰柳谷。徐廣曰：「柳亦日入處地名。」是也。孫星衍因《周禮》鄭注云「柳之言聚」，賈疏云「柳者，諸色所聚。日將没，其色赤，兼有餘色，故曰柳穀」，遂謂《説文》有「穀」字，云「日出之赤」，「穀」當叚借爲「穀」，其説非是。

寅餞入日，辯秩西成。傳曰：天子以秋，命三公將率，選士厲兵，以征不義，決獄訟，斷刑罰，趣收斂，以順天道，以佐秋殺。《御覽》二十四《時序部》九。

疏證曰：《春秋感精符》曰：「霜，殺伐之表。季秋霜始降，鷹隼擊。王者順天行誅，以成肅殺之威。」《明堂之制》曰：「秋治以矩，矩之言度也。肅而不劾，剛而不匱，取而無怨，内而無害，威厲而不懾，令行而不廢。殺伐既得，仇敵乃克。矩正不失，百誅乃服。」《洪範五行傳》曰：「仲秋之月，乃令農隙民畋醵，庶甿畢入於室，曰時殺將至，毋罹其災。季秋之月，除道成梁，以利農夫也。孟冬之月，命農畢積聚，繫牛馬，收澤賦。」《王居明堂禮》亦與《五行傳》畧同。

辯在朔易，日短。朔，始也。傳曰：天子以冬，命三公，謹蓋藏，閉門閭，固封境，入山澤田獵，以順天道，以佐冬固藏也。《御覽》二十六《時序部》十一。

疏證曰：陳壽祺曰：「《大傳》引《書》『日短』下無『星昴』二字，或傳寫失之，或以『日短』斷句。」錫瑞案：《淮南子．天文訓》曰：「不周風至，則修宮室，繕邊城。」注云：「立冬節，土工其始，故治宮室，繕修邊城，備寇難也。」又曰：「廣莫風至，則閉關梁，斷刑罰，殺當罪。」注云：「象冬閉藏，不通關梁也。罰刑之疑者，於是順時而決之。」又曰：「太陰理冬，則欲猛毅剛强。」又《時則訓》：「其令曰：審羣禁，固閉藏，修障塞，繕關梁，禁外徙，斷罰刑，守門閭，大搜客，止交遊，禁夜樂，早閉晏開，以索姦人。已得執之，必固天節。已幾刑，殺無赦。雖有盛尊之親，斷以法度。無行水，毋發藏，毋釋罪。」注云：「應陰殺也。」蔡邕《月令章句》曰：「冬，終也，萬物於是終也。」京房《易占》曰：「立冬《乾》王，不周風用事，人君當興邊兵，治城郭，行罰決罪。」《三禮義宗》曰：「冬，終也。立冬之時，萬物終成。」《乙巳占》曰：「天子當以冬時賞死事，恤孤寡，察阿黨，謹蓋藏，修積聚，坯城郭，戒門閭，修鍵閉，慎筦鑰，固封疆，備邊境，防要害，謹關梁，塞蹊徑，飭喪紀。」皆與《大傳》義合。

孔子對子張曰：「男子三十而娶，女子二十而嫁。女二十而通織紝績紡之事、黼黻文

章之美，不若是，則上無以孝於舅姑，下無以事夫養子也。」《周禮・媒氏》疏無「女二十而」四字。《通典》五十九《嘉禮》四。又《毛詩・摽有梅》正義。

疏證曰：《路史・前紀》：「逸《禮・本命》篇云：『太古男五十而娶，女三十而嫁。中古男三十而娶，女二十而嫁。』《地官・媒氏》：『掌萬民之判，男三十而娶，女二十而嫁。』蓋本於此。《書大傳》孔子之説亦然。」則《大傳》當更有「太古五十而娶」之文，與《本命》篇同，疏所引不備耳。疏載王肅曰：「《周官》云『令男三十而娶，女二十而嫁』，謂男女之限，嫁娶不得過此也。三十之男，二十之女，不待禮而行之，所以奔者不禁。」引《家語》以爲「三十之男、二十之女，言其極法」。馬昭則引《大傳》此文及《禮記・本命》篇「『中古男三十而娶，女二十而嫁，合於中節。太古男五十而有室，女三十而嫁。』《穀梁傳》曰：『男子二十而冠，冠而列丈夫，三十而娶。』尹更始曰：『男三十而娶。女十五許嫁、笄，二十而嫁。』《曲禮》：『三十曰壯，有室。』盧氏云：『三十盛壯，可以娶女。』《内則》：『三十而有室，始理男事。女子十五笄，二十而嫁。有故，二十三而嫁。』經有『夫姊之長殤』，舊説三十而娶，而有夫姊之長殤者，何關盛衰？一説：關畏、厭、溺而殤之。盧氏以爲衰世之禮也。」又案：《詩疏》引《異義》：「今《大戴禮》説：男子三十而娶，女子二十而嫁，天子以下及庶人同禮。又《左氏》説：人君十五生子，禮。三十而娶，庶人禮也。許君謹案：舜生三十不娶，謂之鰥。《禮・文王世子》云：

『文王十五生武王，武王有兄伯邑考在。』故知人君早娶，所以重繼嗣。鄭玄不駁。」據此〔六〕，則古文《左氏》説人君與庶人禮異，今文《大戴》説天子及庶人禮同。《大傳》不分别人君、庶人之異，亦當同《大戴》説。又《白虎通·嫁娶》篇曰：「男三十而娶，女二十而嫁何？陽數奇，陰數偶也。男長女幼者何？陽道舒，陰道促。男三十筋骨堅强，任爲人父。女二十肌膚充盈，任爲人母。合爲五十，應大衍之數，生萬物也。故《禮·内則》曰：『男三十壯有室，女二十壯而嫁。』三十數三終奇，陽節也。二十再終偶，陰節也。陽小成於陰，大成於陽，故二十而冠，三十而娶。陰小成於陽，大成於陰，故十五而笄，二十而嫁也。」《淮南·氾論訓》：「禮，三十而娶。」注：「三十而娶者，陰陽未成時倶生於子，男從子數左行三十年立於巳，女從子數右行二十年亦立於巳，合夫婦。故聖人制禮，使男三十娶，女二十嫁。」《説文》亦云：「元氣起於子。子，人所生也。男左行三十，女右行二十，倶立於巳，爲夫婦。」則兩漢經師皆以三十、二十爲嫁娶正數。王肅僞撰《家語》，以逞其異説，不足據也。云「女二十而通織紝績紡之事」者，《内則》：「女子十年不出，姆教婉、娩、聽從，執麻枲，治絲繭，織紝、組、紃，學女事，以供衣服。」此言未嫁之前所講女事之禮，及嫁時故通之也。

婦人八歲備數，十五從嫡，二十承事君子。《公羊》隱七年解詁。徐疏云「《書傳》文」。

疏證曰：《公羊》本齊學，與濟南家法相同，故劭公引《大傳》解《公羊》。《白虎通·嫁娶》篇曰：「姪娣年雖少，猶從適人者，明人君無再娶之義也。還待年於父母之國者，未任答君子也。《詩》云：『姪娣從之，祁祁如雲。韓侯顧之，爛其盈門。』《公羊傳》曰：『叔姬歸于紀。』明待年也。」《穀梁注》引《異義》云：「謹案：姪娣年十五以上，能共事君子，可以往，二十而御。《易》曰：『歸妹愆期，遲歸有時。』《詩》曰：『韓侯娶妻，諸娣從之，祁祁如雲』。娣必少於嫡，知未二十而往也。」皆同《大傳》之義。

孔子曰：「舜父頑、母嚚，不見室家之端，故謂之鰥。」《毛詩·桃夭序》正義引《唐傳》。又《尚書·堯典》正義、《通鑑前編》「帝堯七十載」注。《堯典》正義曰：「鰥者，無妻之名，不拘老少。《書傳》以舜年尚少，爲之説耳。」

男三十而娶，女二十而嫁。《書》：「有鰥在下，曰虞舜。」《大戴禮·本命》篇盧辨注。

舜生姚墟。《風俗通·山澤》第十：「謹案：《尚書》云云。姚墟在濟陰城陽縣。」

疏證曰：陳壽祺曰：「《尚書》無此文，此蓋《尚書傳》文」。錫瑞案：《路史·餘論》引：「《援神契》云：『舜生姚墟。』應劭謂與雷澤相近。」《帝王世紀》曰：「瞽瞍妻曰握登，見大虹，意感而生舜於姚墟，故姓姚，名重華，字都君。」

昔舜耕於歷山，陶於河濱。注 歷山，在河東。《毛詩·魏譜》正義。又《尚書·大禹謨》正義。今有舜井。《水經·瓠子水》注。《御覽》四十二《地部》七「井」作「墓」，引鄭玄云。

疏證曰：《路史·餘論》："《書大傳》云：『舜陶河濱。』按《元和志》，乃河東縣北四十里之故陶城。"又曰："皇甫謐謂：壽丘，在魯東門之北。河濱，爲即陶丘，乃定陶西南之陶丘亭。"

販於頓丘，就時負夏。《史記·五帝紀》索隱。又《御覽》八百二十九《資産部》九引上句。

疏證曰：《帝王世紀》曰："始遷於負夏，販於頓丘，責於傅虚。家本冀州，每徙，則百姓歸之。"案：《孟子》曰"遷於負夏"，"遷"乃"貿遷"之"遷"，即傳所云"就時"。

舜漁於雷澤之中。 注 雷夏，沇州澤，今屬濟陰。《史記·五帝紀》集解。《御覽》七十二《地部》三十七，又八百三十三《資産》十三引傳。

疏證曰：《史記·五帝紀》："舜，冀州之人也。耕歷山，漁雷澤，陶河濱，作什器於壽丘，就時於負夏。"又曰："舜耕歷山，歷山之人皆讓畔；漁雷澤，雷澤上人皆讓居；陶河濱，河濱器皆不苦窳。"《尸子》曰："舜兼愛百姓，務利天下。其田歷山也，荷彼耒耜，耕彼南畝，與四海俱有其利。其漁雷澤也，旱則爲耕者鑿瀆，儉則爲獵者表虎。故有光若日月，天下歸之若父母。"《韓子》曰："歷山農者侵畔，舜往耕，朞年而耕者讓畔。河濱漁者争坻，舜往，朞年而漁者讓坻。東夷之陶者苦窳，舜往陶，朞年而器以牢。"《吕氏春秋》曰："大舜遇堯，天也。舜耕於歷山，陶於河濱，釣於雷澤，天下悦之。"《淮南·原道訓》曰："昔者舜耕於歷山，朞年而田者爭處墝埆，以封壤肥饒相讓；釣於河濱，朞年而漁者爭處湍瀨，以曲隈深潭相與。」《説苑·反質》篇曰：「歷山之田者善侵畔，而舜耕焉；雷澤之漁者善爭陂，而舜漁焉；東夷之陶器窳，而舜陶焉。故耕、漁與陶非舜之事，而舜爲之，以救敗也。」《新序·雜事一》曰：「昔者舜自耕稼陶漁，而躬孝友。故耕於歷山，歷山之耕者讓畔；陶於河濱，河濱之陶者器不苦窳；漁於雷澤，雷澤之漁者分均。」《列女傳》卷三曰：「昔舜耕於歷山，漁於雷澤，陶於河濱。非舜之事而舜爲之者，爲養父母也。」趙岐《孟子注》曰：「負夏，在東方夷服之地〔七〕，故曰東夷之人也。」又曰：「舜耕歷山之時，居木石間〔八〕。鹿豕近人，若與人遊。」

「正月上日，受終於文祖。在旋機玉衡，以齊七政。」齊，中也。七政者，謂春、秋、冬、夏、天文、地理、人道，所以爲政也。道正而萬事順成，故天道，政之大也。旋機者何也？傳曰：旋者，還也。機者，幾也，微也。其變幾微，而所動者大，謂之旋機。是故旋機謂之北極。受，謂舜也。上日，元日。《御覽》二十九《時序部》十四。又《史記·五帝紀》正義、《天官書》索隱。《玉海·天文上》引《大傳》與此不同，蓋誤。【注】渾儀中筩爲旋機，外規爲玉衡也。《史記·天官書》索隱引「鄭玄注《大傳》云」。

疏證曰：陳壽祺曰：「《隋書·天文志》引《尚書考靈曜》：『璇璣中而星未中爲急，急則日過其度，月不及其宿。璇璣未中而星中爲舒，舒則日不及其度，月過其宿。璇璣中而星中爲調，調則風雨時，庶草蕃蕪，而百穀登，萬事康也。』《玉海·天文》門引此文，首有『昏明主時乃命中星者』九字，是《書緯》言在旋機以定中星之法也。『齊，中也』至『政之大也』，疑是鄭注，非傳文。」錫瑞案：鄭注以爲渾儀，非《大傳》義。陳氏引《考靈曜》作「璇璣」，亦非《大傳》義也。古書皆以旋機、玉衡爲星名。《易通卦驗》曰：「遂皇始出握機矩。」是法北斗七星而立七政。《乾鑿度》曰：「合七八以視旋機，審矣。」《尚書中候》曰：「昔帝軒提象，配永循機。」鄭注曰：「永，長也。循，順也。以長爲順，斗機爲政也。」《詩·思文》正義引《尚書旋機鈐》，不作「璇璣」。《春秋文曜鉤》曰：「北斗七星，所謂『旋機玉衡，以齊七政』。」又曰：「北斗有七星，天子有七政。」又曰：「斗者，天之喉舌。玉衡屬杓，魁爲旋機。」又曰：「冀州屬旋星，兖、青之州屬機星。」《運斗樞》曰：「五帝所行，同道異位，皆循斗樞機衡之分〔九〕，遵七政之紀、九星之法。」又曰：「北斗七星，第二旋，第三機。」《感精符》曰：「人主含天光，據璣衡，齊七政。」《河圖》曰：「北斗第二星提旋序，第三星機耀緒。」《史記·律書》曰：「故『旋璣玉衡，以齊七政』，即天地二十八宿。十母，十二子。」《天官書》曰：「北斗七星，所謂『旋璣玉衡，以齊七政』。」《説苑·辨物》篇曰：「《書》曰：『在璿璣玉衡，以齊七政。』璿璣，謂北辰句陳樞星也。」孫星衍曰：疑脱「玉衡，謂斗九星也」一句。《漢書·律曆志》曰：「衡，平也。其在天也，佐助旋機，斟酌建指，以齊七政，故曰玉衡。」《續漢志》曰：「昔者聖人之作曆也，觀璇璣之運，三光之行。」注引《星經》曰：「璇璣，謂北極星也。玉衡，謂斗九星也。」據《大傳》云「旋機謂之北極」，不及玉衡，緯候及班、馬之書則多以玉衡爲北斗，又或以旋機、玉衡并爲北斗。蓋渾言則合，析言則分。《續漢志》引《星經》以旋機爲北極，玉衡爲斗九星，分别甚塙。其餘兩漢人所引用，亦皆以機、衡爲星名，不以爲渾天儀，如：京房《易占·畧例》：「故處旋機，以觀大運。」楊子《玄·攡》曰：「運諸泰政即「七政」，繫之泰始，極焉以通璇璣之統，正玉衡之平。」《甘泉賦》曰：「攀璇璣而下視兮，行遊目乎三危。」李善注云：「《漢書》曰：北斗七星，所謂璇璣玉衡。」《長楊賦》曰：「是以玉衡正而泰階平也。」玉衡與泰階對舉，自必以爲星名。劉歆《遂初賦》曰：「惟太階之侈闊兮，機衡爲之難運。懼魁杓之前後兮，遂隆集於河濱。」歆傳古文《尚書》，而以機衡與泰階、魁杓並言，亦以爲星名可知。傅毅《明帝誄》曰：「璇璣所建，靡不奄有。」崔駰《車左銘》曰：「虞、夏作車，取象璣衡。」又《襪銘》曰：「機衡建子，萬物含滋。」則以機衡並爲斗建。漢《堯廟碑》曰：「據旋機之政。」《周公禮殿記》曰：「旋機離常。」《山陽太守祝睦碑》曰：「升紫微，平機衡。」《後碑》又曰：「陟太微，準樞衡。」樞衡即機衡，皆星名。蔡邕《九疑山碑》曰：「旋璣是承，泰階以平。」亦以旋璣與泰階並舉。王逸《九思》曰「上察兮璇璣」，注云：「璇，一作『旋』，一作『琁』。」蓋叔師本作「旋機」，後人改之。「察」即「在」之義。下文云「大火兮西睨，攝提兮運低」，「大火」、「攝提」皆星名，則亦以旋機爲星矣。注又云「璇璣天中，故先察之」，是以璿璣爲北極之明證。《九思》又曰「策謀從兮翼機衡」，注云：「璇璣、玉衡，以喻君能任賢，斥去小人，以自輔翼也。」正文作「機」而注作「璣」，此後人改之參差不一之證。《九辨序》曰：「天有九星，以正機衡。」是亦以爲斗九星。兩漢人以機、衡爲星名，足證明《大傳》古義。而《大傳》以旋機爲北極，則實本之《周髀算經》。《周髀》文多，不具録。《御覽》引《大象列星圖》曰：「北極五星，一名天極，一名北極。其第一星爲太子，第二星最明者爲帝，第三星爲庶子，餘二後宫屬也。並在紫微宫中央，故謂之中極。其占，明大則吉，若變動則有憂。」其説北極最詳。夫解古經，必用古義。古無測天儀器，故《大傳》不以「機衡」爲渾儀。古無測五星法，故《大傳》不以「七政」爲七緯。自馬、鄭舭爲古文異説，以機、衡爲羲和所立渾儀；又以北斗七星爲分主日、月、五星，既已誤解《尚書》，鄭注《大傳》復以此汨伏生之義。陳氏不加辨正，反引《考靈曜》説爲之推波助瀾，其失甚矣。又案：《尚書》鄭注曰：「帝王易代，莫不改正建朔。堯正建丑，舜正建子。此時未改堯正，故云『正月上日』；即位乃改堯正，故云『月正元日』。」鄭此説與《大傳》合。蓋「上日」即是「元日」，特以改正、未改正而異其文耳。《尚書中候》：「曰若稽古帝舜曰重華，欽翼皇象，建黃、授政、改朔。」《詩緯・推度災》曰：「軒轅、高辛、夏后氏、漢皆以十三月爲正，少昊、有唐、有殷皆以十二月爲正，高陽、有虞、有周皆以十一月爲正。」《漢書》董仲舒對策曰：「孔子曰：『無爲而治者，其舜乎？』改正朔，易服色，以順天命而已。其餘盡循堯道，何更爲哉！」《白虎通・三正》篇曰：「王者受命必改朔何？明易姓，示不相襲也。明受之於天，不受之於人，所以變易民心，革其耳目，以助化也。故《大傳》曰：『王者始起，改正朔，易服色，殊徽號，異器械，別衣服也。』是以舜、禹雖繼太平，猶宜改以應天。」皆古説舜改正朔之義。

萬物非天不生，非地不載，非春不動，非夏不長，非秋不收，非冬不藏。故《書》曰：「煙于六宗。」此之謂也。 注 煙，祭也。字當爲「禋」。馬氏以爲六宗謂日、月、星辰、泰山、河、海也。經曰：「肆類于上帝，禋于六宗，望秩于山川，徧于羣神。」《月令》：「天子祈來年於天宗。」如此，則六宗近謂天神也。以《周禮》差之，則爲星、辰、司中、司命、風師、雨師也。《御覽》十八《時序部》三。《儀禮經傳通解續》二十六上《因事之祭》。又《御覽》五百二十八《禮儀部》七、《續漢・祭祀志中》注、《北堂書鈔》引，並無注。

疏證曰：陳壽祺曰：「注『司中』，宋本《御覽》作『司人』，非。『煙』，舊作『湮』。《路史・餘論》五云：『「禋于六宗」，《大傳》作「煙」，則事止燔燎。』據此，《大傳》字从火旁垔作『煙』，故鄭注直釋之曰『祭也』。《周禮·大宗伯》疏引《尚書·洛誥》注云：『禋，芬芳之祭。』康成注《周禮》『以禋祀祀昊天上帝』云：『禋之言煙，周人尚臭，煙氣之臭聞者也。』是鄭據《書·堯典》『煙于六宗』之文以解《禮》也。他書誤爲『湮』字，則注語不可通矣。《史晨祀孔子廟碑》『以供煙祀』，《樊毅修西嶽廟記》『奠柴燎煙』，《西京賦》『升高煙於太乙』，《魏受禪碑》『煙于六宗』，與《大傳》合。」錫瑞案：鄭注非伏義也。《禮記·祭法》正義引《異義》：「今《尚書》歐陽、夏侯説：六宗者，上不及天，下不及地，旁不及四方，中央恍惚無有，神助陰陽變化，有益於人，故郊天並祭之〔一〇〕。」《漢書·郊祀志》引三家説曰：「上不及天，下不及墜，旁不及四方，在六者之間，助陰陽變化〔一一〕，實一而名六。」《續漢志》注引《李氏家書》曰：「司空李郃侍祠南郊，不見六宗祠，奏曰：『案《尚書》：「肆類于上帝，禋于六宗。」六宗者，上不及天，下不及地，旁不及四方，在六合之中，助陰陽化成萬物。今宜復舊制度。』」安帝元初六年，以《尚書》歐陽家説，謂六宗在天、地、四方之中，爲上、下、四方之宗，以元始中故事，謂六宗《易》六子之氣，日、月、雷、風、山、澤者爲非是。楊雄《太玄·玄告》曰「神游乎六宗」，范望注曰：「不居四時、天、地者爲六宗。」《論衡·祭意》篇曰：「六宗，居六合之間，助天地變化，王者尊而祭之，故曰六宗。」《月令·孟冬》「乃祈來年於天宗」，盧植注曰：「天宗，六宗之神。」《吕氏春秋》文同《月令》，高誘注曰：「凡天、地、四時皆爲天宗。萬物非天不生，非地不載，非春不動，非夏不長，非秋不成，非冬不藏。《書》曰：『禋于六宗。』此之謂也。」《楚辭·惜誦》「戒六神以鄉服」，王逸注曰：「六神，謂六宗之神也。」引《尚書》「禋于六宗」。《九歎》「訊九魁與六神」，王逸注曰：「上問九魁、六宗之神。」魏景初中，劉劭言「萬物負陰抱陽，沖氣以爲和。六宗者，太極沖和之氣」，用實一名六之義。《晉書·禮志》載摯虞奏亦依之，皆與《大傳》今文説同。伏生言天、地、四時，三家謂在天、地、四時之間；又變「四時」爲「四方」，蓋東方春、南方夏、西方秋、北方冬，其義亦不異也。

古者圭必有冒，言不敢專達之義也。天子執冒以朝諸侯，見則覆之。注 君恩覆之，臣敢進。《周禮·玉人》疏。

疏證曰：《周禮·玉人》云：「天子執冒四寸，以朝諸侯。」注曰：「名玉曰冒者，言德能覆蓋天下也。」疏引此傳。《白虎通·文質》篇曰：「合符信者，謂天子執瑁以朝諸侯，執圭以覲天子。瑁之爲言冒也，上有所覆，下有所冒也。」《説文·玉部》：「瑁，諸侯執圭以朝天子，天子執玉以冒之，似犂冠。」古文作「⿰王目」。《書·顧命》「上宗奉同瑁」，《吳志》注《虞翻別傳》引馬注訓爲「大同天下」，蓋以「同瑁」爲一物，亦取「覆冒天下」，故爲大同也。

古者圭必有冒，言下之必有冒，不敢專達也。天子執冒以朝諸侯，見則覆之。故冒圭

者，天子所與諸侯爲瑞也。瑞也者，屬也。無過行者，得復其圭，以歸其國。有過行者，留其圭。能改過者，復其圭。三年圭不復，少黜以爵。六年圭不復，少黜以地。九年圭不復，而地畢。此所謂諸侯之朝於天子也，義則見屬，不義則不見屬。《禮書》五十二。又《御覽》八百六《珍寶部》五、《文獻通考》節引，「留其圭」下有「三年」二字。《白虎通·文質》篇引，「瑞也者屬也」下多「諸侯執所受圭與璧，以朝於天子」一句，「無過行者」、「有過行者」無「行」字，「有過者」上多「其餘」二字，「能改過者復其圭」作「能正行者，復還其圭」，「地畢」作「地削」，餘同。又《路史·後紀》十二、《山堂考索》、《演繁露》、《玉海》並節引。

疏證曰：此解經「輯瑞」、「班瑞」之義。諸侯執圭朝天子，無過者還之，經言「班瑞」是也。有過者留其圭，以差黜削，此傳文是也。傳并言圭與璧，或疑一冒不得冒兩物，不知冒特取其「覆冒」之意，《大傳》、《白虎通》皆未嘗言圭必與冒相合，疑者自誤解耳。《説苑·修文》篇曰：「諸侯貢士三不適，謂之誣。誣者，天子黜之，一黜以爵，再黜以地，三黜而地畢。」又曰：「諸侯有不貢士，謂之不率正。不率正者，天子黜之，一黜以爵，再黜以地，三黜而地畢。」言三黜之差，與此傳合。誣與不率正，皆諸侯有過之一端也。

古者巡守，以遷廟之主行。出，以幣帛皮圭告於祖，遂奉以載於齊車。每舍，奠焉，然後就舍。反必告，奠；卒，斂幣玉，藏之兩階之間。蓋貴命也。《路史·後紀》十二《疏仡紀·

有虞》。

疏證曰：《禮記》：「曾子問曰：『古者師行，必以遷廟主行乎？』孔子曰：『天子巡守，以遷廟主行，載於齊車，言必有尊也。今也取七廟之主以行，則失之矣。』」注云：「齊車，金路。」又：「曾子問曰：『古者師行無遷主，則何主？』孔子曰：『主命。』問曰：『何謂也？』孔子曰：『天子、諸侯將出，必以幣帛皮圭告於祖禰〔二〕，遂奉以出，載於齊車以行。每舍，奠焉，而后就舍。』」注云：「以脯醢禮神，乃敢即安也。所告而不以出，即埋之。」又曰：「反必告，設奠；卒，斂幣玉，藏諸兩階之間，乃出。蓋貴命也。」正義曰：「『孔子曰主命』者，孔子言天子、諸侯將出，既無遷主，乃以幣帛及皮圭告於祖禰之廟，遂奉以出行，載於齊車，以象受命，故曰『主命』。云『所告而不以出，即埋之』者，皇氏云：『謂有遷主者，直以幣帛告神，而不將幣帛以出行，即埋之兩階之間。無遷主者，加之以皮圭，告於祖禰，遂奉以出。』熊氏以爲每告一廟，以一幣玉，告畢，若將所告遠祖幣玉行者，即載之而去。若近祖幣玉不以出者，即埋之。以其反還之時，以此載行幣玉告於遠祖，事畢，則埋於遠祖兩階間〔三〕。其近祖以下，直告祭而已，不陳幣玉也。」案：《大傳》此文即本之《曾子問》。《曾子問》分別有遷主、無遷主甚晰。據孔疏，言載遷主與載幣帛是兩事。《大傳》不分者，文不備也。古者天子出軍、巡守，必先由禰告於祖，以及遷主，故即載遷主以行，《甘誓》云「用命，賞于祖」是也。其職，則庶子守之。《文王世子》曰：「其在軍，則守於公禰。」注：「謂從軍者。公禰，行主也。遷主得言禰者，在外親也。」言在軍，則巡守亦然。《册府元龜》載皇氏《禮疏》云惟載新遷一室之主，則當載高祖之禰矣。《白虎通·巡守》篇曰：「王者、諸侯出，必將主何？示有所尊。」引《曾子問》云云，又曰：「必以遷主者，明廟不可空也。」

見諸侯，問百年。命大師陳詩，以觀民風俗。命市納賈，以觀民好惡。山川神祇有不舉者爲不敬，不敬者削以地。宗廟有不順者爲不孝，不孝者黜以爵。變禮易樂爲不從，不從者君流。改衣服、制度爲畔，畔者君討。有功者賞之。《尚書》曰：「明試以功，車服以庸。」《白虎通·巡守》篇。注百年，老成人。見尊之之至也。《路史·後紀》十二《疏仡紀·有虞》引「鄭康成注云」。

疏證曰：《禮·王制》有此文，蓋伏生引以釋《尚書》。鄭君云：「孟子當赧王之時，《王制》之作，復在其後。」是《王制》爲列國時人作。或以《王制》爲漢文時博士作，作《王制》者引《大傳》義，其說非也。《王制》注曰：「陳詩，謂采其詩而視之。市，典市者。賈，謂物貴賤厚薄也。質則用物貴，淫則侈物貴。舉，猶祭也。不順者，謂若逆昭穆。流，放也。討，誅也。」正義曰：「此謂到方嶽之下，見諸侯之後，問百年者就見之。若未至方嶽，於道路之上有百年者，則亦王先見之。故《祭義》云『天子巡守，諸侯待於竟，天子先見百年者』，下云『八十、九十者東行，西行者弗敢過』，道經之則見之。則知百年者，道雖不經，所在就見之，與此少別。王巡守見諸侯畢，乃命其方諸侯。大師是掌樂之官，各陳其國風之詩，以觀其政令之善惡。若政善，詩詞亦善；政惡，則詩詞亦惡。觀其詩，則知君政善惡。故《天保》詩云『民之質矣，日用飲食』，是其政和；若其政惡，則《十月之交》『徹我牆屋，田卒汙萊』是也。命典市之官，進納物賈之書，以觀民之所有愛好，所有嫌惡。山川是外神，故云『不舉』。不舉，不敬也。山川在其國竟，故削以地。宗廟是内神，故云『不順』。不順，不孝也。宗廟可以表明爵等，故黜以爵。禮樂雖爲大事，非是切急所須，故以爲不從，君惟流放。制度、衣服便是政治之急，故以爲畔，君須誅討。此四罪，先輕後重。」

舜修五禮、五玉、三帛。《廣韻・入聲》二十「陌帛」字注。

疏證曰：「五禮」下，當有「五樂」二字。《漢書・郊祀志》引《虞書》「修五禮、五樂、三帛」，師古曰：「五樂，謂春則琴、瑟，夏則笙、竽，季夏則鼓，秋則鐘，冬則磬也。『五樂』，《尚書》作『五玉』，今《志》亦有作『五玉』者。五玉，即五瑞。」陳喬樅曰：「據《禮記》『東巡守』文下言『禮樂、制度、衣服正之』，則是其所據《尚書・堯典》亦有『修五禮、五樂』之文，尤足與《郊祀志》互相發明。班固《漢書》多用《夏侯尚書》。《禮記》本與《夏侯尚書》同一師承，故脗合也。迨後歐陽、夏侯學亡於永嘉之亂，今文遂無可考。後人傳寫《史》、《漢》，疑文與東晉晚出本《尚書》不同，故或存『五樂』而去『五玉』，或存『五玉』而去『五樂』。此《志》所以有作『玉』、作『樂』之不同耳。師古之解『五樂』，謂『春則琴瑟』云云，實襲《漢書音義》舊説而爲之注也。」謹案：陳氏之説是也。《大傳》當作「五禮、五樂、五玉、三帛」，淺人據晚出古文删之。五樂，見《虞夏傳・維元祀》篇。五玉，當從《白虎通・文質》篇義，其説曰：「何謂五瑞？謂珪、璧、琮、璜、璋也。《禮》曰：『天子珪尺有二寸。』又曰：『博三寸，剡上，左右各寸半，厚半寸。』半珪爲璋，方中圓外曰璧，半璧曰璜，圓中牙外曰琮。」五玉者各何施？蓋以爲璜以徵召，璧以聘問，璋以發兵，珪以質信，琮以起土功之事也。」其下文多，不載。三帛，當從鄭義。《公羊傳疏》、《史記正義》皆引鄭《尚書注》云：「三帛，所以薦玉也。受瑞玉者，以帛薦之。必三者，高陽氏之後用赤繒，高辛氏之後用黑繒，其餘諸侯皆用白繒。《周禮》改之爲繅也。」鄭與《大傳》三統、三正之義合，其餘謂堯、舜之諸侯也。《禮緯・含文嘉》曰：「天子、三公、諸侯皆以三帛以薦玉。」宋均注云：「其殷禮，三帛謂朱、白、蒼，象三正。其五帝之禮，薦玉用一色之帛。」與鄭説不同。

以賢制爵，以庸制禄。故人慎德興功，輕利而興義。《路史・後紀》十一《陶唐氏》。

疏證曰：《周禮》大司徒施十有二教，「十有一曰以賢制爵，則民慎德。十有二曰以庸制禄，則民興功。」鄭注：「愼德，謂矜其善德，勸爲善也。庸，功也。爵以顯賢，禄以賞功。」正與傳合。蓋傳以此爲陶唐氏之事也。

三年一使三公黜陟。《公羊》隱八年何休解詁。疏云「《書傳》文」。

疏證曰：《白虎通·巡守》篇曰：「三歲一閏，天道小備；五歲再閏，天道大備。故五年一巡守，三年二伯出述職黜陟。一年物有終始，歲有所成，方伯行國；時有所生，諸侯行邑。《傳》曰：『周公入爲三公，出作二伯，中分天下，出黜陟。』《詩》曰：『周公東征，四國是皇。』言東征述職，周公黜陟而天下皆正也。又曰：『蔽芾甘棠，勿翦勿伐，召伯所茇。』言召公述職，親説舍於野樹之下也。」《五經通義》曰：「王者已有州伯，所以復有二伯何？欲使黜陟也。三歲一閏，天道小備，故二相黜陟也。何以爲二伯乎？曰：以三公在外稱伯，東西分爲二。所以稱爲伯何？欲抑之也。三公，臣之最尊者，又以王命行天下。爲其盛，故抑之也，明有所屈也。」

五年親自巡守。巡，猶循也。狩，猶守也。循行守視之辭。亦不可國至人見爲煩擾，故至四嶽，知四方之政而已。《公羊》隱八年解詁。疏云「《堯典》文」。

疏證曰：陳壽祺曰：「《堯典》無此文，蓋皆出伏生《堯典傳》，疏脱『傳』字耳。」今附録於此。」錫瑞案：《王制》曰：「天子五年一巡守。」注曰：「天子以海内爲家，時一巡省之。五年者，虞、夏之制也。」逸《禮》曰：「王者必制巡狩之禮何？尊天重民也。所以五年一巡狩何？五歲再閏，天道大備。所以至四嶽何？盛德之山，四方之中，能興雲致雨也。巡狩者何？巡，循也。狩，牧也。爲天循行牧民也。」《白虎通·巡狩》篇曰：「王者所以巡狩何？巡者，循也。狩者，牧也。爲天下巡行，守牧民也。道德太平，恐遠近不同化，幽隱不得所者，故必親自行之，謹敬重民之至也。」又曰：「所以不歲巡守何？爲太煩也。過五年，爲太疏也。因天道三歲一閏，天道小備；五歲再閏，天道大備。故五年一巡守。」《風俗通·山澤》篇曰：「巡者，循也。狩者，守也。道德太平，恐遠近不同，故必親自行之，循功考德，黜陟幽明也。」《公羊》隱八年注：「王者所以必巡守者，天下雖平，自不親見，猶恐遠方獨有不得其所。故三年一使三公黜陟，五年親自巡守。巡，猶循也。守，猶守也。循行守視之辭。亦不可國至人見爲煩擾，故至四嶽，足以知四方之政而已。」《御覽》引《禮記·外傳》曰：「溥天之下，莫非王土。封建諸侯，各守天子之地，故巡行之。夏、殷五載一巡狩，周制十二年一巡狩。皆在仲月，以至嶽下，燔柴告天。巡狩之年，四方諸侯先會嶽之下以俟見，考其制度以齊同，有善惡以黜陟之。」

唐、虞象刑而民不敢犯，苗民用刑而民興相漸。唐、虞之象刑，上刑赭衣不純，中刑雜屨，下刑墨幪，以居州里，而民恥之。 【注】純，緣也。時人尚德義，犯刑者但易之衣服，自爲大恥。屨，履也。幪，巾也，使不得冠飾。《御覽》六百四十五《刑法部》十一。又《文選·求賢良詔》注《七命》注、《初學記》二十、《白帖·象刑》《荀子·正論》篇注並節引。

唐、虞之象刑，上刑赭衣不純，中刑雜屨，下刑墨幪，以居州里，而反於禮。注 純，緣也。時人尚德義，犯刑者但易之衣服，自爲大恥。《周禮》罷民亦然。上刑易三，中刑易二，下刑易一，輕重之差。《公羊傳》襄二十九年疏。

疏證曰：陳壽祺曰：「傳末『而反於禮』四字，《公羊》襄二十九年疏作『而民恥之』。據《路史·後紀》十一紀陶唐云《唐傳》作『而反於禮』，《甫刑傳》以三刑爲有虞氏者，非。今依改。」又曰：「《路史》引『而反於禮』四字爲《唐傳》，下即言三刑非有虞制。是此四字與上刑、中刑、下刑云云相屬，皆在《唐傳》中。《路史》此下又釋云：『純，緣也。幪，巾也。《周禮》罷民亦然。上刑易三，下刑易一，輕重之差也。』皆用鄭注文，則《唐傳》有此節傳、注甚明。吴中本以此四字綴上條『而民恥之』下，非也。」錫瑞案：《路史》引此下，有云「此以四萬二千家爲州，七十二家爲里」，與《周禮》異。羅氏知唐、虞與《周禮》不同，然據《大傳》所推，一州當有四十三萬二千家，或今本《路史》脱「十三」兩字耳。

唐、虞象刑，犯墨者蒙皁巾，犯劓者赭其衣，犯臏者以墨幪其臏處而畫之，犯大辟者布

衣無領。《北堂書鈔·象刑》。《酉陽雜俎》卷八引首九字，無「蒙」字。「皁」，舊譌「帛」，今從《雜俎》引改。

疏證曰：象刑，古説皆以爲畫象。《荀子》曰：「古無肉刑而有象刑：墨黥，慅嬰即「纓」字；共即「宫」字，艾畢即「韠」字；菲即「剕」字，對屨；殺，赭衣而不純。」《慎子》曰：「有虞氏之誅，以幪巾當墨，以草纓當劓，以菲履當刖，以艾韠當宫，布衣無領當大辟。」《墨子》曰：「畫衣冠而民不犯。」《周禮·司圜》注：「『弗使冠飾』者，著墨幪，若古之象刑與？」疏引《孝經緯》曰：「『三皇無文，五帝畫象，三王肉刑。』畫象者，上罪墨幪、赭衣、雜屨，中罪赭衣、雜屨，下罪雜屨而已。」《史記·孝文本紀》曰：「蓋聞有虞氏之時，畫衣冠、異章服以爲僇，而民不犯。」《漢書·武帝紀》曰：「朕聞昔在唐、虞，畫象而民不犯。」《元帝紀》曰：「蓋聞唐、虞象刑，而民不犯。」楊雄《廷尉箴》曰：「唐、虞象刑，天民是全。」《白虎通·五刑》篇曰：「五帝畫象者，其衣服象五刑也。犯墨者幪巾，犯劓者以赭著其衣，犯臏者以墨蒙其臏處而畫之，犯宫者屨雜扉，犯大辟者布衣無領。」《風俗通》曰：「五帝畫象，三王肉刑。」《公羊》襄二十九年傳注引「孔子曰：五帝畫象世順機」，疏以「孔子曰」爲《孝經説》文。徐氏疏之曰：「其五帝之時，黎庶已薄，故設象刑以示其恥，當世之人順而從之，疾之而機矣，故曰『五帝畫象世順機』也。」皆與《大傳》義合，而稍有異同。《北堂書鈔》引《大傳》與《白虎通》文合，而無宫刑，蓋有闕文。《御覽》、《公羊疏》引《大傳》，當作「上刑赭衣不純，雜屨，墨幪；中刑雜屨，墨幪；下刑墨幪」，乃與鄭注「上刑易三，中刑易二，下刑易一」之義相符。今本亦有缺文，據《孝經緯》之文可證。《孝經緯》言「下罪雜屨」，與《大傳》言「下刑墨幪」小異，蓋所傳不同。」

帝猶反側晨興，闢四門，來仁賢。《文選·刻漏銘》注。又《毛詩·關雎》正義引首句。**《書》曰：「三歲考績，三考黜陟幽明。」其訓曰：「三歲而小考者，正職而行事也。九歲而大考者，黜無職而賞有功也。其賞有功也，諸侯賜弓矢者得專征，賜鈇鉞者得專殺，賜圭瓚者得爲鬯以祭。不得專征者，以兵屬於得專征之國。**注《春秋傳》曰：魯賦八百，邾賦六百，以兵屬於晉，由是也。**不得專殺者，以獄屬於得專殺之國。不得賜圭瓚者，資鬯於天子之國，然後祭。**注資，取。《儀禮集傳集注》三十三《王制之己》。又《儀禮經傳通解續·宗廟》、《路史·發揮》五、《禮記·王制》正義並節引。又《路史·後紀》十二《有虞紀》引作《周傳》「考績」訓。

疏證曰：陳壽祺曰：「《周書》無『考績』之文，『周』當爲『唐』字之誤。《路史》『賞有功也』下尚有『一之三，以至九年』云云三十八字，其文詞不類《大傳》，蓋羅氏泌之語，今不録。」錫瑞案：《漢書·宣帝紀》地節三年令郡國舉孝弟詔曰：「反側晨興，念慮萬方。故並舉賢良、方正，以親萬姓。」正用傳義。《唐志》別出《暢訓》一卷。《舊唐志》直云「《尚書暢訓》三卷，伏勝注」。此引「其訓曰」，蓋即《暢訓》之文。陳壽祺以「《暢訓》」爲「《畧説》」之譌，非也。

訓謂賞有功諸侯，與《王制》説同。《王制》曰：「諸侯賜弓矢，然後征；賜鈇鉞，然後殺；賜圭瓚，然後爲鬯。未賜圭瓚，則資鬯於天子。」注云：「得其器，乃敢爲其事。圭瓚，鬯爵也。鬯，秬酒也。」正義曰：「賜弓矢者，謂八命作牧者，若不作牧，則不得賜弓矢。故《宗伯》云『八命作牧』，注云：『謂諸伯有功德者，加命得專征伐。』此謂征伐當州之内。若九命爲二伯，則得專征一方五侯九伯也。若七命以下，不得弓矢賜者，《尚書大傳》云以兵屬於得專征伐者。此弓矢，則《尚書》『彤弓一、彤矢百、盧弓十、盧矢千』，於《周禮》則當『唐弓大弓』，合七而成規者。故《司弓矢》云『唐弓大弓以授使者勞者』，注云：『若晉文侯、文公受王弓矢之賜者。』賜鈇鉞者，謂上公九命得賜鈇鉞，然後鄰國臣弑君、子弑父者，得專討之。賜圭瓚者，亦謂上公九命者，若未賜圭瓚者，則用璋瓚。故《周禮·小宗伯》注云：『天子圭瓚，諸侯璋瓚。』『既不得鬯，則用薰，故《王度記》云：『天子以鬯，諸侯以薰。』此弓矢、鈇鉞、圭瓚等八命、九命而加九賜也。」正義疏證甚晰。然九命、九賜有二説。《曲禮》疏引許慎、鄭司農説，皆以九錫即九命。《白虎通·考黜》篇曰：「五十里不過五賜而進爵土，七十里不過七賜而進爵土。能有小大，行有進退也。」莊元年《公羊注》曰：「禮有九錫，皆所以勸善、助不能。禮，百里不過九命，七十里不過七命，五十里不過五命。」《穀梁注》曰：「禮有九錫，皆所以褒德賞功。德有厚薄，功有輕重，故命有多少。」是以侯、伯七賜，子、男五賜，但不得九賜。此一説也。《白虎通》又云：「一説：盛德始封百里者，賜三等，得專征伐，專殺，斷獄。七十里伯始封，賜二等，至虎賁百人；後有功，賜弓矢；後有功，賜秬鬯，增爵爲侯，益土百里；復有功，入爲三公。五十里子、男始封，賜一等，至樂則；復有功，稍賜至虎賁，增爵爲伯；復有功，稍賜至秬鬯，增爵爲侯。」此以九錫非即九命，當分爲三等，分授百里、七十里、五十里之國。此又一説也。鄭注《曲禮》「三賜不及車馬」云：「三賜，三命也。凡仕者，一命而受爵，再命而受衣服〔一四〕，三命而受車馬。」用《周禮》九命文當之，而不以爲九錫之三，則以九錫皆作牧、作伯後始得受之。其注《書傳》，亦必以七命以下不得有弓矢、鈇鉞、圭瓚之賜。伏生無明文，或如鄭説也。《白虎通》又曰：「能誅有罪者賜鈇鉞，能征不義者賜弓矢，孝道備者賜秬鬯。距惡當斷刑，故賜之鈇鉞，所以斷大刑。刑罰既正，則能征不義。故賜之弓矢，所以征不義，伐無道也。圭瓚、秬鬯，宗廟之盛禮。故孝道備而賜之秬鬯，所以極著孝道。」又曰：「喜怒有節，誅伐刑刺，賜以鈇鉞，使得專殺。好惡無私，執義不傾，賜以弓矢，使得專征。孝道之美，百行之本也，故賜之玉瓚，使得爲暢也。」宋均《禮緯注》曰：「其亢揚威武，志在宿衛，賜以鈇鉞，使得專殺。其内懷至仁，執義不傾，賜以弓矢，使得專征。其孝慈父母，賜以秬鬯，使得祭祀。」説大同小異，皆今文家説賞有功諸侯之義也。考績亦有二説。《路史》引《大傳》説之曰：「一之三，以至九年，天數窮矣，陽德終矣。積不善至於幽，六極以類降，故絀之。積善至於明，五福以類升，故陟之。皆所自取，聖無容心也。」是以絀陟須至九年。此一說也。《白虎通》曰：「何以知始攷輒黜之？《尚書》曰：『三年一攷，少黜以地。』」所引《尚書》，疑古文說，謂一攷即黜。又一說也。黜陟爵土先後，亦有二說。《大傳》先爵後地。此一說也。《白虎通》曰：「先削地而後絀爵者何？爵者，尊號也。地者，人所任也。今不能治廣土衆民，故先削其土地也。」疑亦古文說，與《大傳》不同。又一說也。注引《春秋傳》，《左氏》哀七年傳文，集解云「魯以八百乘之賦貢於吳」是也。注云「以兵屬於晉」，微誤。

堯南撫交阯。《水經注》三十七《淹水》注。

疏證曰：《山海經》曰：「交脛國人腳脛曲戾相交，所以謂之交趾。」《大戴禮》曰：「顓頊南至交趾。」又曰：「虞舜以天德嗣堯，朔方幽都來服，南撫交趾。」《墨子·節用》篇曰：「古者堯治天下，南撫交阯。」《韓子》曰：「昔堯有天下，其土南至交阯。」《淮南·修務訓》曰：「堯、舜北撫幽都，南道交趾。」《說苑·反質》篇曰：「臣聞堯有天下，其地南至交阯。」

堯時，麒麟在郊藪。《毛詩·麟趾序》正義引「《唐傳》云」。

疏證曰：《孝經援神契》云：「德至鳥獸，則鳳凰翔，麒麟臻。」《春秋感精符》曰：「明王動則有義，靜則有容，麒麟乃見。」又曰：「麟一角，明海內共一主也。王者不刳胎，不剖卵，則出於郊。」京房《易傳》曰：「麟，麕身，牛尾，馬蹄，有五彩，高丈二尺。聖人清靜，行乎中正，賢人至，民從命，厥應麒麟來。」

堯使契爲田《路史·發揮》卷四注引伏氏書。

弃爲田。《路史·後紀》十一云「伏書亦謂弃爲田」。

疏證曰：《淮南子》云「堯之治天下也，后稷爲大田師」，《説苑·君道》篇云「后稷爲田疇」。契爲田，無可攷。

【校勘記】

〔一〕「勿」，原誤作「忽」，據《太平御覽》引《氾勝之書》改。

〔二〕「則」下，原衍「可以」，據陳壽祺《尚書大傳輯校》及《禮記正義》删。

〔三〕「星」，原脱，據陳壽祺《尚書大傳輯校》及《齊民要術》補。

〔四〕「欲」，《樂府詩集·雁門太守行》本作「稱」。

〔五〕「旦」，原誤作「日」，據《論衡·説日》改。

〔六〕「此」，原誤作「民」，據文義改。

〔七〕「在」下，原衍「海」；「夷」下，原脱「服」，據《孟子注疏》删、補。

〔八〕「木石」，原誤作「山之」，據《孟子注疏》改。

〔九〕「樞」，原誤作「極」，據《春秋緯·運斗樞》改。

〔一〇〕按，皮錫瑞此處所引，並非全據《禮記正義》，如「無有神」三字、「故郊天並祭之」六字，均不見於《禮記正義》。

〔一一〕「助」，原脱，據《漢書·郊祀志下》補。

〔一二〕「祖」，原誤作「租」，據《禮記·曾子問》改。

〔一三〕「間」，原誤作「前」，據《禮記正義》改。

〔一四〕「衣」，原脱，據《禮記·曲禮》鄭注補。

尚書大傳疏證卷二

虞傳

《尚書正義》卷二云：「伏生雖有一《虞夏傳》〔一〕，以外亦有《虞傳》、《夏傳》。」

九共

《困學紀聞》卷二云：「《虞傳》有《九共》篇。」《漢藝文志考證》云：「《大傳》篇有《九共》。」

《九共》以諸侯來朝，各述其土地所生美惡、人民好惡，爲之貢賦、政教。略能記其語曰：「予辨下土，使民平平，使民無敖。」薛季宣《書古文訓》十六引「伏生《傳》」。又《困學紀聞》卷二、《玉海》卷三十七引「《書》曰：予辯下土」云云，《書》即《書傳》。《路史·後紀》引作「民以無敖」。

疏證曰：《九共》已亡，據《大傳》，是言諸侯述職之事。或以《九共》即《九丘》，非也。《書序》云：「帝釐下土方，設居方，別生分類，作《汩作》、《九共》、《稾飫》。」釋文：「馬云：共，法也。鄭云：《九共》九篇逸。」漢人以不立學官者爲「逸」，不傳者爲「亡逸」，與「亡」有別。蓋馬、鄭尚及見《九共》篇。

古者諸侯之於天子，五年一朝。朝，見其身，述其職。述其職者，述其所職也。《文選》二十六謝靈運《之郡初發都詩》注，又《上林賦》注、張景陽《雜詩》注、《五等諸侯論》注。又《公羊》桓元年傳解詁引「五年一朝」。

疏證曰：陳壽祺曰：「《公羊疏》以『五年一朝』爲《書傳》文，其詳見此，蓋即《九共》之傳也。」錫瑞案：「五年一朝」，與《王制》、《公羊傳》合。《王制》：「諸侯之於天子也，比年一小聘，三年一大聘，五年一朝。」注云：「此大聘與朝，晉文霸時所制也。虞、夏之制，諸侯歲朝。」正義曰：「按《尚書·堯典》云：『五載一巡守，羣后四朝。』鄭注云『巡守之年，諸侯朝於方岳之下。其間四年，四方諸侯分來朝於京師，歲徧』是也。按《孝經》注：『諸侯五年一朝天子，天子亦五年一巡守。』熊氏以爲虞、夏制法，諸侯歲朝，分爲四部，四年又徧，總是五年一朝，天子乃巡守，故云『諸侯五年一朝天子，天子亦五年一巡守』。按：鄭注《尚書》『四方諸侯分來朝於京師，歲徧』，則非五年乃徧。又《孝經》之注多與鄭義乖違，儒者疑非鄭注。熊氏之説非也。」桓公元年《公羊傳》「諸侯時朝乎天子」，何氏解詁曰：「五年一朝。王者亦貴得天下之歡心，以事其先王，因助祭以述其職。故分四方諸侯爲五部，部有四輩，輩主一時。《孝經》曰『四海之内，各以其職來助祭』，《尚書》曰『羣后四朝，敷奏以言，明試以功，車服以庸』是也。」《白虎通·朝聘》篇曰：「謂之朝何？朝者，見也。五年一朝，備文德而明禮義也。因用朝時見，故謂之朝，言諸侯當時朝於天子。朝用何月？皆以夏之孟四月，因留助祭。」亦同《公羊》之義。《王制》正義引《異義》云：「《公羊》説：諸侯比年一小聘，三年一大聘，五年一朝天子。《左氏》説：十二年之間，八聘、四朝、再會、一盟。許慎謹案：《公羊傳》説，虞、夏制；《左氏》説，周禮。《傳》曰『三代不同物』，明古今異説。鄭駁之曰：三年聘，五年朝，文、襄之霸制。」錫瑞案:以三歲而聘、五歲而朝爲文、襄之制,僅見於《左傳》。《王制》作於赧王之後，其時《左氏》未出，不得據以爲難。且《公羊》家何必用《左氏》説？既用《左氏》，又何至誤以文、襄霸制爲古制乎？《大傳》與《公羊》、《王制》相符，今文家説塙有可據。而鄭據《左氏》古文説，故與《公羊》今文説及《王制》、《大傳》皆不同。然如熊氏之解，則「羣后四朝」、「五年一朝」義固可通。鄭注《孝經》，蓋亦用今文義。孔穎達疑其違異，不知古、今文師説不同。鄭君注《禮》、箋《詩》，自相違異甚多，不得偏執一説也。陳喬樅曰：「《漢書·藝文志》載《孝經》有后氏説。后氏爲夏侯始昌弟子，與夏侯勝同師，故《孝經》説有與《尚書》説合者，以其同一師授也。但鄭《孝經注》與何《公羊傳注》又同中有異者，而何説較鄭爲允。鄭言四方諸侯分爲四部，四年乃徧，則是巡守之年諸侯不朝於京師也。據何云『五年一朝。王者貴得天下之歡心，以事其先王』，是所重者不僅述職而已，兼重在助祭京師。故分四方諸侯爲五部，部分四輩，輩主一時，則五年之中，四時祭祀皆有諸侯助祭矣。至巡守之年，諸侯各就其方，以四時朝於方嶽之下，而所分之第五部，於是年亦分四輩，以四時朝於京師，因助祭而述職，故五年乃徧也。若如鄭説，止分四部，四年而徧，則巡守之年，四方諸侯無一來京師助祭者，於大典有缺，是不如劭公之説爲長也。」

虞夏傳《禮記·王制》正義云：「伏生《書傳》有《虞夏傳》。」

堯爲天子，丹朱爲太子，舜爲左右。 注 左右，助也，若周之家宰，典國事。

疏證曰：《周傳》曰：「小師取小學之賢者，登之大學；大師取大學之賢者，登之天子；天子以爲左右。」注：「『天子』，當爲『太子』。」《禮志》曰：「周公居攝，踐阼而治，亢世子法於伯禽，使之與成王居，欲使成王之知父子、君臣、長幼之義，所以善成王也。」據《周傳》及鄭注之説，此云「丹朱爲太子，舜爲左右」，亦當如《周傳》義，堯使舜爲太子左右，如亢法伯禽之事。蓋堯初得舜，使九男事之，猶欲使之化導丹朱，其後知丹朱不可化，乃廢朱而以舜爲太子。《尚書》曰：「賓于四門，四門穆穆。」《史記》解之曰：「諸侯、遠方賓客皆敬。」注引馬融曰：「四門，四方之門。諸侯、羣臣朝者，舜賓迎之，皆有美德也。」攷《大傳·畧説》曰：「天子太子年十八曰孟侯。孟侯者，於四方諸侯來朝，迎於郊者，問其所不知也。」史公、馬氏以賓四門爲迎遠方諸侯，正太子迎四方諸侯於郊之事。四門，蓋四郊之門，與《畧説》義正合。堯將使舜攝位，故以太子之職授之，其先則猶朱爲太子、舜爲左右也。

堯知丹朱之不肖，注肖，似也。**必將壞其宗廟，滅其社稷，而天下同賊之，故堯推尊舜而尚之，屬諸侯焉，致天下於大麓之野。**注堯受《運衡》，知天命之所在而授，又深知朱之不似，不欲命於天誅，如桀、紂也。自「堯爲天子」至此，見《御覽》百四十六《皇親部》十二引傳并注。

疏證曰：《尚書中候》曰：「堯之長子監明早死，不得立。監明之子封於劉。朱又不肖，而弗獲嗣。」又曰：「初，堯在位七十載矣，見丹朱之不肖，不足以嗣天下，乃求賢以巽於位。至夢長人見而論治，舜之潛德，堯實知之。於是疇咨於衆，詢四岳，明明揚側陋，得諸服澤之陽。」據緯説，則堯尚有長子，堯未疇咨先已知舜矣。《吕氏春秋》曰「堯有子十人」，蓋兼監明言之。《孟子》言九男，監明早死，不數也。《論語》「天之曆數在爾躬」，鄭注曰：「曆數在汝身，謂有圖籙之名。」此注所言《運衡》，蓋亦其義。所謂圖籙，即讖緯家言五老遊河等語。後人多以爲疑，《大傳》初無此説。

堯推尊舜，屬諸侯，致天下於大麓之野。注山足曰麓。麓者，録也。古者天子命大事、命諸侯，則爲壇國之外。堯聚諸侯，命舜陟位居攝，致天下之事，使大録之。《路史·發揮》五引《虞夏傳》及鄭康成注云。

堯得舜，推而尊之，贈以昭華之玉。《文選·石闕銘》注、《曲水詩序》注。

堯致舜天下，贈以昭華之玉。《御覽》八百四《珍寶部》三，又見《事類賦》九。陳壽祺曰：「此二條當與《路史》所引爲一。」

疏證曰：鄭謂「麓」取「録」義，本之《漢書·于定國傳》「萬方之事，大録於君」。桓譚《新論》曰：「昔堯試於大麓者，領録尚書事。」《論衡·正説》篇曰：「言大麓，三公之位也。居一公之位，大總録二公之事。」亦以「麓」爲「録」。陳喬樅以爲出於大、小《夏侯尚書》，然此傳云「大麓之野」，明有「之野」二字，則但可取義於「録」，不得竟以「麓」爲「録」也。云「致天下」，則是禪讓，亦與《漢書》、《新論》、《論衡》之説不同。《魏公卿上尊號奏》曰：「循唐典之明憲，遵大麓之遺訓。遂於繁昌築靈壇，皇帝乃受天子之籍。」又《受禪表》曰：「義莫顯於禪德，美莫盛於受終。故《書》陳『納於大麓』，《傳》稱『曆數在躬』。」與鄭注義同，或即用鄭説也。又案：《水經注》引應劭説云：「鉅鹿，鹿者，林之大者也。《尚書》曰：堯將禪舜，納之大麓之野，烈風雷雨不迷。而縣取目焉。」注又云：「鉅鹿，郡治。秦滅趙，以爲鉅鹿郡。漢景帝時，爲廣平。世祖中興，更爲鉅鹿。」《水經注》又引古《書》云：「堯將禪舜，納之大麓之野，烈風雷雨不迷，乃致以昭華之玉。故鉅鹿縣取名焉。」與此畧同。據酈氏説，「大麓」即鉅鹿之地。《十三州志》云：「鉅鹿，唐、虞時大麓也。虞舜百揆，納于大麓。麓者，林之大也。堯亦使天下皆見之，故置諸侯，合羣臣與百姓，納之大麓之野，然後以天下授之，明己禪之公也。大陸縣今有堯臺，高與城等，乃堯禪舜之處。」則大麓之地，實有可攷矣。《春秋緯・合誠圖》曰：「赤龍負圖以出河見，堯與太尉舜等百二十臣集發，藏之大麓。」亦以「大麓」爲「山麓」之「麓」。而《史記・五帝本紀》曰「堯使舜入山林川澤」，鄭注《書序》曰「入麓伐木」，則不得以「入麓」爲受禪可知。《淮南・修務訓》曰：「既入大麓，烈風雷雨不迷。乃屬以九子，贈以昭華之玉而傳天下焉。以爲雖有法度，而朱弗能統也。」《論衡・正説》篇曰：「復令入大麓之野而觀其聖，逢烈風疾雨，終不迷惑。堯乃知其聖，授以天下。」《三國・文帝紀》注引魏王上書曰：「天下神器，禪代重事。故堯將禪舜，納于大麓。舜之命屬，玄圭告功。烈風不迷，九州攸平。詢事考言，然後乃命。」諸説皆以納麓而風雨不迷，乃命禪讓，非謂納麓即是受禪，其義甚明。《大傳》云「致天下於大麓之野」，本不以爲《書》之「納麓」，併爲一談者自誤耳。

舜耕於歷山，堯妻之以二女，屬其九子也，贈以昭華之玉。《初學記・帝王部》。

疏證曰：《尸子》曰：「舜一徙成邑，再徙成都，三徙成國。堯聞之賢，舉之草茅之中。與之語禮樂，而不逆；與之語政，至簡而易行；與之語道，廣大而不窮。於是妻之以皇，媵之以娥，九子事之，而託天下焉。」《史記・五帝紀》曰：「堯於是乃以二女妻舜，以觀其内；使九男與處，以觀其外。」又曰：「舜居嬀汭，内行彌謹。堯二女不敢以貴驕事舜親戚，甚有婦道。堯九男皆益篤。」《列女傳》曰：「有虞二妃，帝堯之二女也，長曰娥皇，此與《尸子》説異。次曰女英。堯舉舜爲相，攝行王政，每事常謀於二女。舜既受禪爲天子，娥皇爲后，女英爲妃。」趙岐注《孟子》曰：「堯使九子事舜，以爲師，以二女妻舜。」

維元祀，巡守四嶽、八伯。 注 祀，年也。元年，謂月正元日舜假於文祖之年也。巡，行也，視所守也。天子以天下爲守。堯始得羲、和，命爲六卿。其主春、夏、秋、冬者，並掌方嶽之事，是爲四嶽，出則爲伯。其後稍死，鴅吺、共工等代之，乃分置八伯。注見《儀禮通解續》二十六，亦見《周禮序》、《御覽・皇王部六》、《禮儀部》十六。又《通鑑前編》節引。

疏證曰：《路史》曰：「『歲二月』者，乃次一年二月也，世不之究。《虞夏傳》云：『惟元祀，巡守四岳、八伯。』馬融以爲受終後五年，非也。鄭云建卯之月，是矣。注以爲除堯喪即真之年，非。」錫瑞案：羅説是也。鄭注非伏義。《大傳》説古天子三公、九卿，無六卿。羲、和，古説皆以爲司天之官，即是四子，非羲、和別爲二人。詳見孫星衍《尚書今古文注疏》。鄭蓋傅會「南正重司天，北正黎司地」，羲近重，和近黎，故以羲、和爲掌天地，四子掌四時，即《周禮》之六卿。然《周禮》作於周公，不可以解唐、虞之制。羲、和，司天之官，不得兼掌方嶽。《大傳》明以四嶽、八伯並列，則是四嶽之外，更有八伯。鄭謂分四嶽置八伯，則既有八伯，當無四嶽矣，説與《大傳》顯然不合。四嶽、八伯並列者，或如周時五侯九伯、二伯佐一侯之制，四嶽下別置八伯佐之，或四嶽、八伯分主十二州，皆無明文可知。

壇四奥，沈四海，封十有二山，兆十有二州。【注】奥，内也，安也。四方之内，人所安居也。爲壇祭之，謂祭四方之帝、四方之神也。祭水曰沈。注見《儀禮通解續》，又見《文選·宋郊祀歌》注。《御覽·禮儀部》十六亦引此注。祭者必封，封亦壇也。十有二山，十有二州之鎮也。兆，域也，爲營域以祭十二州之分星也。壇、沈、封、兆，皆因所宜爲之名。《御覽》八十一《皇王部》六引「維元祀」至此，下有「濬川」二字，宜從之。注見《儀禮通解續》。

疏證曰：據《大傳》文，今文《尚書》當以「封十有二山」列「兆十有二州」之上。《漢書·地理志》曰：「堯遭洪水，懷山襄陵，天下分絶爲十二州，使禹治之。水土既平，更制九州。」《王莽傳》曰：「《堯典》十二州，後定爲九州。」是十二州本非當時剏置，故《大傳》作「兆」，不作「肇」。《史記》作「肇」，是通叚字，其義亦當爲「兆」。《詩》「后稷肇祀」，《禮記》引作「兆祀」；「肇域彼四海」，箋云「肇」當作「兆」。是「肇」、「兆」古通之證。鄭注《大傳》不誤，注《尚書》從馬義，以分十二州在平水土、置九州之後，則失之。江聲曰：「先儒以『肇』之言『始』〔二〕，解爲始分十二州，殊未安也。聲竊謂十二州蓋自古有之，此當如《大傳》作『兆十有二州』，謂爲兆域以祭分星，於義允愜。『十二州』上繫『十二次』者，天有十二次，實爲十二州之分野，天象見於某次，則災祥應於某州，是相繫屬者也。」江説十二州象十二次者，《史記正義》引《星經》云：「角、亢，鄭之分野，兗州；氐、房、心，宋之分野，豫州；尾、箕，燕之分野，幽州；南斗、牽牛，吴、越之分野，揚州；須女、虚，齊之分野，青州；危、室、壁，衛之分野，并州；奎、婁，魯之分野，徐州；胃、昴，趙之分野，冀州；畢、觜、參，魏之分野，益州；東井、輿鬼，秦之分野，雍州；柳、星、張，周之分野，三河；翼、軫，楚之分野，荆州也。」

樂正定樂名。【注】樂正，樂官之長。《周禮》曰大司樂。注見《儀禮通解續》。**元祀代泰山，**【注】元，始也。歲二月，東巡守，始祭代氣於泰山也。東稱代。《書》曰：「至于岱宗，柴。」注見《儀禮通解續》。《玉燭寶典》引傳「代」作「岱」，注「始祭代氣於泰山也」作「始祭岱，柴於太山」，「東稱代」作「岱」。

貢兩伯之樂焉。陽伯之樂，【注】陽伯，猶言春伯，春官秩宗也。伯夷掌之。《毛詩·小雅·鼓鐘》疏引《虞傳》，「陽伯」上有「東嶽」二字。《儀禮經傳通解續》二十六、《通鑑前編》並同。注見《儀禮通解續》。《玉燭寶典》引傳亦有「東嶽」二字。**舞《株離》，**【注】《株離》，舞曲名，言象物生育離根株也。注見《儀禮通解續》。又《毛詩·鼓鐘》正義、《周禮·鞮鞻氏》疏引注「株離」至此。**其歌聲比余謠，**【注】徒歌謂之謠，其聲清濁，比如余謠，然後應律也。注見《儀禮通解續》。《玉燭寶典》引注「舞曲名」下多「也」字，「言象物生」下無「育」字，「比如余謡」無「如」字，「應律也」無「也」字。**名曰《晳陽》。**注晳，當爲「析」，春厥民析。《晳陽》，樂正所定名也。是時契爲司徒，掌地官矣，後又舉禹掌天官。**儀伯之樂，**注儀，當爲「羲」，羲仲之後也。**舞《鼚哉》，其歌聲比大謡，名曰《南陽》。**注鼚，動貌。哉，始也。言象物應雷而動，始出見也。南，任也。注皆見《儀禮通解續》。《玉燭寶典》引注「所定名也」無「名」字，「羲仲之後」上有「伯」字，下無「也」字，「鼚動貌」下多「也」字，「言象物」無「物」字，「始出見也」無「見也」字，「南任」，「任」誤「佳」。

疏證曰：《白虎通·禮樂》篇曰：「東夷之樂曰《朝離》。《朝離》者，萬物微離地而生。」《通典》引《通義》曰：「東方所謂《侏離》者何？陽氣始通，萬物之屬離地而生，故謂之侏離。」「朝」、「侏」一聲之轉，與鄭義同。其餘無可徵，或當如鄭所説。八伯不知何人，當闕疑。鄭以陽伯等四人爲伯夷、棄、咎陶、垂，儀伯等四人爲羲、和、仲、叔四子之後，蓋未可據。下明有羲伯，何知此儀伯當爲羲，又何以知此爲仲後，下羲伯爲叔後？恐皆屬傅會，非伏義。

中祀大交霍山，《爾雅·釋地》疏引《虞夏傳》。霍山爲南嶽。**貢兩伯之樂焉。**注中，仲也。古字通。春爲元，夏爲仲。五月南巡守，仲祭大交氣於霍山。南交稱大交，《書》曰「宅南交」是也。《玉燭寶典》引注「古字」下無「通」字，「霍山」下多「也」字，「南交稱大交」無上「交」字，「《書》曰宅南交是也」作

「《書》曰度南交也」。

疏證曰：王引之云：「《大傳》所稱皆今文《尚書》，鄭注《大傳》所引皆古文《尚書》，是古文作『交』，今文作『大交』也。以『曰暘谷』、『曰幽都』例之，『大交』之上當有『曰』字，古文《尚書》脱『曰大』二字耳。」案：王説似是，而據《大傳》上文云「元祀代泰山」，曰「代」，不曰「暘谷」，則《大傳》未必即以「大交」當「南交」。

夏伯之樂，注夏伯，夏官司馬也。棄掌之。**舞《謾彧》，**《聖賢羣輔録》「謾彧」作「漫哉」，「舞」下有「武」字，一無「武」字。《玉海》同。**其歌聲比中謡，名曰《初慮》。**《羣輔録》作「祁慮」。《玉海》同。注謾，猶曼也。彧，長貌。言象物之兹曼彧然也。初慮，陽上極，陰始謀也。謾，或爲「謗」。

羲伯之樂，注羲伯，羲叔之後也。**舞《將陽》，其歌聲比大謡，名曰《朱于》。**《羣輔録》作「朱華」。《玉海》同。《詩考》作「干」。注將陽，言象物之秀實動摇也。于，大也。《玉燭寶典》引傳「初慮」作「雷初」，「羲伯」作「儀伯」，「朱于」作「未竿」，注「司馬也」無「也」字，「滋曼彧然也」作「孳蔓彧然」，「初慮，陽上極，陰始謀也」作「雷初，陽上極，陰始謀之也」，「羲伯」作「儀伯」，「羲叔之後也」無「也」字，「將陽」上有「舞」字，「秀實」作「秀貢」，「于，大也」作「竿大」。

疏證曰：《尚書中候》、《列女傳》、《論衡·率性》篇《初禀》篇《本性》篇、《潛夫論》皆云「稷爲司馬」，與鄭注合。然《尚書刑德放》云「益爲司馬」，《淮南子》云「堯之治天下也，契爲司馬」，《説苑·君道》篇同。《尚書》舜命九官無司馬之名，故各據所聞言之。據《大傳》，司馬是夏制，見《夏傳》。

秋祀柳穀華山，貢兩伯之樂焉。注八月西巡守，祭柳穀之氣於華山也。柳，聚也。齊人語。**秋伯之樂，**注秋伯，秋官士也。咎陶掌之。**舞《蔡俶》，歌聲比小謡，名曰《苓落》。**苓，《羣輔録》作「零」。注蔡，猶衰也。俶，始也。言象物之始衰也。**和伯之樂，**注和伯，和仲之後也。和仲，《儀禮通解續》及《路史·後紀》引作「和叔」，非，今改正。**舞《玄鶴》，其歌聲比中謡，名曰《歸來》。**注玄鶴，言象陽鳥之南也。歸來，言反其本也。《玉燭寶典》引傳作「柳槊花山」，「名曰苓落」無「名」字，「玄鶴」作「玄鵠」，注「花山」下無「也」字，「齊人語」下多「也」字，「蔡，猶衰」下無「也」字，「言象物之始衰也」作「言物之始衰者也」，「和伯之後」下無「也」字，「玄鶴，言象陽鳥之南也」作「玄鶴，言象物得陽鳥之南也」。

疏證曰：「玄鶴」與陽鳥無涉，注所云於義疑。

幽都弘山祀，注弘山，恒山也。十有一月朔巡守，祭幽都之氣於恒山也。互言之者，明祭山北稱幽都也。《玉燭寶典》引注「恒山」下無「也」字，「祭幽都」「祭」作「祀」，「明祭」下多「此」字。

疏證曰：鄭注於代大、交、柳穀、幽都皆以氣言，蓋羲、和四子所度之地遠在四極，而此巡守祇到泰、霍、華、恒四嶽，故但遥祭其氣於泰、霍、華、恒四嶽之間，其禮當如後世之望祭。

貢兩伯之樂焉。冬伯之樂，注 冬伯，冬官司空也。垂掌之。《玉燭寶典》引注「司空」下無「也」字。

疏證曰：鄭注《尚書》云：「禹登百揆之任，舍司空之職，爲共工與虞。故曰：垂作共工，益作朕虞。」是共工非即司空，垂爲共工，未嘗爲司空也。此注所云，與《尚書注》不合。冬伯是垂，亦無明文可據。

舞《齊落》，注 齊落，終也。言象物之終也。齊，或爲「聚」。**歌曰《縵縵》。**注 垂爲冬伯，舞《丹鳳》，一曰《齊落》，歌曰《齊樂》，一曰《縵縵》。和伯樂闕。《聖賢羣輔録》引。又《玉海》百二十五引《大傳》，云見《羣輔録》。注「和伯樂闕」四字見《通鑑前編》。《玉燭寶典》引傳、注「齊落」作「齊洛」，傳「歌曰《縵縵》」下即接「論八音四會」，無「垂爲冬伯」數句注，「齊，或爲聚」下有「也」字。

疏證曰：陳壽祺曰：「『一曰《齊落》』、『一曰《縵縵》』二句，疑鄭注之文，非《大傳》文也。」案：「垂爲冬伯」四字，亦鄭注之文，《大傳》八伯無稱名者。據《玉燭寶典》引傳「垂爲冬伯」以下皆非傳文。吴中本亦無「垂爲冬伯」以下十九字。今改正作鄭注。

并論八音四會。注 此上下有脱亂，其説未聞。《羣輔録》引注作「脱辭」。《玉燭寶典》引傳無「并」字，注作「脱亂」。**歸假于禰祖，用特。五載一巡守，羣后德讓，貢正聲，而九族具成。** 注 族，當爲「奏」。言諸侯貢其正聲，而天子九奏之樂乃具成也。以上傳自「維元祀」至此，見《儀禮經傳通解續》二十六上《因事之祭》全引。又《通鑑前編》「帝舜元載」引《虞夏傳》「維元祀」至「用特」止。又《御覽》八十一《禮儀部》十六引「維元祀」至「兆十有二州」。《路史·餘論》卷八引「舜元祀」，《後紀》十二《有虞紀》引「維元祀」至「八伯」，並云《虞夏傳》。《毛詩·小雅·鼓鐘》正義引「東嶽陽伯之樂」。《尚書·堯典》正義引説《舜典》之四嶽及義伯、和伯。《周禮·鞮鞻氏》疏引「陽伯之樂，舞《株離》」，並云《虞傳》。又《周禮序》，《文選·上林賦》注、《長笛賦》注、《顔延年郊祀歌》注，《御覽·皇王部》六，《禮記·王制》正義，《路史·後紀》十二，《通鑑前編》「帝堯元載」，《玉海·詩考》，《小學紺珠》，《聖賢羣輔録》並引。以上注自「夏伯」至此，並見《儀禮經傳通解續》二十六。

疏證曰：《公羊》何氏解詁引《尚書》亦作「禰祖」，《禮記·王制》、《史記·五帝紀》、《説苑·修文》篇、《後漢書·肅宗紀》《安帝紀》、《白虎通·三軍》篇《巡守》篇，皆作「祖禰」，蓋所據本不同。《三軍》篇曰：「出所以告天何？示不敢自專也。非出辭反面之道也，與宗廟異義。還不復告天者，天道無外內，故不復告也。《尚書》言『歸假于祖禰』，不言告於天，知不告也。」《巡守》篇曰：「王者出必告廟何？孝子出辭反面，事死如事生。《尚書》曰：『歸格于祖禰。』《曾子問》曰：『王者、諸侯出，親告祖禰，使祝徧告五廟，尊親也。』」今文家解「歸假于祖禰」爲出辭反面，其義甚精。注云「族，當爲『奏』」者，《白虎通·宗族》篇曰：「族者，湊也，聚也。」《廣雅·釋言》曰：「族，湊也。」是「族」與「奏」聲近。

雖禽獸之聲，猶悉關於律。樂者，人性之所自有也。故聖王巡十有二州，觀其風俗，習其性情，因論十有二俗，定以六律、五聲、八音、七始。著其素，簇以爲八，此八伯之事也。分定於五，此五嶽之事也。五聲，天音也。八音，天化也。七始，天統也。《通鑑前編》「帝舜六載」引《書大傳》。又《北堂書鈔·樂》、《隋書·音樂志》、《禮書》百十七、《路史·後紀》十二、《詩地理考》並節引。注 闕，猶入也。入，《路史·後紀》引作「統」。今《詩·國風》是也。此「因論十有二俗」下注。五聲，宮、商、角、徵、羽也。八音，鐘、鼓、笙、磬、塤、篪、柷敔、琴也。七始，黄鐘、林鐘、大簇、南吕、姑洗、應鐘、蕤賓也。歌聲不應此，則去之。素，猶始也。簇，猶聚也。樂音多，聚以爲八也。五，謂塤在北方，鼓在東方之屬。天所以理陰陽也。注見《通鑑前編》全引。又《隋書·音樂志》、《禮書》百十七。

疏證曰：《虞夏傳》曰：「定鐘石，論人聲，乃及鳥獸，咸變於前。」又曰：「狗吠，彘鳴，及倮介之蟲，皆莫不延頸以聽蕤賓。」此所謂禽獸之聲悉關於律也。《唐傳》言巡守曰：「命大師陳詩，以觀民風俗。」故巡十二州，因論十二州之俗，鄭以《詩·國風》解之，是也。七始者，《漢書·律曆志》引《書》曰：「予欲聞六律、五聲、八音、七始，詠以出内五言，女聽。」注曰：「七者，天、地、四時、人之始也。」錫瑞案：《玉海》引《漢志》「予者，帝舜也」至「人之始也」，以爲顔氏之注。

《禮樂志》唐山夫人《安世房中歌》曰「《七始》、《華始》」，孟康曰：「七始，天、地、四時、人之始。」《敘傳》曰「八音七始」，劉德曰：「七始，天、地、四方、人之始也。」《樂説》曰「則七始八氣均各得其宜矣」，宋均注曰：「七始，謂四方、天、地、人也。」四方與四時義同。是此所謂七始，即《大傳》前所謂七政，與鄭注小異。江聲曰：「黄鐘，子之氣，天統也。大簇，寅之氣，人統也。大吕，丑之氣，地統也。南吕，酉之氣，秋也。姑洗，辰之氣，春也。應鐘，亥之氣，冬也。蕤賓，午之氣，夏也。春用季月、冬用孟月者，春陽，宜陽律，孟則人統，仲則陰律，冬陰，宜陰律，仲則陽律，且天統也，季則地統，故也。則是七者，亦爲三才四時也。」段玉裁曰：「七始即七政。蓋泛言之爲七政，在樂即爲七始。昭二十年《左傳》謂之『七音』，《國語》謂之『七律』。賈逵注：『《周語》云周有七音，謂之七律，謂七器音也：當作「爲七音器也」。韋云：意謂七律爲音器用。黄鐘爲宮，太簇爲商，姑洗爲角，林鐘爲徵，南吕爲羽，應鐘爲變宮，蕤賓爲變徵。』韋昭注畧同，皆與鄭君《大傳》『七始』注合。而班固、段以爲《漢志》，不知是顔注。孟康、劉德又皆以『七政』釋『七始』，本於今文《尚書》。」據江、段二説，則鄭注與孟康諸人之義亦可通矣。又案：《大傳》云「八伯之事」，復云「五嶽之事」，是八伯外又有五嶽，足證鄭説分四嶽置八伯之非。前云四嶽而此云五嶽者，今文家本有五嶽之文。《白虎通·巡守》篇曰：「嶽者何謂也？嶽之言桷，桷功德也。東方爲岱宗者，言萬物更相代於東方也。南方霍山者，霍之爲言護也，言萬物護也，太陽用事，護養萬物也。西嶽爲華山，華之爲言穫也，言萬物成孰，可得穫也。北方爲恒山，恒者，常也，萬物伏藏於北方有常也。中央爲嵩山，言其高大也。故《尚書大傳》曰：『五嶽，謂岱山、霍山、華山、恒山、嵩山也。』」《白虎通》以五嶽繫之《巡守》，且明引《大傳》文，是今文《尚書》本有五嶽。《公羊》隱八年傳何氏解詁引《尚書》「歸假于禰祖，用特」之上，有「還至嵩，如初禮」六字，是其明證。《史記・封禪書》、《漢書・郊祀志》於「皆如岱宗之禮」下文云「中嶽，嵩高也」，皆可以證今文之義。後人專據古文《尚書》，謂古祇有四嶽，無五嶽，又謂中嶽嵩高是漢制，《爾雅》後一説爲後人羼入，唐、虞時當以霍太山爲中嶽。此皆臆説，古無明文，何如據《大傳》及《爾雅》、《史記》、《漢書》、《白虎通》、《公羊解詁》之義，有明文可證乎？

維五祀，定鐘石，論人聲，乃及鳥獸，咸變於前。故更著四時，推六律、六吕，詢十有二變，而道弘廣。五作、十道，孝力爲右，秋養耆老而春食孤子，乃浡然《招》樂興於大鹿之野。執事還歸二年，謚然乃作《大唐之歌》。《通鑑前編》「帝舜五載」引《虞夏傳》。又《宋書・禮志》、《路史・後紀》十二《有虞紀》、《路史・發揮》五、《詩考》。注 詢，均也。五作，五教也。十道，謂君令、臣共、父慈、子孝、兄愛、弟敬、夫和、妻柔、姑慈、婦聽者也。興，成也。樂以致天神，出地祇，致人鬼，爲成也。谈，猶灼也。《大唐之歌》，美堯之禪也。注見《通鑑前編》「帝舜五載」。又《路史·後紀》十二引「五作十道」注。

疏證曰：《大傳》云「孝力爲右」者，蓋謂孝弟、力田。《漢書·高后紀》：「元年，初置孝弟、力田二千石者一人。」師古曰：「特置孝弟、力田官而尊其秩，欲以勸厲天下，令各敦行務本。」《文帝紀》十二年詔曰：「孝悌，天下之大順也。力田，爲生之本也。三老，衆民之師也。其遺謁者勞賜三老、孝者帛，人五匹，悌者、力田二匹，及問民所不便安，而以户口率置三老、孝悌、力田常員，令各率其意，以導民焉。」師古曰：「計户口之數以率之，增置其員，廣教化也。」《後漢·肅宗紀》元和二年詔曰：「三老，尊年也。孝悌，淑行也。力田，勤勞也。國家甚休之。」漢置孝悌、力田，用今文家説也。云「秋養耆老，春食孤子」者，《禮記·郊特牲》亦有此文，云「春饗孤子，秋食耆老」，其文小異。正義引皇氏云：「春是生養之時，故饗孤子，取長養之義。秋是成熟之時，故食耆老，取老成之義。」傳義亦當然也。陳祥道《禮書·養孤之禮》篇云：「《周禮》皆言饗耆老、孤子，《書大傳》言食孤子，則饗與食固兼用也。」古者嘉樂不野合，《大傳》云「《招》樂興於大鹿之野」者，大鹿之野，《大傳》以爲舜受禪之處，舜於此時已有禪禹之意，故興《招》樂於大鹿之野。《招》本舜樂，而《史記·五帝紀》云「於是禹乃興《九招》之樂」者，蓋以舜將禪禹，乃作《招》樂，欲禹之紹己，如己之紹堯，乃興樂於己受禪之地，以示其意。樂爲禹作，故《史記》以爲禹興《九招》之樂也。鄭注以爲《大唐之歌》美堯之禪，蓋亦以美堯禪，示己將禪禹之意。

樂曰：「舟張辟雍，鶬鶬相從。八風回回，鳳皇喈喈。」《玉海·音樂》。又《六蓺流別》卷一。

疏證曰：陳壽祺曰：「《路史·後紀》十二云：『維五祀，定鐘石，論人聲，鳥獸咸變。乃更著四時，推律吕，均十有二變，而道弘廣，於是勃然興《韶》於大麓之野。執事還歸二年，⿰言勞然乃作《大唐之歌》，以聲帝美。聲成而鵠鳳至，故其樂曰：舟張辟雍，鶬鶬相從。八風回回，鳳皇喈喈。』據此，則『樂曰』以下當與上文相屬，但疑尚有脱文耳。『談』作『⿰言勞』，字之誤。」又曰：「《尚書·無劮》：『無或侜張爲幻。』《爾疋·釋訓》：『侜張，誑也。』《説文解字》：『侜，有壅蔽也。』楊雄《國三老箴》『姦寇侏張』，『侏張』即『侜張』之異文。鄭注《周禮·甸祝》『禂，今侏大也』，注《論語》『朱張』爲『侏張』，與『夷逸』皆不作人名解。鄭意『夷逸』謂『夷於逸民』，『侏張』謂『狂士張大皃也』。《尚書大傳》『舟張辟雍』，『舟』即『侜』之省，同聲假借，言辟雍之形有壅蔽而張大也。」錫瑞案：鄭注《周禮》「大司樂掌成均之法」，引董仲舒以爲「成均，五帝之學」，疑辟雍即是成均，取其四方來觀者均也。《異義》：「《韓詩》説：辟雍者，天子之學，圓如璧。壅之以水，示圓；言辟，取辟有德。不言辟水言辟雍者，取其雍和也。」《御覽》引桓譚《新論》云：「王者作圓池，如璧形，實水其中，以圜壅之，故曰辟雍。」又引《禮統》云：「辟雍之制奈何？《王制》曰：辟雍圓以象璧，雍以水，内如復，外如堰盤焉。」《白虎通·辟雍》篇曰：「天子立辟雍何？辟雍所以行禮樂，宣德化也。辟者，璧也，象璧圓以法天也。雍者，壅之以水，象教化流行也。辟之言積也。積天下之道德。雍之爲言壅也。天下之儀則，故謂之辟雍也。」據此諸說，是辟雍本以有壅蔽得名。故《説文》以「俰」爲「有壅蔽」。凡有壅蔽，則多欺誑，故「俰張」又爲「誑」。此乃引申之義，非本義也。「八風回回」者，蓋於辟雍中作樂，以行八風。《左氏》隱五年傳：「夫舞，所以節八音而行八風。」疏引服注云：「八風，八卦之風。《乾》音石，其風不周。《坎》音革，其風廣莫。《艮》音匏，其風融。《震》音竹，其風明庶。《巽》音木，其風清明。《離》音絲，其風景。《坤》音土，其風涼。《兑》音金，其風閶闔。」高誘注《淮南·天文》「閶闔風至四十五日，不周風至」，云：「《乾》卦之風也，爲磬也。」注「不周風至四十五日，廣莫風至」，云：「《坎》卦之風也，爲鼓也。」注「距冬至四十五日，條風至」，云：「《艮》卦之風，一名融，爲笙也。」注「條風至四十五日，明庶風至」，云：「《震》卦之風也，爲管也。」注「明庶風至四十五日，清明風至」，云：「《巽》卦之風也，爲柷也。」注「清明風至四十五日，景風至」，云：「《離》卦之風也，爲絃也。」注「景風至四十五日，涼風至」，云：「《坤》卦之風也，爲塤也。」注「涼風至四十五日，閶闔風至」，云：「《兑》卦之風也，爲鍾也。」此漢人以八風配八卦、八音之義。

維五祀，定鍾石，論人聲，注舜始欲改堯樂。**乃及鳥獸，咸變於前。**注百獸率舞之屬。**秋養耆老而春食孤子，乃浡然《招》樂興於大鹿之野。報事還歸二年，談然乃作《大唐之歌》。**注談，猶灼也。《大唐之歌》，美堯之禪也。**歌者三年，昭然乃知乎王世，明有不世之義。《招》爲賓客，而《雍》爲主人。**注《招》、《雍》，皆樂章名也。賓入奏《招》，主人入奏《雍》也。**始奏《肆夏》，納以《孝成》。**注始，謂尸入時也。納，謂薦獻時也。《肆夏》、《孝成》，皆樂章名。**舜爲賓客，而禹爲主人。**注舜既使禹攝天子之事，於祭祀避之，居賓客之位，獻酒則爲亞獻也。**樂正進贊曰：「尚考大室之義，唐爲虞賓。**注尚考，猶言往時也。大室，明堂中央室也。義，當爲儀。儀，禮儀也。謂祭大室之禮，堯爲舜賓也。**至今衍於四海，成禹之變，垂於萬世之後。」**注衍，猶溢也。言舜之禪天下，至於今其德業溢滿四海也。《御覽》五百七十一《樂部》九。又《御覽·天部》八、《人事部》四十六，《詩考》。原本《玉篇·食部》引傳「春食餔子」，鄭注「餔子，小人也」，即「春食孤子」之異文。

疏證曰：據《大傳》，則《肆夏》是古樂，虞、夏時亦有之，非作於周，足證吕叔玉以《肆夏》爲《時邁》之非。此「雍」亦非《周頌》之《雍》，即辟雍耳。「舜爲賓客，而禹爲主人」，乃釋《尚書》「虞賓在位」之義。《漢書·禮樂志》:「九疑賓,夔、龍舞。」注:「如淳曰:言以舜爲賓客也。夔典樂,龍管納言,皆隨舜而來,舞以樂神。」又《王莽傳》:「莽乃策命孺子曰:永爲新室賓。」莽用今文《尚書》,自比禹之受禪,比孺子於舜,非比以丹朱也。《後漢書·獻帝紀》贊曰:「獻生不辰,身播國屯。終我四百,永作虞賓。」此蔚宗沿用謝承、華嶠舊文,亦用今文《尚書》,以獻帝禪魏比舜禪禹,故贊以虞賓。《史記·夏本紀》「於是夔行樂」至「帝拜曰:『然,往欽哉』」下,即系以「於是天下皆宗禹之明度數聲樂,爲山川神主。帝舜薦禹於天,爲嗣。十七年而帝舜崩。」是今文説以「夔曰:戛擊鳴球」以下爲舜薦禹於天時事,皆本《大傳》之義。若《白虎通·王者不臣》篇引《尚書》「虞賓在位」謂丹朱,馬融以「祖考」爲舜除瞽瞍之喪、祭宗廟之樂,皆與《大傳》義違。鄭注《尚書》云「虞賓,謂舜以爲賓,即二王後丹朱也」,亦與此注不合。又案:「舜爲賓客」以下,當從《文選·王元長曲水詩序》注,作「維十有五祀」事,此所引有脱文也。鄭以大室爲明堂中央室,阮元云:「據此,明堂五室之制非始於夏。」

維十有三祀,帝乃稱王,而入唐郊猶以丹朱爲尸。於時百執事咸昭然乃知王世不絶,爛然必自有繼祖守宗廟之君。 注 舜承堯,猶子承父。雖已改正、易樂,猶祭天於唐郊,以丹朱爲尸。至十三年,天下既知已受堯位之意矣,將自正郊,而以丹朱爲王者後,欲天下昭然知之，然後爲之，故稱王也。晉祀夏郊，以董伯爲尸，知當以丹朱爲王者後，使祭其郊也。祖，或爲「體」。《儀禮經傳通解續》二十二《天神》引傳及注。《禮記·曲禮》正義載《異義》引《虞夏傳》「舜入唐郊」三句。《禮書》四十七「尸」、《通鑑前編》「帝堯七十載」引同。

疏證曰：舜稱帝而此云「稱王」者，《春秋繁露·三代改制質文》篇曰：「王者之法必正號，絀王謂之帝，封其後以小國，使奉祀之。下存二王之後以大國，使服其服，行其禮樂，稱客而朝。故同時稱帝者五，稱王者三，所以昭五端，通三統也。是故周人之王，尚推神農爲九皇，而改號軒轅，謂之黃帝，因存帝顓頊、帝嚳、帝堯之帝號，絀虞，而號舜曰帝舜，録五帝以小國；下存禹之後於杞，存湯之後於宋，以方百里，爵稱公，皆使服其服，行其禮樂，稱先王客而朝。《春秋》作新王之事，變周之制，當正黑統，而殷、周爲王者之後，絀夏，改號禹，謂之帝禹，録其後以小國。故曰：絀夏，存周，以《春秋》當新王。」據董生之説，則今以夏、殷、周爲三王，黃帝至堯、舜爲五帝，皆沿周時之制。周始絀虞，謂之帝舜，在舜當日，本是稱王。《大傳》云「帝」，據後人所稱；云「稱王」，據當時所稱也。云「丹朱爲尸」者，《曲禮》疏引《異義》：「《公羊》説：祭天無尸。《左氏》説：晉祀夏郊，以董伯爲尸。《虞夏傳》云：『舜入唐郊，以丹朱爲尸。』是祭天有尸也。許慎引魯郊祀曰『祝延帝尸』，從《左氏》説。」攷《石渠論》，周公祭天，太公爲尸，亦祭天有尸之證。鄭君箋《詩》「鳧鷖在渚」，以爲喻祭天地之尸。《禮疏》載皇侃舊疏圜丘之祭有王獻尸，尸酢王之禮，亦以爲祭天有尸。但祭天又有配天者。有虞氏郊嚳，則郊以嚳配天。丹朱爲尸，或當爲帝嚳之尸也。孫星衍云：「疑丹朱爲顓頊尸也。其天尸及帝嚳、堯尸，無文可知。」孫氏蓋據「有虞氏祖顓頊」之義。然祖宗之祭皆在明堂，此《大傳》明言是郊，郊與明堂不得爲一，孫説非是。傳云「繼祖」者，諸侯不祖天子，惟二代之後得祖天子也。

維十有四祀，帝乃雍而歌者重篇。《通鑑前編》「帝舜十四載」引《虞夏傳》。

維十有四祀，鐘石笙筦變聲，樂未罷，疾風發屋，天大雷雨。帝沈首而笑曰：「明哉！非一人之天下也，乃見於鐘石。」《北堂書鈔·石》。又《路史·發揮》五注引「《虞傳》云：維五祀，興《韶樂》於大鹿之野。十四祀，笙管變，天大雷雨，疾風，爲遜禹之事也」。

疏證曰：《樂緯·稽耀嘉》曰：「禹將受禪，天意大變，迅風靡木，雷雨晦冥。」

維十有五祀，祀者貳尸。《通鑑前編》「帝舜十五載」引《虞夏傳》。

疏證曰：《左氏》僖十五年傳「其卜貳圉也」，杜預集解曰：「貳，代也。」此「貳」字亦當訓「代」。舜將使禹主祭，故更代其尸。

維十有五祀，舜爲賓客，禹爲主人。樂正進贊曰：「尚考太室之義，唐爲虞賓。」《文選・王元長曲水詩序》引《尚書大傳》。還歸二年，而廟中苟有歌《大化》、《大訓》、《六府》、《九原》，而夏道興。《通鑑前編》。注 四章皆歌禹之功。《困學紀聞》卷二。於時卿雲聚，俊乂集，百工相和而歌《卿雲》。《御覽・人事部》四十六，又《天部》八。又《蓺文類聚・天部》上、《祥瑞部》上、《後漢書・崔駰傳》注、《文選・江文通雜體》《顏特進侍宴詩》注並引，小異。

疏證曰：《史記・天官書》曰：「若煙非煙，若雲非雲，郁郁紛紛，蕭索輪囷，是謂卿雲。卿雲見，喜氣也。」《西京雜記》曰：「瑞雲，曰慶雲，曰景雲，或曰卿雲。」

於時俊乂、百工相和而歌《卿雲》。帝乃倡之曰：「卿雲爛兮，注 和氣之明者也。糺縵縵兮。注 教化廣遠，或以爲雲出岫，回薄而難名狀也。日月光華，旦復旦兮。」注 言明明相代。八伯咸進，稽首曰：「明明上天，爛然星陳。日月光華，弘於一人。」帝乃載歌，旋持衡曰：「日月有常，星辰有行。四時從經，萬姓允誠。於予論樂，配天之靈。遷於賢聖，莫不咸聽。鼚乎鼓之，軒乎舞之。菁華已竭，褰裳去之。」於時八風循通，卿雲藂藂，注 藂，或爲「簇」。言和氣應也。蟠龍賁信於其藏，注 蟠，屈也。蛟魚踴躍於其淵，龜鼈咸出於其穴，遷虞而事夏也。《通鑑前編》「帝舜十五載」。又《御覽・樂部》九引「帝乃倡之」至末，引傳及注。又《御覽》八《天部》八引「舜時卿雲見，於時百工和歌，舜歌曰」云云。又《御覽》九《天部》九、《御覽》八百七十二《休徵部》一，《事類賦》二《雲》注，卷十一《歌》注，《藝文類聚》四十三《祥瑞部》上，《文選・東京賦》注、《別賦》注、《曲水詩序》注、《潘正叔贈陸機詩》注、《七命》注，並分列載歌。《藝文》四十三、《御覽》五百七十一並作「再歌」。「舞之」，《御覽》作「憮之」。「循通」，《御覽》作「循涌」，「賁」作「僨」。「循通」，他書作「修通」，非。「於其藏」，《文選・七命》注「於」作「越」。「旋持衡」三字，《御覽》無，今從《前編》增。「旋」上，依《宋書・符瑞志》，當有「擁」字，《前編》亦脱。

陳壽祺曰：「談然作《大唐之歌》」，徐陵《梁禪陳策文》云「精華既竭，耄勤已倦，則抗首而笑，惟賢是與，謗然作歌，簡能斯授」，悉用《尚書大傳》事，而「談」字作「謗」。《路史》亦作「謗」。據鄭注「談，猶灼也」，則作「謗」者誤。又《北堂書鈔》引《大傳》「沈首而笑」，徐陵文作「抗首」，《通鑑外紀》作「枕首」。尋其文義，「抗首」是也。又《宋書・符瑞志》云「舜乃擁璿持衡而笑」，《北齊書・文宣帝紀》云「重華握曆持衡擁璇」，《通鑑前編》引《大傳》「帝乃載歌旋持衡」，「旋」上當脱「擁」字。「載歌」，《藝文類聚》四十三、《御覽》五百七十一引並作「再歌」。《外紀》説此事亦然，惟於歌《卿雲》後云：「帝乃再歌，擁旋持衡，枕首而笑曰：『時哉夫！天下非一人之天下也，亦見乎鐘石竽瑟。』」此則上下舛亂，劉道原所據《大傳》已失其舊矣。又曰：《宋書・符瑞志》：「禹乃興《九招》之樂，致異物，鳳皇來翔。」又曰：「舜在位十有四年，奏鍾石笙筦，未罷而天大雷雨，疾風發屋拔木，桴鼓播地，鐘磬亂行，舞人頓伏，樂正狂走。舜乃擁璿持衡而笑曰：『明哉乎！天下非一人之天下也，亦乃見於鐘石笙筦乎！』乃薦禹於天，使行天下事。於時和氣普應，慶雲興焉，若煙非煙，若雲非雲，郁郁紛紛，蕭索輪囷。百工相和而歌《卿雲》，帝乃倡之曰：『慶雲爛兮，糺縵縵兮。日月光華，旦復旦兮。』羣臣咸進，稽首曰：『明明上天，爛然星陳。日月光華，弘予一人。』帝乃再歌曰：『日月有常，星辰有行。四時從經，萬姓允誠。於予論樂，配天之靈。遷於聖賢，莫不咸聽。鼚乎鼓之，軒乎舞之。菁華既竭，褰裳去之。』於是八風修通，慶雲藂藂，蟠龍奮迅於其藏，蛟魚踴躍於其淵，龜鼈咸出於其穴，遷虞而事夏。」《宋志》此文，蓋悉本《大傳》。今《大傳》舜五祀、十二祀、十四祀、十五祀之事錯見。書籍所引，闕佚不全，又先後乖舛。吴中舊本徒據《太平御覽·樂部》九所引一條，實多闕漏。考《路史·後紀》十二《有虞紀》言「維五祀，定鐘石，論人聲，興《韶》於大麓之野。還歸二年，作《大唐之歌》。聲成而綵鳳至，故其樂曰：俯張辟雍，鶬鶬相從。八風回回，鳳皇喈喈」，《困學紀聞》卷二引《大傳》「樂曰」以下四句，是宜與《大唐之歌》相屬也。《御覽·樂部》九引「歌者三年，昭然乃知乎王世[三]，明有不世之義」，此十七字亦宜綴「樂曰」四句之下。蓋所謂「歌者」，即歌《大唐之歌》也；所謂「明有不世之義」，即指堯禪舜而言也。《儀禮經傳通解續》卷二十二引「維十有三祀，帝乃稱王，而入唐郊猶以丹朱爲尸」，正説舜受禪事，言百執事咸知王世不絶，必有繼祖守宗廟之君，與「乃知王世，明有不世之義」正相對照。是此段宜與「歌者三年」三句相屬也。《路史·發揮》五注引《虞傳》云「十四祀，笙管變，天大雷雨，疾風，爲遜禹之事」，《北堂書鈔》引「維十有四祀，鐘石笙筦變」云云，《通鑑前編》引「維十有四祀，帝乃雍而歌者重篇」，是此數條宜相屬也。《宋書·符瑞志》説舜十四年奏樂事甚詳，與《北堂書鈔》所引《大傳》合，則《宋志》之爲全採《大傳》無疑。《書鈔》所引有不備者，當據《宋書》、《路史》補之也。《路史·後紀》十二敘「舜咨禹而巽位」下，云：「鐘石渝，笙筦變，未及終，天大雷電，烈風，大木盡拔，大屋盡發，宫羽盡革，二工伏柷以操雅。帝乃雍歌者重篇，樂人重贊，舞人復綴，乃更容貳節，備十有二變，奏《肆夏》而納以《孝成》。四岳三公暨百執事咸贊於帝者，尚稽大室，唐爲虞賓，始而狂然，汔茲羨於四海，誠禹之命敷於四海。《韶》爲賓，而《雍》爲主人矣。」尋《路史》此段多本《大傳》，其次第畧可見。「帝乃雍而歌者重篇」在「鐘石笙筦變」之下，尚有「樂正重贊，舞人復綴」數語。而「始奏《肆夏》，納以《孝成》」，尚稽大室，唐爲虞賓」一節，據《文選·曲水詩序》注，乃十有五祀事，《路史》乃與「歌雍重篇」聯爲一時。今詳審文義，「納以《孝成》」以上當爲十四祀事，下當接「還歸二年〔四〕」，而廟中苟有歌《大化》、《大訓》、《六府》、《九原》，而夏道興」；「舜爲賓客」以下，當從《選注》爲十五祀事，其上當據《前編》增「祀者貳尸」一語。如此，則文從而不紊矣。《聖賢羣輔録》云十有五祀後，又有「百工相和而歌《慶雲》，八伯稽首而進見」，是《卿雲》之歌在十五祀後也。《通鑑前編》引《虞夏傳》「維十有四祀，帝乃雍而歌者重篇」下，即接云「於時俊乂、百工相和而歌《慶雲》」云云，亦失次。今參訂諸書所徵，更定之如左：

維五祀，定鐘石，論人聲，乃及鳥獸，咸變於前。故更著四時，推六律、六吕，詢十有二變，而道弘廣。五作、十道，孝力爲右，秋養耆老而春食孤子，乃浡然《招》樂興於大鹿之野。報一作「執」。事還歸二年，談然乃作《大唐之歌》。樂曰：「舟張辟雍，鶬鶬相從。八風回回，鳳皇喈喈。」歌者三年，昭然乃知乎王世，明有不世之義。維十有三祀，帝乃稱王，而入唐郊猶以丹朱爲尸。於時百執事咸昭然乃知王世不絶，爛然必自有繼祖守宗廟之君。維十有四祀，鐘石笙筦變聲。樂未罷，疾風發屋，天大雷雨。帝沈首而笑曰：「明哉！非一人之天下也，乃見於鐘石。」「雷雨」下當依《宋書·符瑞志》，補「桴鼓播地，鐘磬亂行，舞人頓伏，樂正狂走。帝乃擁璿持衡」，凡二十一字。又「發屋」下補「拔木」二字，「明哉」下補「天下」二字，「乃見於鐘石」下補「笙筦乎」三字。帝乃雍而歌者重篇。此下當依《路史·後紀》十二，補「樂正重贊，舞人復綴，乃更容貳節，備十有二變」，凡十八字。《招》爲賓客，而《雍》爲主人。始奏《肆夏》，納以《孝成》。還歸二年，而廟中苟有歌《大化》、《大訓》、《六府》、《九原》，而夏道興。維十有五祀，祀者貳尸。舜爲賓客，而禹爲主人。樂正進贊曰：「尚考太室之義，唐爲虞賓。至今衍於四海，成禹之變，垂於萬世之後。」於時卿雲聚，俊乂集，百工相和而歌《卿雲》。帝乃倡之曰：「卿雲爛兮，禮「禮」字當作「紀」。縵縵兮。日月光華，旦復旦兮。」八伯咸進，稽首曰：「明明上天，爛然星陳。日月光華，弘予一人。」帝乃再「再」字一作「載」。歌，旋持衡曰：「日月有常，星辰有行。四時從經，萬姓允誠。於予論樂，配天之靈。遷于賢聖，莫不咸聽。鼚乎鼓之，軒乎舞之。菁華已竭，褰裳去之。」於時八風循通，卿雲藂藂，蟠龍賁信於其藏，蛟魚踴躍於其淵，龜鼈咸出於其穴，遷虞而事夏也。

錫瑞案：陳氏所定傳文近是。舜爲賓客，故知王者不世；丹朱爲尸，故知王世不絶。觀《大傳》義，乃知聖人受天命而非妄，公天下而無私。《孟子》曰：「使之主祭而百神享之。」舜之受堯，猶禹之受舜。古時天與民近，天人之應，昭然不爽，不必定有五老《河圖》等事，如緯候所云也。舜五祀已有禪禹之意，十五祀已薦禹於天。《孟子》、《史記》皆云「舜薦禹於天，十有七年，舜崩」者，蓋由禹攝之年數起，其實舜之薦禹並不止十七年。十三祀稱王而入唐，十四祀以《招》爲賓客，可見舜不欲久居天位。魏源《書古微》謂五祀、十三祀當互易，其説無據。《路史·發揮》：「舜之授禹，亦有納麓、烈風、雷雨之事。《虞傳》云：惟五祀，興《韶》樂於大麓之野；十四祀，笙管變，天大雷雨疾風，爲遜禹之事也。」是羅氏所見《大傳》與今不異，不當如魏説矣。《大傳》以旋機爲北極，《史記》以玉衡爲北斗，是旋、衡皆星名。此傳「擁旋持衡」，不知何物。馬、鄭以旋機玉衡爲渾儀。此是郊天，古即有渾儀，亦無郊祀以渾儀隨往之理，當闕疑。祀天在郊，故有蛟龍魚鼈之應。《周禮》所謂「三變致鱗物，六變致介物」也。夏金德，故水蟲應。「八風循通」者，孫氏《瑞應圖》曰：「循風者，八方之風應時而至。立春之日，則東方明庶風至。春分之日，則東南清明風至，一名薰風。立夏，則南方景風至，一名巨風。夏至，則西南方涼風至，一名淒風。立秋，則西方閶闔風至，一名颼風。秋分，則西北方不周風至，一名廣風。立冬，則北方廣漠風至，一名寒風。冬至，則東北方融風至，一名飈風。」《孝經援神契》曰：「德至八方，則祥風生。」

皋陶謨

翊，輔也。《華嚴經》第七十四《音義》卷下引《尚書大傳》。

陳壽祺曰：「此今文《尚書》『夙夜翊明有家』之訓。今文見《史記·五帝本紀》。」

古者諸侯之於天子也，三年一貢士。天子命與諸侯輔助爲政，所以通賢共治，示不獨專，重民之至。大國舉三人，次國舉二人，小國舉一人。一適謂之攸好德，注適，猶得也。**再適謂之賢賢，三適謂之有功。有功者，天子賜以車服弓矢，再賜以秬鬯，三賜以虎賁百人，號曰命諸侯。命諸侯得專征者，鄰國有臣弒其君、孽伐其宗者，**注孽，支子也。宗，適子也。**雖弗請於天子而征之可也，征而歸其地於天子。**注征，伐也。**有不貢士，謂之不率正者，**注率，循也。正，由也。**天子絀之。一不適謂之過，**注謂三年時也。**再不適謂之敖，**注謂六年時也。**三不適謂之誣。**注謂九年時也。**誣者，天子絀之。一絀，少絀以爵；**注言少絀，明以漸也。**再絀，少絀以地；三絀，而爵、地畢。**注凡十五年。《後漢書·左周黃傳》論注、《儀禮經傳通解·王制之已》。「有不貢士」以下十字，《通解》引作「諸侯之有不率正者」。又見《禮記·射義》正義，小異。《路史·後紀》十一《陶唐氏》云「三適之賞，見《虞夏傳》」。注見《禮記·射義》正義。又《公羊》莊元年解詁引「三年一貢士」至「小國舉一人」，《儀禮集傳集注》三十三引「伏書：禮，諸侯三年一貢士」至「三絀而地畢」，小異。又《禮書》卷一百八、《漢書·武帝紀》注、《後漢書·蔡邕傳》注、《通典·選舉》一、《文選·晉武帝華林園集詩》注、《困學紀聞》卷五並節引。

疏證曰：《禮記·射義》曰：「是故古者天子之制，諸侯歲獻，貢士於天子，天子試之於射宮。其容體比於禮，其節比於樂，而中多者，得與於祭。其容體不比於禮，其節不比於樂，而中少者，不得與於祭。數與於祭而君有慶，數不與於祭而君有讓。數有慶而益地，數有讓而削地。」注曰：「三歲而貢士，舊説云：大國三人，次國二人，小國一人。」正義引《書傳》云云，曰：「不云益地者，文不具矣。」《漢書·武帝紀》有司奏議曰：「古者諸侯貢士，一適謂之好德，再適謂之賢賢，三適謂之有功，乃加九錫。不貢士，一則黜爵，再則黜地，三而黜爵、地畢矣。」《説苑·修文》篇云：「諸侯三年一貢士。士一適謂之好德，再適謂之尊賢，三適謂之有功。有功者，天子一賜以輿服弓矢，再賜以鬯，三賜以虎賁百人，號曰命諸侯。命諸侯者，鄰國有臣弑其君、孽弑其宗，雖不請於天子，征之可也，已征而歸其地於天子。諸侯貢士，一不適謂之過，再不適謂之敖，三不適謂之誣；天子黜之，一黜以爵，再黜以地，三黜而地畢。諸侯有不貢士者，謂之不率正。不率正者，天子黜之，亦三黜地畢。然後天子比年秩官之無文者而黜之，以諸侯之所貢士代之。」《白虎通》云：「三年一貢士者，治道三年有成也。諸侯所以貢士於天子者，進賢勸善者也。天子聘求之者，貴義也。治國之道，本在得賢。得賢則治，失賢則亂。故《月令》季春之月，開府庫，出幣帛，周天下，勉諸侯，聘名士，禮賢者。有貢者，復有聘者何？以爲諸侯貢士，庸才者貢其身，盛德者貢其名，及其幽隱，諸侯所遺失，天子之所昭，故聘之也。」《潛夫論·考績》篇云：「古者貢士，一適謂之好德，再適謂之尚賢，三適謂之有功，則加之賞。其不貢士也，一則黜爵，再則黜地，三則爵、土俱畢。」《公羊》莊元年何氏解詁云：「禮，諸侯三年一貢士於天子，天子命與諸侯輔助爲政，所以通賢共治，示不獨專，重民之至。大國舉三人，次國舉二人，小國舉一人。」《後漢書·魯丕傳》對策云：「古者貢士，得其人有慶，不得其人有罰。」皆本《大傳》之義也。傳云「大國舉三人，次國舉二人，小國舉一人」者，《王制》云：「大國三卿，皆命於天子。次國三卿，二卿命於天子，一卿命於其君。」注：「小國亦三卿，一卿命於天子，二卿命於其君。此文似脱誤耳。」《白虎通》引《王度記》曰：「子、男三卿，一卿命於天子。」然則諸侯之卿命於天子者，大國三人，次國二人，小國一人，故所貢之人數亦準此與？

《書》稱：「天工，人其代之。」傳曰：夫成天地之功者，未嘗不蕃昌也。《潛夫論》卷二《思賢》篇。

天子衣服，其文華蟲、作繢、宗彝、藻火、山龍；諸侯，作繢、宗彝、藻火、山龍；子、男，宗彝、藻火、山龍；大夫，藻火、山龍；士，山龍。故《書》曰：「天命有德，五服五章哉！」《禮書》卷三，又卷一引至「士，山龍」止。

山龍純青，華蟲純黄，作會宗彝純黑，藻純白，火純赤。《隋書·禮儀志》七引《尚書大傳》，下云「以此相間而爲五采」，八字恐非《大傳》文，今不録。注 五采相錯，非一色也。《隋書·禮儀志》引「鄭玄議已非之」云云。

山龍青也，華蟲黄也，作繢黑也，宗彝白也，藻火赤也。天子服五，諸侯服四，次國服三，大夫服二，士服一。注 玄或疑焉。《禮書》卷一，又卷三。又《御覽》六百九十《服章部》六。

疏證曰：陳壽祺曰：「《續漢書·輿服志》：『孝明皇帝永平二年，初詔有司采《周官》、《禮記》、《尚書·皐陶》篇，乘輿、服從歐陽氏説〔五一〕，公、卿以下從大、小夏侯氏説。』又曰：『衣裳玉佩備章采，乘輿刺繡，公、侯、九卿以下皆織成。』又曰：『顯宗初服旒冕，衣裳赤舄絇屨，以祠天地，養三老、五更於三雍。天子、三公、九卿、特進侯、侍祠侯祀天地、明堂，皆冠旒冕，衣裳玄上纁下。乘輿備文日、月、星辰十二章，三公、諸侯用山龍九章，九卿以下用華蟲七章，皆備五采。』《後漢書·明帝紀》永平二年注引董巴《輿服志》曰：『顯宗初服冕衣裳以祀天地，衣裳以玄上纁下。乘輿備文日、月、星辰十二章，三公、諸侯用山龍九章，九卿以下用華蟲七章，皆五色采。乘輿刺繡，公、卿以下皆織成。陳留襄邑獻之。』徐廣「車服」注曰：『漢明帝案古禮，備其服章。天子郊廟衣皁上絳下，前三幅，後四幅，衣畫而裳繡。』然則顯宗更定服章，所謂從歐陽、夏侯説，即此是也。然《書傳》之文無『日、月、星辰』，而云『天子服五』，何與？陳祥道《禮書》卷三引《尚書大傳》『山龍青也，宗彝白，藻火赤』，陳氏辨之曰：『大夫之服自玄冕而下，士之服自皮弁而下，固無藻火、山龍矣。既曰「子、男，宗彝、藻火、山龍；士，山龍」，又曰「次國服三，大夫服二，士服一」，是自戾也。』壽祺案：《書傳》所言，虞制也，固與《周禮》不同。《書傳》服五、服四、服三、服二、服一者，言其采色，非言其章數，前後之文未嘗相戾。永平初定冕服，公、卿已下從大、小夏侯説，乘輿、服從歐陽説，日、月、星辰十二章，三公、諸侯用山龍九章，卿已下用華蟲七章，則是歐陽説冕服章數，仍以十二、九、七爲節；大、小夏侯説冕服章數，乃自天子至公、侯以九爲節，卿以下以七爲節，明矣。《尚書·益稷》正義引鄭玄《書注》云：『自日、月至黼、黻，凡十二章，天子以飾祭服。至周而變之，以三辰爲旂旗。』王肅以爲：『舜時三辰即畫於旌旗，不在衣也。天子山、龍、華蟲耳。』考王肅雖善賈、馬之學，而其父朗師楊賜，則治《歐陽尚書》者。肅解《虞書》作服與伏生《大傳》相合，蓋亦用今文家説也。《大傳》五服無日、月、星辰，又無粉米、黼、黻，故知五服是采色，非章數也。《隋書·禮儀志》大業元年虞世基奏：『近代故實，依《尚書大傳》，山龍純青，華蟲純黄，作繪案：《隋志》作「會」，陳作「繪」，誤。宗彝純黑，藻純白，火純赤，以此相間而爲五采。後周故事，升日、月於旌旗，乃闕三辰，而章無十二，但有山龍、華蟲、作繪案：《隋志》作「會」，陳作「繪」，誤。宗彝、藻、火、粉米、黼、黻，乃與三公不異。開皇中，就裏欲生分别，故衣重宗彝，裳重黼、黻，合重二物，以就九章，爲十二等。但每一物上下重行，衮服用九，鷩服用七。今重此三物，乃非典故。』據此，虞世基既言近代服依《書傳》，而後周於山龍、華蟲、作繪宗彝、藻、火之外，仍有粉米、黼、黻，此章數也。《大傳》以山龍爲青，華蟲爲黄，作繪宗彝四字連讀爲黑，藻爲白，火爲赤。陳祥道引云『作繢黑也，宗彝白也，藻火赤也』，分作繢、宗彝爲二，合藻、火爲一，非伏生本文，由所見《大傳》本誤，當從《隋志》更正。又引云『子、男，宗彝、藻火、山龍』，以『次國服三』核之，子、男下『宗彝』亦誤衍，宜删。陳氏反以是疑傳文自戾，過矣。《説文》十三《系部》：『繪，會五采繡也。』引《虞書》『山龍、華蟲作繪』。以《後漢書·明帝紀》『乘輿刺繡，公、卿以下皆織成』考之，則《大傳》五服亦皆謂繡，非畫也。鄭康成注《尚書》，始云『繪，讀爲繢。凡畫者爲繢』，與伏、許異。見《尚書正義》、《左傳》昭二十五年正義、《文選·景福殿賦》注。作繪何以爲黑也？《說文》十上《黑部》：『䵳，沃黑色。』十二下《女部》：『嬒，女黑色也。』繪之爲黑，此其義。」錫瑞案：陳氏據《隋志》證《禮書》之誤，甚是。《禮書》所引《大傳》，當作「子、男，藻、火、山龍；大夫，火、山龍；士，山龍」，乃合「次國服三，大夫服二，士服一」之義，陳氏說猶未覈。陳氏又引《續漢志》及《隋志》以證《大傳》，不知歐陽、大小夏侯之說非伏生義，周、隋之制即沿《漢志》之誤，尤非所以證伏生義也。經云「五服五章」，並無十二章、九章、七章之文。虞土德，土數五，故天子服五；土色黃，故尚黃，以華蟲爲首章，惟天子得服之。周木德，木色青，故山龍居首。虞土德，土色黃，故華蟲居首。不可以周制說虞。不取日、月、星辰與粉米、黼、黻者，日、月、星辰本不應繪於衣。故王肅用今文義，謂舜時即畫於旌旗，不在衣。許氏《說文敘》引《書》曰「予欲觀古人之象」，爲正文字之義。是觀象所包甚廣，不止服章。《史記·五帝紀》以「作文繡服色」渾括山龍、華蟲以下，而「日、月、星辰」別見於上，則亦不以三辰列五章之中。粉米、黼、黻或繡於裳，或爲褋采，亦不入正數也。伏生首傳《尚書》，多識古制，其說與經文合，斷乎不誤，而歐陽、大小夏侯顯違斯義者。據《續漢志》云「初詔有司采《周官》、《禮記》、《尚書·皋陶》篇」，《尚書》古於《周官》，當以《尚書》列前，而永平之詔首列

《周官》，蓋當東漢時，《周官》古文説已盛行，詔旨必以《周官》爲是。故三家博士背師説，以希世用，改《尚書》舊説，以徇《周官》。此其蹤跡之可尋者。陳氏不得其説，乃欲强合爲一。不知《大傳》明言天子服五，無十二章、九章之文，何得以三家之説誣伏生？《左氏傳》云「三代各異物」，又云「周之王也，上物不過十二，以爲天之大數」，是天子數用十二乃周制。周以前無十二旒之冕，即不必有十二章之服，又何得以《周官》之制爲虞制哉！且三家博士其説又不同。歐陽説有日、月、星辰，大、小夏侯説無之。蓋日、月、星辰書於衣，義不浹於人心，故兩夏侯去之。日、月、星辰可不入章數，則粉米、黼、黻亦可不入章數矣。王仲任習《歐陽尚書》，故《論衡·量知》篇云「黼、黻、華蟲、山龍、日、月」，《語增》篇云「服五采之服，畫日、月、星辰」，此歐陽説有日、月、星辰之明證。鄭君注《尚書》、《周禮》，采歐陽、夏侯之義，以有日、月、星辰十二章爲虞制，從歐陽説；無日、月、星辰九章爲周制，從夏侯説。後人多信鄭説，以爲刱解，不知其本於歐陽、夏侯。又解華蟲爲雉，宗彝爲虎蜼，以合《周官》之鷩冕、毳冕。説雖善於傅會，然皆周制，不可以解《虞書》。若《大傳》所言五章：山龍青者，龍，東方之色，故青。華蟲黄者，華蟲當是鳳。《大戴禮》曰：「羽蟲三百六十，鳳皇爲之長。」是鳳可稱蟲。《爾雅·釋言》曰：「皇，華也。」「皇」與「黄」聲近，華蟲之「黄」即鳳皇之「皇」。《王制》曰「有虞氏皇而祭」，注：「皇，冕屬也，畫羽飾焉。」《周禮·樂師》教「皇舞」，先鄭注：「皇舞者，以羽冒覆頭上，衣飾翡翠之羽。」後鄭注：「皇，襍五采羽，如鳳皇色。」合先後二鄭説，是「皇」爲鳳皇五采之色，飾於冠，並飾於衣。虞有鳳皇來儀之瑞，故以「皇」名其冠，又飾之於衣。鳳皇，羽蟲之長，故惟天子服之。鳳皇蓋五采而多黄。五采，故曰華蟲；多黄，故華蟲爲黄。所以知鳳皇色多黄者，《説文·鳥部》：「鷫，鷫鷞也，五方神鳥也。東方發明，南方焦明，西方鷫鷞，北方幽昌，中央鳳皇。」《兩漢刊誤補遺》曰：「仁傑按：師曠《禽經》『白鳳謂之鷫。』《説文》謂鷫鷞爲西方神鳥者，以其爲鳳而白，得西方之色，故與南方焦明之屬並言之。蓋希世之瑞，不常有者也。」錫瑞案：《左氏傳》云唐成公「有兩肅爽馬」，賈逵曰：「色如霜紈。」然則西方鷫鷞蓋色白。以此推之，東方發明當色青，南方焦明當色赤，北方幽昌當色黑，中央鳳皇當色黄。中央之色黄也。考《隋書·禮儀志》，古有冕服畫鳳皇者。其文曰：「天監七年，周捨議：『詔旨以王者衮服宜畫鳳皇，以示差降。按《禮》：『有虞氏皇而祭，深衣而養老。』鄭玄所言皇，則是畫鳳皇羽也。鄭注但云「畫羽」，此謂是「鳳皇羽」。又案《禮》所稱雜服，皆以衣定名，猶加衮冕，則是衮衣而冕。明有虞言『皇』者是衣名，非冕明矣〔六〕。此謂「皇」是衣名，足徵皇畫於衣。畫鳳之旨，事實灼然。』制：『可。』」又王僧崇云：『今祭服，三公衣身畫獸，此「獸」字本是「虎」字，唐人避諱所改。其腰及袖又有青獸，形與獸此亦當是「虎」字。同，義應是蜼，即宗彝也。兩袖各有禽鳥〔七〕，形類鸞鳳，據此，則當時已畫鳳矣。若是雉，形與鸞鳳不類。似是華蟲。今畫宗彝，即是周禮，但鄭玄云『蜼，蝸屬，昂鼻長尾』，是獸之輕小者，謂宜不得同獸。此亦當作「虎」。尋冕服無鳳，應改爲雉。又裳有圓花，於禮無礙，疑是畫師加葩蕚耳。藻、米、黼、黻，並乖古制。今請改正，並去圓花。』帝曰：『古文日、月、星辰，此以一辰攝三物也；山、龍、華蟲，又以一山攝三物也；藻、火、粉米，又以一藻攝三物也。是爲九章。今衮服畫龍，則宜應畫鳳明矣。孔安國云『華者，花也』，則爲花非疑。若一向畫雉，差降之文，復將安寄？鄭義是所未允。』」《通典》引周捨《禮疑義》云：「按《禮》：『有虞氏皇而祭，深衣而養老。』鄭玄云『皇』是畫鳳皇羽也。又按《禮》『如衮冕』，則衮是衣。有虞氏言『皇』，皇亦是衣，非冕。今衮服宜畫鳳皇，以示差降。」據周捨説，有虞氏「皇」是畫鳳皇羽於衣。據王僧崇説，當時冕服本畫鳳，疑是古制之僅存者，非始於梁武也。但王氏專據鄭義，欲改爲雉，梁武以爲上下皆畫雉，無差降，故仍用畫鳳耳。作會宗彝黑者，宗彝即尊彝。古「宗」、「尊」通用，《左氏傳》「伯宗」，《穀梁》作「伯尊」，可證。《禮·明堂位》云「夏后氏以雞彝」，是虞、夏已有彝。宗彝，當畫繡尊彝之形，如黼作斧形、黻作亞形之比。尊彝古器，年久色黑，故爲黑。其必曰「作會」者，作，起也，如《考工記》「作其鱗之而」之「作」。《淮南·天文訓》注云：「作、鄂，皆物芒枝起之貌。」玄衣繡黑章，色不甚著，必爲作起之象，以著其色，如今之堆花，故曰「作會宗彝」。藻白者，「藻」一作「璪」，即「玉藻」之「藻」。玉色白，故爲白。火赤者，當爲圜火形，《考工記》「火以圜」是也。孫星衍《今古文注疏》説甚詳，然多傅會，且不知《禮書》所引《大傳》實誤。今不取。

六律者何？黄鐘、蕤賓、無射、太蔟、夷則、姑洗是也。故天子左五鐘，右五鐘。注六律爲陽，六吕爲陰。凡律、吕十二，各一鐘。天子宫縣，黄鐘、蕤賓在南北，其餘則在東西。**天子將出，則撞黄鐘，**《周禮·樂師》注引「黄鐘」下有「之鐘」二字。**右五鐘皆應。**注黄鐘在陽，陽氣動。西五鐘在陰，陰氣静。君將出，故以動告静，静者皆和也。**馬鳴中律，步者皆有容，駕者皆有文，御者皆有數。步者中規，折還中矩，立則磬折，拱則桴鼓。**注言聲合於樂，體比於禮也。**然後太師奏登車，告出也。**注《周禮》：王出入奏《王夏》。**入則撞蕤賓，**《周禮·樂師》注引「蕤賓」下有「之鐘」二字。**左五鐘皆應，**注蕤賓在陰，東五鐘在陽。君入，故以静告動，動者則亦皆和之也。**以治容貌。容貌得，則氣得；氣得，則肌膚安；肌膚安，則色齊矣。**注入，故欲其静也。**蕤賓聲，狗吠彘鳴，及倮介之蟲，皆莫不延頸以聽蕤賓。**注皆守物及陰之類也。**在内者皆玉色，在外者皆金聲。**注玉色，反其正性也。金聲，其事殺。**然後少師奏登堂就席，告入也。**注少師，佐成太師之事者也。**此言至樂**

相和，物動相生，同聲相應之義也。 以上傳、注，全見《儀禮經傳通解・集傳集注》卷二十七《樂記》。又《周禮・樂師》注、《儀禮・大射儀》疏、《禮記・玉藻》正義、《後漢書・班固傳》注、《文選・東都賦》注、《太平御覽》三百八十八卷《人事部》二十九、《玉燭寶典》引傳，「撞蕤賓之鐘」，有「之鐘」二字，「蕤賓聲」作「蕤賓有聲」，「聽蕤賓」上無「以」字；注「陰氣靜」作「陰五靜」，「君將出」作「君將行出」，「靜者皆和也」作「靜者則皆和，此之謂也」，「君入」作「君將入」，「皆和之也」無「之」字，「其事煞」下多「矣也」。

疏證曰：《韓詩外傳》曰：「古者天子左右五鐘。將出，則撞黄鐘，而右五鐘皆應之。馬鳴中律，駕者有文，御者有數。立則磬折，拱則抱鼓。行步中規，折旋中矩。然後太師奏升車之樂，告出也。入則撞蕤賓，以治容貌。容貌得，則顔色齊；顔色齊，則肌膚安。蕤賓有聲，鵠震馬鳴，及倮介之蟲，無不延頸以聽。在內者皆玉色，在外者皆金聲。然後少師奏升堂之樂即席，告入也。此言音樂相和，物類相感，同聲相應之義也。」與傳文畧同。《吕氏春秋》曰：「黄帝又命伶倫鑄十二鐘，和五音，始奏之，曰《咸池》。」是十二鐘應十二律吕，始制於黄帝也。《國語・周語》曰：「名之曰黄鍾，所以宣養六氣九德也。」韋注：「黄，中之色也。鍾之言陽氣鍾聚於下也。十一月陽伏於下，陰始萌。」《周語》又曰：「蕤賓，所以安靖神人，獻酬交酢也。」韋注：「蕤，委蕤，柔皃也。言陰氣爲主，委蕤於下，陽氣盛長於上，有似於賓主。故可用之宗廟、賓客，以安靖神人，行酬酢也。」《史記・律書》曰：「黄鍾者，陽氣踵黄泉而出也。蕤賓者，陰氣幼少，故曰蕤；痿陽不用事，故曰賓。」《漢書·律志》曰：「黄者，中之色，君之服也。鍾者，種也。黄，五色莫盛焉。故陽氣施種於黄泉，孳萌萬物，爲六氣元也。蕤，繼也。賓，導也。言陽氣始導陰氣，使繼養物也〔八〕。」《白虎通·五行》篇曰：「《月令》十一月律謂之黄鍾何？黄者，中和之色。鍾者，動也。言陽氣於黄泉之下動養萬物也。五月謂之蕤賓何？蕤者，下也。賓者，敬也。言陽氣上極，陰氣始起，故賓敬之也。」《易緯·通卦驗》言冬至之禮曰：「人主乃縱八能之士，擊黄鍾之鐘，乃權水輕重，釋黄鍾之公，稱黄鍾之重，然擊黄鍾之磬。公、卿、大夫、列士，以德賀於人主〔九〕。乃使八能之士，擊黄鍾之鼓，鼓黄鍾之琴瑟，吹黄鍾之律，間音以竽，天地以和應。黄鍾之音得，蕤賓之律應，則公、卿、大夫、列士，以德賀於人主。夏日至之禮，如冬日至之禮。舞八樂，皆以肅敬爲戒。黄鍾之音調，諸氣和，人主之意慎，則蕤賓之律應。」《春秋緯·感精符》、《樂緯·叶圖徵》亦載其文，畧同，皆言黄鍾、蕤賓之義也。《文獻通考》元豐元年詔頒行元正、冬至大朝會儀注云：「奏外辦，閤簾捲，殿上鳴蹕，太樂令令撞黄鍾之鐘，右五鐘皆應。」又云：「扇合，殿下鳴蹕，太樂令令撞蕤賓之鐘，左五鐘皆應。」蓋用傳義。《禮記·玉藻》「趨以《采齊》」，注：「路門外之樂節也。門外謂之趨。齊，當爲『楚薺』之『薺』。」「行以《肆夏》」，注：「登堂之樂節。」「周還中規」，注：「反行也，宜圜。」「折還中矩」，注：「曲行也，宜方。」正義曰：「路寢門外至應門，謂之趨。於此趨時，歌《采薺》爲節。云『齊，當爲楚薺之薺』者，案《詩·小雅》有《楚茨》之篇，此作『齊』字，故讀爲《楚茨》之『茨』，音同耳，其義則異。路寢門内至堂，謂之行。於行之時，則歌《肆夏》之樂。按《爾雅·釋宫》云：『室中謂之時，堂上謂之行，堂下謂之步，門外謂之趨，中庭謂之走，大路謂之奔。』此對文耳。若總而言之，門内謂之行，門外謂之趨。鄭注《樂師》云：『行，謂於大寢之中。趨，謂於朝廷。然則王出既服，至堂而《肆夏》作，出路門而《采薺》作。其反，入至於應門、路門，亦如之。此謂步迎賓客。王如有車出之事，登車於大寢西階之前，反降於阼階之前。』」引《尚書傳》云云，則此傳與《玉藻》相出入也。《周禮·樂師》注：「司農云：《肆夏》、《采薺》，皆樂名。或曰皆逸《詩》。謂人君行步，以《肆夏》爲節。趨疾於步，則以《采薺》爲節。玄謂：《爾雅》曰：『堂上謂之行，門外謂之趨。』然則王至堂而《肆夏》作，出路門而《采薺》作。其反，入至應門、路門，亦如之。」亦與此傳義合。馬鳴不得中律，「馬鳴」疑是「鸞鳴」之誤。《玉藻》曰：「故君子在車則聞鸞、和之聲，行則鳴佩玉，是以非僻之心無自入也。」《大戴禮》曰：「行中鸞、和，步中《采茨》，趨中《肆夏》，所以明有度也。」又曰：「居則習禮文，行則鳴佩玉，升車則聞和、鸞之聲，是以非僻之心無自入也。在衡爲鸞，在軾爲和。馬動而鸞鳴，鸞鳴而和應。其聲曰和，和則敬。此御之節也。上車以和、鸞爲節，下車以佩玉爲節〔一〇〕。」此「鸞鳴中律」之證。《御覽》引《通禮義纂》曰：「駕入，撞蕤賓之鐘，左五鐘皆應之。按：蕤賓位居午，午爲陰，主静，象王自外静而入，方居之始，故先作之。而東廂應者，東爲陽，陽主動，明以静告動，使之相應。駕出，撞黄鐘，右五鐘皆應。黄鐘位居子，子爲陽，陽主動，象王自内動而出，方行之始，故先作之。而西廂應者，西爲陰，陰主静，明以動告静，使之相和也。」與傳、注義合。

古者天子必有四鄰：前曰疑，後曰丞，左曰輔，右曰弼。天子有問無以對，責之疑。可志而不志，責之丞。可正而不正，責之輔。可揚而不揚，責之弼。其爵視卿，其禄視次國之君也。《禮記·文王世子》正義、《通典》卷二十《職官》二、《儀禮經傳通解·集傳集注·王制之丙》、《玉海》卷百二十。又《史記·夏本紀》注、《漢書·伏湛傳》注、《太平御覽》卷七十六、《路史·後紀》並節引。

古者天子必有四鄰：前曰疑，後曰丞，左曰輔，右曰弼。天子中立而聽朝，則四聖維之。是以慮無失計，舉無過事。故《書》曰：「欽四鄰。」此之謂也。《通鑑前編》「帝舜元載」注。

天子必有四鄰：前儀，後丞，左輔，右弼。直立而敢斷，廣心而從欲，輔善而相承，謂之輔；廉潔而切直，謂之弼。《華嚴經》第八十《音義》卷下。陳壽祺曰：「『直立而敢斷』下，當脱『謂之儀』三字。『廣心而從欲』下，當脱『謂之丞』三字。以下文輔、弼二句文法知之。」又曰：「《萬卷菁華》前集引云：『道是周公也，克是太公也，弼是召公也，丞是史佚也。故成王中立而聽朝，則四聖維之。』與前編所引不同。此《大戴記·

保傅》篇及賈子《新書》文也。『克』，二書作『充』，此以文字相近，類書誤耳。」

疏證曰：《列子·天瑞》篇「舜問乎丞」，即四鄰之丞也。《莊子》書亦載之。「丞」或作「烝」，誤。《史記·夏本紀》解「欽四鄰」爲「敬四輔臣」，是「四鄰」即「四輔」。《文王世子·記》曰：「虞、夏、商、周，有師、保，有疑、丞。設四輔及三公，不必備，惟其人。」是自虞至周，皆有四輔之官。《臯謨》所云「四鄰」，即《洛誥》所云「四輔」。特周之四輔，知爲周公、太公、召公、史佚四人，虞則不能指其人實之耳。《孝經》云「昔者天子有争臣七人」，鄭注：「七人者，謂太師、太保、太傅、左輔、右弼、前疑、後丞〔一〕，維持王者，使不危殆。」邢疏引此《大傳》文云：「《大傳》四鄰，則《記》之四輔，兼三公以充七人之數。」又引劉炫駮云：「《洛誥》云成王謂周公曰：『誕保文、武受民，亂爲四輔。』《冏命》穆王命伯冏：『惟予一人無良，實賴左、右、前、後有位之士匡其不及。』據此而言，則『左、右、前、後』，四輔之謂也。疑、丞、輔、弼當指於諸臣，非是別立官也。謹按：《周禮》不列疑、丞，《周官》歷敘羣司，《顧命》總名卿士，《左傳》云龍師、鳥紀，《曲禮》云五官、六太，無言疑、丞、輔、弼專掌諫争者。若使爵視於卿，禄比次國，《周禮》何以不載？經傳何以無文？且伏生《大傳》以『四輔』解爲『四鄰』，孔注《尚書》以『四鄰』爲前後左右之臣，而不爲疑、丞、輔、弼，安得又采其説也？」錫瑞案：劉炫信僞古文《尚書》、僞孔《傳》而詆伏《傳》，可謂眯目而道黑白者矣。《荀子·臣道》篇曰：「有能比知同力，率羣臣百吏而相與彊君撟君，君雖不安，不能不聽，遂以解國之患，除國之大害，成於尊君安國，謂之輔。」《說苑·臣術》篇同。《白虎通·諫諍》篇曰：「左輔主脩政，刺不法。」《賈子·保傅》、《大戴·保傅》作「充」，「充」即「輔」也。《說苑·臣術》篇曰：「有能亢君之命，反君之事，竊君之重，以安國之危，除主之辱，攻伐足以成國之大利，謂之弼。」《大戴·保傅》篇曰：「絜廉而切直，匡過而諫切者，謂之弼。」《白虎通·諫諍》篇曰：「右弼主糾害，言失傾。」又曰：「前疑主糾度，定德經。」《大戴·保傅》作「道」，「道」即「疑」也。《保傅》又曰：「博聞强記，接給而善對者，謂之丞。」《白虎通·諫諍》篇曰：「後承主匡正常，考變失。」諸書皆言有四輔，與《大傳》大同小異，安得以爲經傳無文？若以《周官》不列爲疑，《尚書·立政》官名皆不見於《周官》，豈可謂無此官乎？《保傅》篇曰：「成王中立而聽朝，則四聖維之。是以慮無失計，而舉無過事。」《淮南子》曰：「心知規而師傅諭導，口能言而行人稱辭，足能行而相者先導，耳能聽而執政進諫，是故慮無失策，謀無過事。」《漢書·谷永傳》曰：「四輔既備，成王靡有過事。」皆本傳文。

古之帝王必有命。民能敬長矜孤、取舍好讓者，命於其君，然後得乘飾車駢馬，衣文錦。未有命者，不得衣，不得乘；乘、衣者有罰。 《後漢書·王符傳》注。又《蓺文類聚·舟車部》引同，惟無「命於其君」四字，「不得乘」作「不乘車」。又《禮書》卷十四引同，「未有命者」作「民之未命者」。

又《毛詩·都人士》正義、《禮記·大學》正義、《御覽》八百十五《布帛部》二、《路史·後紀》十一並節引，「好讓」下有「舉事力」三字。注 飾，漆之。駢，并也。《周禮·巾車》疏引「鄭注云」。居士錦帶。《禮書》十四引「鄭氏釋之曰」。古者有命，民有錦車、駢馬、衣錦。《禮記·玉藻》正義引「《唐傳》古者有命民有飾車、駢馬、衣錦」，蓋節引。

疏證曰：陳壽祺輯本以此文入《唐傳》，蓋本《玉藻》正義，以此文爲《堯典》「車服以庸」之傳。然攷《堯典》「車服以庸」，乃言黜陟諸侯考績之事，《大傳》有明文可據，與此言命民無涉。此言命民，當爲《臯陶謨》「車服以庸」之傳。《臯陶謨》言舉黎獻，又有「誰敢不讓，敢不敬應」之文，與此傳云「敬長」、「好讓」之文相合，則此當爲《臯陶謨》「車服以庸」之傳無疑。《玉藻》正義云《唐傳》，有誤。陳本不可依用，今移正之。《御覽》引《韓詩傳》與《大傳》文同，下云：「是故其民雖有錢財侈物，而無禮義功德，即無所用其錢財。故其民皆興仁義，而賤不争貴，强不陵弱，衆不暴寡。是唐、虞之所以象典刑，而民莫敢犯也。」《潛夫論·浮侈》篇云：「古者必有命民，然後乃得衣繒綵而乘車馬。」蓋本《大傳》之義。古者命民之制，漢時猶行之。《史記·平準書》曰：「高祖乃令賈人不得衣絲乘車。」《漢書》曰：「賈人不得衣錦繡綺穀絺紵罽〔三〕。」景帝二年詔曰：「賈人毋得衣錦。」《春秋繁露》曰：「散民不敢服雜采，百工商賈不敢服狐貉，刑餘戮民不敢服絲玄、乘馬，謂之服制。」《鹽鐵論》曰：「士、庶人老耄而後衣絲，其餘則麻枲而已，故命曰布衣。」《袁子正書》曰：「漢制唯賈人不得乘馬車，有古非命民不得衣、乘遺意。」又秦、漢民爵，近古之命民。《史記·秦本紀》曰：「秦王聞趙食道絶，王自之河内，賜民爵各一級。」又曰：「秦始皇四年，百姓内粟千石，拜爵一級。」《漢書·高帝紀》五年詔曰：「異日秦民爵公大夫以上，令丞與亢禮。其令諸吏善遇高爵，稱吾意。」惠帝元年、五年，高后元年，皆賜民爵户一級。其後諸帝每有恩詔，輒賜民爵，蓋古命民遺意。

古八家而爲鄰，三鄰而爲朋，三朋而爲里，五里而爲邑，十邑而爲都，十都而爲師。州十有二師焉。［注］州凡四十三萬二千家。此蓋虞、夏之數也。《太平御覽》百五十七《州郡部》三。又《禮記·雜記》正義節引傳、注，云《洛誥傳》。又《藝文類聚》八《州郡部》、《初學記·州郡部》、《廣韻》、《長安志》卷二節引。又《玉海》二十《地理户口》引此注，云《洛誥》。

疏證曰：吴中本以此列《虞夏傳》，陳壽祺輯本據《禮記疏》、《玉海》，定爲《洛誥傳》。據傳文引「州十有二師」，注云「虞、夏之數」，此文當爲《虞夏傳》無疑。《禮疏》、《玉海》疑有誤。陳本未可依用，今更正之。段玉裁以《大傳》爲《廣雅》所本，《廣雅·釋地》「十邑爲鄉，十鄉爲都」，疑今本《大傳》「十邑」之下有脱文。錫瑞案：王念孫《廣雅疏證》云：「各本作『十邑爲鄉，十鄉爲都』，若加以『十都爲師，十二師爲州』，則一州凡有四百三十二萬家，與鄭注不合。蓋後人以意加之也。考《書大傳》及《晉書·地理志》、《初學記》、《太平御覽》、《路史·

疏佐紀》，並作『十邑爲都』，今據以訂正。」據王説，則《大傳》本無脱文，段説非也。《晉書·地理志》亦以爲「昔在帝堯，叶和萬邦」之制，可爲《虞夏傳》之證。

家不盈三口者不朋，由命士以上不朋。 注或云黄帝法。《玉海》二十《地理户口》。

疏證曰：「命士」，即《大傳》所謂「命民」也。不朋者，優異之。

八家爲鄰，三鄰爲閭，三閭爲里，五里爲邑。《華嚴經》第六十七《音義》卷下，末有「此虞、夏之制也」六字，蓋《音義》之文。陳壽祺曰：「此『朋』字，作『閭』，疑誤。」

疏證曰：此二條皆當屬《虞夏傳》，《華嚴音義》可證。

古者帝王升歌《清廟》之樂， 注《清廟》，樂章名。**大琴練弦達越，大瑟朱弦達越，以韋爲鼓，謂之搏拊。何以也？** 注練弦、朱弦，互文也。越，下孔也。凡練弦達越。搏拊者，象其德寬和。**君子有大人聲，不以鐘鼓竽瑟之聲亂人聲。《清廟》升歌者，歌先人之功烈德澤也，** 注烈，業也。**故欲其清也。其歌之呼也，**「呼」字一作「歌」。注呼，出聲也。**曰：「於穆清廟，肅雝顯相。」** 注肅雝顯相，四海敬和，明德來助祭。傳、注「肅雝」以下共十七字見《毛詩·清廟》正義。**於者，歎之也。穆者，敬之也。清者，欲其在位者徧聞之也。故周公升歌文王之功烈德澤，苟在廟中甞見文王者，愀然如復見文王。故《書》曰：「搏**

拊琴瑟以詠，祖考來假。」此之謂也。《儀禮經傳通解．集傳集注》卷二十七《樂記》全引傳、注。又見《通解續．宗廟樂舞》二十五。又《禮記．樂記》正義引首二句，云《虞夏傳》。又《樂記》正義引「以韋爲鼓」以下八字。又《毛詩．文王》、《周頌譜》、《清廟序》、《清廟譜》正義，《文選．江文通襍體詩》，《白帖．琴》，朱子《詩集傳》，陳暘《樂書》，並節引。原本《玉篇》引傳「大瑟絑弦達越，大琴絑弦達越」、鄭注「絑，赤文也」。

疏證曰：鄭注云「《清廟》，樂章名」，與前云《招》、《雍》、《肆夏》、《孝成》皆樂章名一例，不云即是《周頌．清廟》。據《大傳》明引「於穆清廟」、「升歌文王」，則是《周頌》無疑。蓋《大傳》引以釋經，不得據此爲古有《清廟》樂章之證也。《禮記．樂記》曰：「《清廟》之瑟，朱弦而疏越，一倡而三歎，有遺音者矣。」注：「《清廟》，謂作樂歌《清廟》也。朱弦，練朱弦，練則聲濁。越，瑟底孔也，畫疏之，使聲遲也。」正義引《虞書傳》云云，曰：「此云『朱弦』者，明練之可知也。云『練則聲濁』者，不練則體勁而聲清，練則絲熟而弦濁。云『越，瑟底孔也』者，案《鄉飲酒禮》：『二人皆左荷瑟，後首[三]，挎越。』是『越，瑟底孔也』。故《燕禮》注云：『越，瑟下孔也。』云『畫疏之，使聲遲也』者，熊氏云：瑟兩頭有孔，畫疏之。疏，通也，使兩頭孔相達而通。孔小則聲急，孔大則聲遲，故云『使聲遲也』。」《淮南．泰族訓》曰「朱弦漏越」，注：「朱弦練絲漏穿越琴瑟兩頭也。」《大戴禮．三本》曰「朱絃而通越」，與傳「達越」義合。《郊特牲》曰：「奠酬而工升歌，發德也。歌者在上，匏竹在下，貴人聲也。」正義曰：「歌是人聲，人聲可貴，故升之在堂。匏竹可賤，故在下。然瑟亦升堂者，瑟工隨歌工故也。」陳喬樅云：「《大傳》『鐘鼓竽瑟之聲』，『瑟』當作『笙』，字之譌也。琴、瑟皆堂上之樂。《儀禮》：『席工於西階上。工六人，四瑟。升自西階，北面，東上。』是瑟工與歌工皆在堂上，故知『竽瑟』當爲『竽笙』之譌也。」案：陳說是也。《爾雅·釋樂》曰「大瑟謂之灑」，注：「長八尺一寸，廣一尺八寸，二十七絃。」「大琴謂之離」，注：「或曰：琴大者二十七弦，未詳長短。」《廣雅》曰：「琴長三尺六寸六分，五絃。」《釋名·釋樂器》曰：「搏，拊也。以韋盛糠，形如鼓，以手拊拍之也。」此傳釋經「搏拊琴瑟」之義也。「顯相」，當如《儀禮》「孝顯相」之義。《清廟》爲周公在洛邑祀文王之詩，「顯相」即謂周公。鄭以爲「助祭」，義未塙。《通典》引此傳曰：「案：登歌各頌祖宗之功烈，去鐘徹竽，以明至德。所以傳云：『其歌呼也』云云。」

拊，革裝之以穅。《周禮·太師》疏載《白虎通》引《尚書大傳》。又見《禮記·樂記》正義引《白虎通》。

疏證曰：孔廣林曰：「《周禮》、《禮記》疏兩引《白虎通》如此。賈、孔皆云今《書傳》無其文。案：《白虎通》今亦無此文。其《禮樂》篇引《書傳》文『搏拊，鼓振以秉』，疑即『革裝以穅』之譌。」段玉裁曰：「《史記·禮書》『尚拊膈』，徐廣曰一作『搏膈』。拊膈，蓋即《明堂位》之『拊搏』。《尚書大傳》謂之『拊革』，《史記》謂之『拊膈』，《荀卿子》謂之『拊鞷』。『鞷』即『膈』字也，當是从革、鬲聲。『拊革』、『拊膈』、『拊搏』三者異字異名，各如字讀，實一物也。依漢人所引《尚書大傳》，則今文《尚書》『搏拊』二字作『拊革』。」錫瑞案：「搏拊」本可單稱「拊」，見《周官》、《禮記》。「搏拊」蓋搏其拊，與「鳴球」文法相同。《大傳》引《書》與古文不異，又曰「以韋爲鼓，謂之搏拊」，則今文亦作「搏拊」，不作「拊革」可知。此云「拊革裝之以穅」，當以「拊」字畧逗，謂「拊者，用革而裝以穅」耳，非以「拊革」二字連讀。《白虎通》用今文，亦作「搏拊」。若《史記·禮書》，即取之《荀子》，「拊膈」即「拊鞷」之異文，與《大傳》不必相合。段以「革」、「膈」、「鞷」强合爲一，疑「鞷」當爲「𩅦」，「𩅦」與「搏」音同，似皆失之傅會。《書疏》引鄭注云：「搏拊，以韋爲之，裝之以穅，形如小鼓，所以節樂也。一名相。」《樂記》云「治亂以相」，注：「相，即拊也，裝之以穅。穅，一名相。」《明堂位》「搏拊」注：「以韋俗本誤作「葦」。爲之，充之以穅，形如小鼓。」《周禮·太師》「擊拊」，後鄭注：「拊，形如鼓，以韋俗本亦誤作「葦」。宋本作「韋」，不誤。爲之，著之以穅。」賈疏引此傳文。然則此傳所云「革」，即鄭所云「韋」矣。

搏拊，鼓振以秉。琴瑟練絲徽弦。鳴者，貴玉聲也。《白虎通·禮樂》。

疏證曰：《白虎通·禮樂》篇曰：「所以用鳴球、搏拊者何？鬼神清虛，貴淨賤鏗鏘也。故《尚書大傳》曰：搏拊，鼓振以秉。琴瑟練絲徽弦。鳴者，貴玉聲也。」陳立《疏證》本依盧改「振以秉」作「裝以穅」，又云：「『鳴者』，當作『鳴球者』。《周禮疏》引鄭《書注》云：『鳴球，即玉磬也。磬，懸也，而以合堂上之樂。玉磬和，尊之也。』《爾雅·釋器》云：『球，玉也。』又《釋樂》注：『毊，形如犁錧，以玉石爲之。』是也。」錫瑞案：「鼓振以秉」，義亦可通。「秉」與「柄」古通用。《説文》「柄」重文作「棅」。《毛詩傳》曰：「秉，把也。」《春秋傳》「邴意茲」，《史記·齊世家》作「秉意茲」。《史記·天官書》「斗柄」作「斗秉」。此「秉」與「柄」通之證。「鼓振以秉」，或是振其柄以鼓之。孫星衍云「一手振秉，一手拊拍之」，説近是。孔廣林、陳立必改「振以秉」爲「裝以糠」，殊嫌專輒。

舜彈五弦之琴，歌《南風》之詩，而天下治。 《風俗通》卷六《琴》稱「謹案：《尚書》云云」。陳壽祺曰：「《尚書》無此文，蓋出《書傳》。」

疏證曰：《禮記·樂記》：「昔者舜作五弦之琴，以歌《南風》。」注：「南風，長養之風也。以言父母之長養己。其辭未聞也。」正義曰：「《南風》，詩名。是孝子之詩。南風長養萬物，而孝子歌之，言己得父母生長，如萬物得南風生也。舜有孝行，故以此五絃之琴，歌《南風》之詩，而教天下之孝也。此詩今無，故鄭注云『其辭未聞也』。」又曰：「如鄭此言，則非《詩·凱風》之篇也。熊氏以爲《凱風》，非矣。案：《聖證論》引《尸子》及《家語》難鄭云：『昔者舜彈五弦之琴，其辭曰：「南風之薰兮，可以解吾民之愠兮。南風之時兮，可以阜吾民之財兮。」鄭云「其辭未聞」，失其義也。』今案：馬昭云：『《家語》，王肅所增加，非鄭所見。』又

《尸子》雜説，不可取證正經，故言『未聞』也。」

舜之時，西王母來獻白玉琯。《風俗通・聲音》第六。又《漢書・律志一上》孟康注。

疏證曰：《大戴禮》亦有此文。又《風俗通》、孟康《漢書注》、《宋書・樂志》皆云：「漢章帝時，零陵文學奚景於泠道舜祠下得笙白玉琯。」惟孟注無「笙」字，盧注《大戴》作「明帝時」，亦無「笙」字。《風俗通》云：「夫以玉作音，故神人以和，鳳皇來儀也。」《説文・竹部》：「管，如篪，六孔。十二月之音，物開地牙，故謂之管。重文琯，古者管以玉。」下與《風俗通》文同。

「元首明哉！股肱良哉！」元首，君也。股肱，臣也。《文選・褚淵碑文》注。

疏證曰：《尚書正義》曰：「《釋詁》云：『元、良，首也。』僖三十三年《左傳》稱狄人歸先軫之元，則『元』與『首』各爲頭之别名。此以『元首』共爲頭也。君臣大體猶如一身，故『元首，君也』。」案：「臣作股肱」，明見《皋謨》。鄒漢勛曰：「言汝翼敕作肱者，言汝爲敕作股者。」

【校勘記】

〔一〕「二」，原脱，據《尚書正義》補。

〔二〕「言」，原脱，據江聲《尚書集注音疏》補。

〔三〕「昭然」，陳壽祺輯校本原脱，但下文謂「此十七字」，知脱二字，據前文所引補。
〔四〕「還歸」，陳壽祺輯校本原已誤作「歌者」，據前録《通鑑前編》引《尚書大傳》改，陳氏重定傳文亦作「還歸」。
〔五〕「服」，陳壽祺輯校本已誤脱，據《後漢書集解》補。
〔六〕「明」，原誤作「名」，據《隋書·禮儀志六》改。
〔七〕「鳥」，原誤作「獸」，據《隋書·禮儀志六》改。
〔八〕「使」，原誤作「始」，據《漢書·律曆志》改。
〔九〕「以德賀於人主」，皮氏引《七緯》原脱，據今本《易緯·通卦驗》補。
〔一〇〕「節」，《大戴禮記·保傅》本作「度」。
〔一一〕「疑後」，原倒，據《孝經註疏》乙正。
〔一二〕「絺綌」，《漢書·高帝紀》本作「穀絺」。
〔一三〕「首」，原誤作「有」，據《儀禮·鄉飲酒禮》及《禮記正義》改。

尚書大傳疏證卷三

夏傳

禹貢

夏成五服，外薄四海。注言德廣之所及。

疏證曰：據《大傳》下文，實有東、南、西、北四海之名，與《爾雅》「九夷、八狄、七戎、六蠻謂之四海」，其義不同。《漢書·王莽傳》云：「今謹案已有東海、南海、北海郡，未有西海郡，請受良願等所獻地爲西海郡。」蓋用今文《尚書》。

東海，魚須、魚目。注所貢物。魚須，今以爲簪。又魚目，今以雜珠。

疏證曰：《禮記·玉藻》：「大夫以魚須文竹。」庾氏云：「以鮫魚須飾竹以成文。」盧云：「以魚須及文竹爲笏。」《御覽》引《魏武四時食制》曰：「東海有大魚，如山，長五六里，謂之鯨鯢。其鬢長一丈〔一〕，廣三尺，厚六寸。瞳子如三升椀大，骨可爲方臼。」崔豹《古今注》曰：「鯨，海魚也，大者長千里。其雌曰鯢，大者亦長千里，眼睛爲明月珠。」任昉《述異記》曰：「南海有珠，即鯨魚目瞳，夜可以鑒，謂之夜光。」曹毗《觀濤賦》曰：「目落爲明月之珠。」裴氏《廣州記》曰：「鯨鯢目即明月珠，故死不見有目睛。」《唐書》：「開元七年，大拂涅靺鞨獻鯨魚睛〔二〕。」

南海，魚革、珠璣、大貝。注魚革，今以飾小車，纏兵室之口。貝，古以爲貨，王莽時亦然。

疏證曰：《詩·采薇》「象弭魚服」，傳：「魚服，魚皮也。」正義曰：「魚服，以魚皮爲矢服，故云『魚服，魚皮』。《左傳》曰：『歸夫人魚軒。』服虔云：『魚獸名。』則魚皮又可以飾車也。陸機曰：『魚服，魚獸之皮也。魚獸似猪，東海有之。其皮背上斑文，腹下純青，今以爲弓鞬步叉者也〔三〕。其皮雖乾燥，以爲弓鞬矢服，經年，海水潮及天將雨，其毛皆起水潮。還及天晴，其毛復如故。雖在數千里外，可以知海水之潮，自相感也。」《山海經》曰：「燕山漳水出焉，其中多鮫魚。」郭璞注：「鮫，背上有甲，朱文，尾長三四尺，皮可以飾刀劍口。」《説文·魚部》：「鮫，魚也。皮可以飾刀。」《御覽》引《魏武四時食制》曰：「海中魚皮生毛，可以飾物。出揚州。」又《南越記》曰：「鯌魚，其鰓鱗皮有珠文〔四〕，可以飾刀劍口。」皆與鄭注義合。又案：《説文·玉部》：「珠，蚌中陰精也。」「璣，珠不圓者。」《管子》曰：「珠起於赤野。」《鄒子》曰：「珠生於南海。」《鹽鐵論》曰：「珠璣出桂林。」《爾雅·釋魚》：「貝大者魧。」《孝經援神契》曰：「德至淵泉，則江生大貝。」《詩疏》曰：「有紫貝，質白如玉，紫點爲文，皆行列相當。大者徑一尺二寸〔五〕。今九真、交阯以爲杯盤寶物也。」

西海，魚骨、魚幹、魚脅。 注 魚幹、魚脅，未聞。**北海，魚劍、魚石、出瑱、擊閭。** 注 魚劍，魚兵如劍也。魚石，頭中石也。出瑱，狀如凝膏，在水上。擊閭，狀如鮐魚，大五六尺。今海家謂之□□。

疏證曰：《御覽》引《魏武四時食制》曰：「斑魚頭中有石，出北海。」又郭義恭《廣志》曰：「斑魚頭中有玉石，如珠璣。」《嶺表録異》曰：「石首魚，腦有二石子，如蕎麥粒，瑩白如玉。」出瑱，如鄭注義，蓋即今之水母。《路史·後紀》：「東海，魚須、魚目。南海，魚革、珠璣、大貝。西海，骨、幹、脇。北海，魚石、魚劍、出瑱、擊閭。」不明引《大傳》，蓋本傳文。羅氏説之曰：「古貢必以用物，如怪石、微物亦適用，然後貢魚石、魚頭石、魚刀、魚劍、魚兵如刀劍者，與魚革、脇，皆以飾小車，纏兵室，羽葆者。出瑱如凝膏，浮水上。擊閭如鮐，大五六尺，可治劍。《周書》言閭似隃冠。隃冠，奇魚，出揚州。」注：「《射禮》以閭爲射器，《鄉射》注以爲獸，謂似驢，妄。」

河，魧。 注 魧，當作黿。黿狀如鼈而大。《月令·季夏》：「命漁師伐鮫、取鼉、登龜、取黿也。」**江，鱓、大龜。**注鱓，當作鼉。鼉狀如蜥蜴，長六七尺。鱓，或爲鱣。鱣，鯉也。

疏證曰：此鱓與魭、龜爲類，當是鼉而非鱣。《周書·王會解》：「會稽以鼉。」《禹貢》：「九江納錫大龜。」孔傳：「尺二寸曰大龜。」《史記·龜策傳》曰：「龜千歲，滿尺二寸。」《漢書·食貨志》曰：「元龜距冉，長尺二寸。」逸《禮》曰：「天子龜尺二寸，諸侯八寸，大夫六寸，民、士四寸。」褚先生曰：「神龜出於江中。廬江郡常歲時出龜長尺二寸者二十枚〔六〕，輸太卜官。」

五湖，元唐。注五湖，揚州浸也。今屬吳。元唐，未聞。**鉅野，菱。**注鉅野，大野也，魯藪。今屬山陽。菱，芰。

疏證曰：《爾雅·釋艸》：「菱，蕨攗。」郭注：「今水中芰也。」《周書》曰：「冬食菱藕。」《周禮·籩人》：「加籩之實，菱。」《廣志》曰：「鉅野大菱大於常菱。淮漢以南，凶年以菱爲蔬。」

鉅定，蠃。注鉅定，澤也。今屬樂安所有，故縣則屬齊。蠃，蝸牛也。

疏證曰：古蠃、蝸不分，非今所謂蝸牛。《周禮·鼈人》：「祭祀供蠯、蠃、蚳，以授醢人。」《國語》大夫種曰：「今民大荒，其民必移就蒲蠃於東海之濱。」《三國·魏志》注：「袁術在江淮，取給蒲鸁。」

濟中，詹諸。注詹諸，鼁黽也。

疏證曰：詹諸，即蟾蜍。《爾雅·釋魚》「鼁䗇，蟾諸」，郭注：「似蝦蟆，居陸地。淮南謂之去蚥。」「在水者黽」，郭注：「耿黽也。似青蛙，大腹。一名土鴨。」古蛙與蟾蜍亦不分別。《漢書·霍光傳》：「丞相擅減宗廟羔、菟、鼁。」是古人食鼁，且薦宗廟。鄭君注《周禮》曰：「今御所食鼁。」

孟諸，靈龜。注孟諸，宋藪也。龜俯者靈。《周禮》：「天龜曰靈屬。」

疏證曰：《爾雅·釋魚》：「二曰靈龜。」郭注：「涪陵郡出大龜，甲可以卜，緣中叉似瑇瑁，俗呼爲靈龜，即今觜蠵龜。一名靈蠵，能鳴。」

降谷，玄玉。注降，讀如厖降之降。或作函谷。今河南穀城西關山也。

疏證曰：《禮記·玉藻》：「公侯佩山玄玉。」《中候》曰：「湯沈璧於洛，黑鳥隨魚止，化爲黑玉。」王逸《正部論》曰：「黑如純漆，玉之符也。」魏文帝《與鍾繇書》同。

大都，鯉魚、魚刀。注大都，明都。鯉魚，今江南以爲鮑。魚刀，魚兵如刀者也。

疏證曰：《爾雅·釋魚》：「鮤，鱴刀。」郭注：「今之鮆魚也。亦呼爲刀魚。」《山海經》曰：

「浮玉之山北望具區，苕水出於其陰，其中多鮆魚。」郭注：「鮆魚狹薄而長鬣。一名刀魚。太湖中饒。」《御覽》引《魏武四時食制》曰：「望魚倒如刀，可以刈草。出豫章明都澤。」又《臨海水土記》曰：「鉛刀魚似鯊。今江淮有刀魚，土人以爲珍味。」《路史·後紀》：「大都，鮏魚、魚刀。河，蚖。江，鱓。五湖，元唐。鉅野之芰。鉅定之蠃。治中，瞻諸。孟諸，九江大龜。降谷，玄玉。歲咸會於尚方，以俟其工之需。」蓋亦本傳文。

咸會於中國。注 言德能及之，異物來至也。「夏成五服」以下傳、注，並見《玉海·王會解》注後。又《初學記·政理部》三，《御覽》七百六十六《褋物部》一、九百四十七《蟲豸部》四、九百七十五《果部》十二，《禮書》五十一，《爾雅翼》卷三十，《錦繡萬花谷》後集卷十八，《困學紀聞》二。

禹成五服，齒革羽毛器備。《禹貢合注》、《太平御覽》七百六十六。

疏證曰：《禹貢·揚州》、《史記·夏本紀》作「齒革羽毛」。正義曰：「按：西南夷常貢旄牛尾，以爲旄旗之飾。《書》、《詩》通謂之旄。故《尚書》曰『右秉白旄』，《詩》云『建旐設旄』，皆此牛也。」《漢書·地理志》亦作「齒革羽毛」，師古曰：「羽旄，謂眾鳥之羽可爲旄者也。」據張守節、顏師古之説，《史》、《漢》正文本當作「旄」。《史》、《漢》於荆州皆作「羽旄」，可證。由淺人改之，參差不一也。《大傳》亦當作「旄」。

文皮千合。《史記·貨殖傳》索隱。

疏證曰：《爾雅・釋地》曰：「東北之美者，有斥山之文皮焉〔七〕。」郭注曰：「虎豹之屬，皮有縟綵。」

白羽之矰。《路史・疏仡紀・高辛》。

疏證曰：《國語》曰：「白常、白旗、素甲、白羽之矰，望之如荼。」《韓詩外傳》曰：「得白羽如月。」

高山、大川、五嶽、四瀆之屬。《史記・夏本紀》集解。**五嶽，謂岱山、霍山、華山、恒山、嵩山也。**《白虎通・巡守》篇。

疏證曰：《白虎通・巡守》篇曰：「嶽者何謂也？嶽之言桷也，桷功德也。東方爲岱宗者，言萬物更相代於東方也。南方爲霍山者，霍之爲言護也，言大陽用事，護養萬物也。西嶽爲華山者，華之爲言穫也，言萬物成孰，可得穫也。北方爲恒山者，恒者常也，萬物伏藏於北方有常也。中央爲嵩高者，言其高大也。」下引此傳云云。《爾雅・釋山》：「泰山爲東嶽，華山爲西嶽，霍山爲南嶽，恒山爲北嶽，嵩高爲中嶽。」《説苑》曰：「五嶽者何謂也？泰山，東嶽也；霍山，南嶽也；華山，西嶽也；恒山，北嶽也；嵩高山，中嶽也。」《説文》曰：「嶽，東岱，南霍，西華，北恒，中嵩。」《廣雅・釋山》曰：「岱宗謂之泰山，天柱謂之霍山，華山謂之太華，常山謂之恒山，外方謂之嵩高，岣嶁謂之衡山。」以霍山列太、華之間，而衡山別見於後，則亦以霍山爲南嶽，皆同《大傳》之説。

江、河、淮、濟爲四瀆。《白虎通・巡守》。《風俗通・山澤》第十「謹案：《尚書大傳》、《禮・三正記》」。

疏證曰：《爾雅・釋水》曰：「江、河、淮、濟爲四瀆。四瀆者，發源注海者也。」《史記》引古文《湯誥》曰：「古禹、皋陶久勞於外，東爲江，北爲濟，南爲淮，西爲河，四瀆已修，萬民乃有居。」《説苑》曰：「四瀆者何謂也？江、河、淮、濟也。」《風俗通・山澤》篇引此傳及《三正記》「江、河、淮、濟爲四瀆」，曰：「瀆者通也，所以通中國垢濁，民陵居，殖五穀也。江者貢也，珍物可貢獻也。河者〔八〕，播爲九流，出龍圖也。淮者均，均其務也。濟者齊，齊其度量也。」《白虎通・巡守》篇曰：「謂之瀆何？瀆者，濁也。中國垢濁，發源東注海，其功著大，故稱瀆也。」《釋名・釋水》曰：「天下大水四，謂之四瀆，江、河、淮、濟也。瀆〔九〕，獨出其所而入海也。」《水經・河水》注：「自河入濟，自濟入淮，自淮達江。江、河、淮、濟爲四瀆。」

五嶽皆觸石而出雲，扶寸而合，不崇朝而雨天下。 注 四指爲扶。《蓺文類聚》卷一《天部》上。《文選・應休璉與從弟君苗君胄書》注、《後漢書・章帝紀》、《御覽》卷八卷十《天部》。又《事類賦》三。

疏證曰：《公羊傳》曰：「觸石而出，膚寸而合，不崇朝而徧雨乎天下者，惟泰山爾。」《風俗通・正失》篇文同。何氏解詁曰：「側手爲膚，案指爲寸。」《玉篇》引《公羊傳》云「扶寸而合」，《廣韻》同，又引注云「側手曰扶，案指曰寸」，是古本《公羊》亦作「扶寸」矣。注云「四指爲扶」者，《禮記·投壺》：「籌，室中五扶，堂上七扶，庭中九扶。」注云：「鋪四指曰扶。」《韓非子》云「上失扶寸，下得尋常」，注云：「四指爲扶。」

大川相間，小川相屬，東歸於海。

百川趨於東海。《水經注序》。《文選·郭有道碑文》注。又《吴都賦》、《海賦》、《孫子荆爲石仲容與孫皓書》注。又《長歌行》注作「百川赴東海」。

非水無以準萬里之平，非水無以通遠道任重也。《藝文類聚》卷八《水部》、《御覽》五十八《地部》二十三。又《白帖·水》、《記纂淵海》卷一《水》。《藝文》引無「遠」字。《記纂》引無「道」字。【注】准，度也。原本《玉篇·水部》引，引傳文「準」亦作「准」。

疏證曰：《周禮》：輪人爲輪，「水之以眡其平沈之均也」，「匠人建國，水地以縣」。又《管子》論水曰：「準也者，五量之宗也。」《漢志》曰：「繩直生準。準者，所以揆平取正也。」韋昭注曰：「立準以望繩，以水爲平。」《白虎通·五行》篇曰：「水之爲言準也。養物平均，有準則也。」《説文·水部》、《廣雅·釋言》皆曰：「水，準也。」《釋名·釋天》曰：「水，準也，準平物也。」

五嶽視三公，四瀆視諸侯，其餘山川視伯，小者視子、男。【注】所視者，謂其牲幣、粢盛、籩豆、爵獻之數，非謂尊卑。《禮記·王制》正義引「《夏傳》曰」並注。又《尚書·舜典》正義引注。又《風俗通·山澤》第十引「其餘山川」下作「或伯或子男〔一〇〕，大小爲差」。注「所視者」三字據《書疏》增。又《禮書》。

疏證曰：《禮記·王制》曰：「五嶽視三公，四瀆視諸侯。」注：「視，視其牲器之數。」正義引此傳及注云：「按《周禮》，上公饔餼九牢，飧五牢，饗禮九獻，豆四十。侯、伯饔餼七牢，飧四牢，饗禮七獻，豆三十有二。子、男饔餼五牢，飧三牢，饗禮五獻，豆二十有四。又五等諸侯，膳皆太牢，祭亦太牢，簋皆十有二，祭四望山川用毳冕。鄭注《禮器》『五獻察』：『謂祭四望山川。』又侯、伯無別，三公與子、男同。今此《王制》云〔一一〕：『五嶽視三公，四瀆視諸侯』，則三公尊於諸侯。《夏傳》云：『四瀆視諸侯，其餘山川視伯，小者視子、男。』是伯與侯別。今鄭注此『視，視其牲器』，又注《夏傳》『謂其牲幣、粢盛、籩豆、爵獻之數』，參驗上下，並與《周禮》不同，不可强解合之爲一。此《王制》所陳，多論夏、殷之制。《夏傳》所説，又非周代之禮。鄭之所注者，當據異代法也。此經云『四瀆視諸侯』，《夏傳》『視諸侯』之下，云『其餘山川視伯，小者視子、男』，則此諸侯謂是侯爵者，不得總爲五等諸侯。」錫瑞案：孔疏極詳明，然據《王制》「公、侯田方百里」云云，鄭注：「此地，殷所因夏爵三等之制也。殷有鬼侯、梅伯，《春秋》變周之文，從殷之質，合伯、子、男以爲一，則殷爵三等者，公、侯、伯也。異畿内謂之子。周武王初定天下，更立五等之爵，增以子、男。」正義曰：「云『此地，殷所因夏爵三等之制也』者，以夏會諸侯於塗山，執玉帛者萬國。若不百里、七十里、五十里，則不得爲萬國也。故知夏爵三等之制。如此，經文不直舉夏時而云『殷所因』者，若經指夏時，則下當云『萬國』，不得云『凡九州，千七百七十三國』，故以爲殷所因夏爵三等之制也。」依鄭、孔之説，則五等始於周所增立，夏、殷皆無五等之制。而《王制》正義又曰：「《元命包》云：『周爵五等，法五精。《春秋》三等，象三光。』説者因此以爲文家爵五等，質家爵三等。若然，夏家文，應五等；虞家質，應三等。按：《虞書》『輯五瑞』，『修五禮、五玉』，豈復三等乎？又《禮緯·含文嘉》云：『殷爵三等。殷正尚白，白者兼正中，故三等。夏尚黑，亦從三等。』按：《孝經》夏制，而云公、侯、伯、子、男，是不爲三等也。《含文嘉》之文又不可用也。」據此，則孔穎達亦以爲虞、夏有五等之爵。今以經義斷之。《禹貢》曰「二百里男邦」，《酒誥》曰「侯、甸、男、衛邦伯」，今文《尚書》「男邦」作「任國」，「男」、「任」義同。則夏、殷有男爵。《尚書》有箕子、微子，則殷有子爵。鄭謂周立五等，增以子、男，蓋未可據。所謂合伯、子、男爲一者，殷爵雖有五等，而伯、子、男不分高下，則名五而實三，與周之截然分爲五等者不同。而合伯、子、男爲一，鄭、何説又少異。鄭君云皆從伯，何劭公云皆從子，則伯與子亦微有差降，故《夏傳》以此爲差也。《説苑》曰：「五嶽何以視三公？能大布雲雨焉，能大斂雲雨焉，雲觸石而出，膚寸而合，不崇朝而雨天下，施德博大，故視三公也。

四瀆何以視諸侯？能蕩滌垢濁焉，能通百川於海焉，能出雲雨千里焉，爲施甚大，故視諸侯也。山川何以視子、男也？能出物焉，能潤澤物焉，能生雲雨，爲恩多，然品類以百數，故視子、男也。」與傳義合。

禹奠南方霍山。 注 謂奠祭也。《兩漢刊誤補遺》引《夏傳》曰。

疏證曰：《爾雅·釋山》「霍山爲南嶽」，郭注：「即天柱山。漢武帝以衡山遼曠，因讖緯皆以霍山爲南岳，故移其神於此。」孫星衍云：「緯書皆本今文。漢武案古圖書，復南嶽之舊，非以霍山爲南嶽始自漢武也。《通典》引《三禮義宗》云：『唐、虞以衡山爲南嶽，周氏以霍山爲南嶽。』蓋傳寫互誤，非崔靈恩之失也。《周禮》以衡山爲南嶽，唐、虞五嶽即是霍山也。竊疑經文言『五月，南巡守，至于南嶽』，則舜都平陽，吉行五十里，計一月可至霍山。若至衡山，遼遠，且又踰江，不便以覲南方諸侯。故歐陽、夏侯等説爲霍山，蓋本之伏生，是以《大傳》又有『中祀霍山』及『奠南方霍山』之文也。」今攷孫説甚塙。《説苑》、《白虎通》、《説文》、《廣雅》皆與《大傳》義合，已見前。又《水經》云：「霍山爲南岳，在廬江灊縣西南。」《論衡·書虚》篇云：「舜巡守，東至岱宗，南至霍山，西至大華，北至恒山。以爲四嶽者，四方之中，諸侯之來，竝會嶽下，幽深遠近無不見者。聖人舉事，求其宜適也。」亦同《大傳》之説，而論者猶以爲是漢人書，皆據漢制而言。今攷得一古義，可爲塙證。《楚辭·天問》云：「吳獲迄古，南嶽是止。」王逸注曰：「獲，得也。迄，至也。古，謂古公亶父也。言吳國得賢君，至古公亶父之時，而遇太伯陰讓，避王季，辭之南嶽之下，采藥於是，遂止而不還也。」案：泰伯逃荆蠻，非楚地，是吳地。屈子所云南嶽，必非衡山，乃是霍山。此文塙在漢武之先，足證以霍山爲南嶽不始於漢，《爾雅》亦非漢人所坿益矣。

東原底平。大而高平者，謂之大原。《水經·汾水》注六。**下而平者，謂之隰。隰之言溼也。**《御覽》五十七《地部》二十三。原本《玉篇》引作「隰，隰言溼也」。**下溼曰隰。**《毛詩·隰桑》正義引「《夏傳》曰」。**順流而下曰沿**〔三〕**。**《事類賦》七引《書大傳》。

疏證曰：《春秋説題辭》云：「高平曰太原。原，端也，平而有度。」《爾雅·釋地》：「下溼曰隰。」李巡曰：「下溼謂土地窊下，常沮洳，名爲隰也。」《釋名》曰：「下溼曰隰。隰，蟄也。蟄，溼意也。」《史記·夏本紀》：「均江海，通淮泗。」集解：「鄭玄曰：均，讀曰沿。沿，順水行也。」蓋本《大傳》。

圻者，天子之境也。諸侯曰境。天子遊，不出封圻。諸侯非朝聘，不出境。《路史·國名紀》八。

疏證曰：《春秋》隱二年：「春，公會戎于潛。」何氏《公羊解詁》曰：「凡書會者，惡其虛内，務恃外好也。古者諸侯非朝時，不得踰竟。」賈子《新書》：「燕君送桓公，入齊地百六十六里。桓公問於管仲曰：『禮，諸侯相送，固出竟乎？』管仲曰：『非天子，不出竟。』」

天子游，不出封圻，不告祖廟。 注《周禮》：「方千里曰王圻〔三〕。」《詩》曰：「邦圻千里，惟民所止。」《儀禮經傳通解續》二十六上《因事之祭》。

疏證曰：《通典·禮》十五引子思之言曰：「古者天子將巡守，必先告於祖，命史告羣廟及社稷、圻內名山大川，七日而徧。親告用牲，史告用幣。」《白虎通·巡守》篇曰：「王者出必告廟何？孝子出辭反面，事死如事生。」又引《王制》「造於禰」曰：「造於禰，獨見禰何？辭從卑，不敢留尊者之命。至禰，不嫌不至祖也。」告祖廟禮，互見卷一「古者巡守」一條。

夏傳

天子三公：一曰司徒公，二曰司馬公，三曰司空公。 注《周禮》天子六卿，與太宰、司徒同職者，則謂之司徒公；與宗伯、司馬同職者，則謂之司馬公；與司寇、司空同職者，則謂之司空公。一公兼二卿，舉下以爲稱。傳、注並見《周禮·地官·序官》疏。又《匠人》疏引「《書傳》云司徒公、司馬公、司空公」。又《大戴禮·保傅》篇注引「今《尚書》說：三公，司馬、司徒、司空也」。

疏證曰：陳壽祺曰：「《禮記·月令》『命太尉』，正義云：『案《書傳》有司馬公、司徒公、司空公，領三卿。此夏制也。』」又《五經異義疏證》曰：「以序言之，《書傳》『一曰司徒公』當作司馬公，『二曰司馬公』當作司徒公。《大戴禮·保傅》篇盧注引今《尚書》説：『三公，司馬、司徒、司空也。』以司馬在司徒先，可證。《續漢·百官志》注引《漢官儀》曰：『王莽時，議以漢無司徒官，故定三公之號，曰大司馬、大司徒、大司空。世祖即位，因而不改。』此則漢立三公，蓋取今《尚書》及《韓詩》説，亦大司馬先大司徒也。」錫瑞案：《異義》：「今《尚書》夏侯、歐陽説：天子三公，一曰司徒、二曰司馬、三曰司空，九卿，二十七大夫，八十一元士，凡百二十。在天爲星辰，在地爲山川。古《周禮》説：天子立三公，曰太師、太傅、太保。冢宰、司徒、宗伯、司馬、司寇、司空，是爲六卿之屬。許慎謹案：周公爲傅，召公爲保，太公爲師，無爲司徒、司空文，知師、保、傅三公官名也。五帝、三王不同物。此周之制也。」是許氏以古説爲周制，今説爲前代制。鄭駁無攷。《月令》疏引鄭注《書傳》，以三公領九卿爲夏制，則亦必以古文説爲周制，其於許氏無駁可知。而此注云「一公兼二卿」，則與《大傳》不合。今文家説皆謂古者祇有三公、九卿，而無六卿。六卿自是周制。若一公兼二卿，乃周大國三卿之制。《公羊》文八年：「宋人殺其大夫司馬，宋司城來奔。」注云：「天子有大司徒、大司馬、大司空，皆三公官名也。諸侯有司徒、司馬、司空，皆卿官也。」又襄十一年傳云：「古者上卿、下卿，上士、下士。」注：「説古制司馬官數。古者諸侯有司徒、司空，上卿各一，下卿各二；司馬事省，上、下卿各一。上士相上卿，下士相下卿，足以爲治。」《禮疏》引《三禮義宗》云：「諸侯三卿，司徒兼冢宰，司馬兼宗伯，司空兼司寇。三卿之下，則五小卿，爲五大夫。故《周禮·太宰職》云：『諸侯立三卿、五大夫也。』五大夫者，司徒之下立二人，小宰、小司徒也；司馬之下，以其事省，故立一人，爲小司馬，兼宗伯之事；司空之下立二人，小司寇、小司空。」據此諸說，一公兼二卿，與周諸侯制合。鄭以周制爲夏制，以諸侯之官爲天子之官，失之。

百姓不親，五品不訓，則責之司徒。《御覽》二百七《職官部》。**蠻夷滑夏，寇賊姦宄，則責之司馬。**《御覽》二百九《職官部》。**溝瀆壅遏，水爲民害，田廣不墾，則責之司空。**《御覽》二百八《職官部》。注坐而論道，謂之三公。通職名，無正官名。《考工記·序工》疏引《夏傳》注。

疏證曰：鄭注云「通職名，無正官名」，此《周官》之三公，非《大傳》之所謂三公也。《韓詩外傳》曰：「三公者何？曰：司空、司馬、司徒也。司馬主天，司空主土，司徒主人。君臣不正，人道不知，國多盜賊，人怨其上，則責之司徒。山陵崩陷，川谷不通，五穀不殖，草木不茂，則責之司空。陰陽不和，四時不節，星辰失度，災變非常，則責之司馬。」《公羊》隱五年傳注引《禮》曰：「司馬主兵，司徒主教，司空主土。」《漢書·百官公卿表》曰：「或說：司馬主天，司空主土，司徒主人。」《白虎通·封公侯》篇曰：「司馬主兵，司徒主人，司空主地。王者受命爲天、地、人之職，故分職以置三公，各主其一，以效其功。《别名記》曰：『司徒典民，司空主地，司馬順天。』天者施生，所以主兵何？兵者，爲謀除害也，所以全其生、衛其養也，故兵稱天。寇賊、猛獸，皆爲除害者所主也。《論語》曰：『天下有道，則禮樂征伐自天子出。』，不言兵言馬者，馬陽物，《乾》之所爲，行兵用也。不以傷害爲文，故言馬也。司徒主人，不言人言徒者，徒，衆也，重民衆。司空主土，不言土言空者，空尚主之，何況於實？以微見著。」是今文説三公各有所主。《白虎通》明言「分職」、「各主其一」，與古文説不以一職爲官名者截然不同。鄭以古文解今文，失之。

司馬在前。《周禮·序官》疏引《夏傳》。

疏證曰：舜命九官，有司空、司徒，而無司馬。《尚書中候·握河紀》曰：「舜爲太尉。」《春秋元命苞》、《運斗樞》、《合誠圖》、《論語比考讖》皆有「太尉舜」之文，疑其時之三公，以太尉合司空、司徒爲三。《運斗樞》曰：「舜以太尉受號，即位爲天子。」蓋舜以太尉攝政，遂以即位，未嘗以太尉授人，故九官中亦無太尉。至夏，乃更太尉爲司馬。故伏生以司徒、司馬、司空爲三公，列之《夏傳》。秦、漢以太尉名官，蓋亦本於古制。漢武改太尉爲大司馬，則法夏之制也。《月令》注：「三王有司馬，無太尉。」正義謂「堯置之，而三王不置」，其説近是。《御覽》

引《古今通語》曰：「異官同爵，共位別職〔一四〕，興仁隆化，幽贊神明者，謂之太尉。和五教，理人倫，使風行俗平、萬國咸寧者，謂之司徒。使國無枉理、法措刑清、事均民聚者，謂之司空。」此以太尉、司徒、司空爲三公之證。

古者天子三公，每一公三卿佐之，每一卿三大夫佐之，每一大夫三元士佐之，故有三公、九卿、二十七大夫、八十一元士。所與爲天下者，若此而已。《御覽》二百二《職官部》二、《儀禮經傳通解·王制之戊集傳集注》三十二。又《蓺文類聚》四十五《職官》一引至「三元士佐之」。注自三公至元士，凡百二十。此夏時之官也。周之官三百六十。《禮志》曰：「有虞氏官五十，夏后百，殷二百，周三百。」近之，未得其實也。據夏、周推其差，則有虞之官六十，夏后氏百二十，殷二百四十，周三百六十，爲有所法。《儀禮經傳集注》三十二。又《御覽》二百三引首三句。

疏證曰：鄭君此注，推闡極明。《禮記·王制》曰：「天子三公、九卿、二十七大夫、八十一元士。」注：「此夏制也。《明堂位》曰『夏后氏之官百』，舉成數也。」《繁露》曰：「王者制官，三公、九卿、二十七大夫、八十一元士，凡百二十人，而列臣備矣。」又曰：「天子自參以三公，三公自參以九卿，九卿自參以三大夫，三大夫自參以三士。」《說苑·君道》篇：「湯問伊尹曰：

三公、九卿、二十七大夫、八十一元士，知之有道乎？」《臣術》篇：「三公者，所以參五事也。九卿者，所以參三公也。大夫者，所以參九卿也。列士者，所以參大夫也。」《白虎通·封公侯》篇曰：「王者所以立三公、九卿何？曰：天雖至神，必因日月之光。地雖至靈，必有山川之化。聖人雖有萬人之德，必須俊賢。三公、九卿、二十七大夫、八十一元士，以順天成其道。一公置三卿，故九卿也。天道莫不成於三：天有三光，日、月、星；地有三形，高、下、平；人有三尊〔二五〕君、父、師。故一公，三卿佐之；一卿，三大夫佐之；一大夫，三元士佐之。天有三光，然後能徧照。各自有三，法物成於三，有始、有中、有終，明天道而終之也。三公、九卿、二十七大夫、八十一元士，凡百二十官。下應十二子。」《公羊》桓八年傳注：「天子置三公、九卿、二十七大夫、八十一元士，凡百二十官。下應十二子。」疏引《元命苞》曰：「『立三台以爲三公，北斗九星爲九卿，二十七大夫內宿部衛之列，八十一紀以爲元士，凡百二十官焉。下應十二子。』此言天子立百二十官者〔二六〕，非直上紀星數，亦下應十二辰，故曰『下應十二子』。」《考工》疏引《援神契》曰：「『天子即政，置三公、九卿、二十七大夫、八十一元士，慎文命，下各十二子。』如是，甲、乙、丙、丁之屬十日爲母，子、丑、寅、卯等十二辰爲子。」《大義》引《春秋合誠圖》曰：「天不獨立，陰陽俱動，扶佐立緒，合於二六。以三爲舉，故三能六星，兩兩而比，以爲三公。三三而九陽精起，故北斗九星，以爲九卿。三九二十七，故有攝提、少微、司空、執法、五諸侯，其星二十七，以爲大夫。九九八十一，故内列陪衛、閣道、郎位、扶匡天子之類八十一星，以爲元士。凡有百二十官，下應十二月。數之經緯，皆五精流氣，以立官廷。」此皆今文家説，與《大傳》義合。

舜攝時，三公、九卿、百執事。此堯之官也，故使百官事舜。《路史·後紀·陶唐》。注所謂六卿者，后稷、司徒、秩宗、司馬、士、共工爲六卿。《路史·後紀》十四《夏后紀》下引《大傳·夏書》注。又《禮記·曲禮下》正義。

疏證曰：陳壽祺曰：「《路史》引此條爲《夏書》注，則是注説有虞之官制如此也。上條引舜攝時堯之官制，當與此注相屬，故入之《夏傳》。此篇當是説《甘誓》『乃召六卿』之文。」錫瑞案：《甘誓》「六卿」乃六軍之將，非《周官》之六卿。《周官》所謂「軍將皆命卿」，亦是六軍之將，非天官冢宰等六卿也。冢宰尊於司馬，不應屬於司馬。且六卿皆出，冢宰六人無一人留守，誰與守國？故知周時六軍之將，亦必非冢宰六卿。若周以前，止有三公、九卿，今文家説可據。舜命九官，並無司馬。當時若有其官，不應命官獨闕。漢人言爲司馬者有稷、有契、有益，恐此數人爲司馬皆在夏時。然夏之司馬是三公，又非六卿。馬、鄭强引《周官》以證唐、虞，又以《甘誓》六卿爲《周禮》六卿，説皆非是。陳氏謂上條當與此注相屬，故入之《夏傳》，亦未必然，姑仍之，俟攷。

天子、諸侯必有公桑蠶室，就川而爲之，築官有三尺， 注 官，當爲「宮」。雉長三丈，高一丈。度長以長，度高以高，則蠶宮高一丈。《禮志》曰：「仞有三尺。」七尺曰仞。陳壽祺曰：「《毛詩・瞻卬》正義引此傳、注，云：『彼文直云「宮有三尺」，「宮」下當脱「仞」字。』」**棘牆而外閉之。大昕之朝，** 注 季春朔日之朝也。**三宮之夫人浴種於川。世婦卒蠶，獻繭於夫人，** 注 此諸侯之禮。天子則獻繭於后。**繅，三盆手。** 注 手，猶親也。言后夫人親以手總之也。《毛詩・瞻卬》正義分引傳、注，云《尚書・夏傳》文。又《齊民要術》卷五節引傳首三句、「大昕之朝」二句。《儀禮・鄉射記》疏引注。

疏證曰：《禮記・祭義》曰：「古者天子、諸侯必有公桑蠶室，近川而爲之，築宮仞有三尺，棘牆而外閉之。及大昕之朝，君皮弁素積，卜三宮之夫人、世婦之吉者，使入蠶於蠶室，奉種浴於川，桑於公桑，風戾以食之。歲既單矣，世婦卒蠶，奉繭以示於君，遂獻繭於夫人。夫人曰：『此所以爲君服與！』遂副、禕而受之，因少牢以禮之。古之獻繭者，其率用此與？及良日，夫人繅，三盆手，遂布於三宮夫人、世婦之吉者，使繅。遂朱綠之，玄黃之，以爲黼黻文章。服既成，君服以祀先王先公，敬之至也。」注：「諸侯夫人三宮，半王后也。三盆手者，三淹也。凡繅，每淹大總而手振之，以出緒也。」正義曰：「『公桑蠶室』者，謂官家之桑，於處而築養蠶之室。『棘牆』者，謂牆上置棘。『外閉』，謂扇在户外閉也。『奉種浴於川』者，言蠶將生之時而又浴之。初於仲春已浴之，至此更浴之。」

殷傳 陳壽祺曰：「《周禮·考工記·輿人》疏、《禮記·文王世子》正義、《毛詩·文王序》正義、《路史·後紀》十四、《困學紀聞》卷二並引《殷傳》。」

帝告《困學紀聞》卷二云：「《殷傳》有《帝告》篇。」《玉海》卷三十七。

《殷傳》：未命爲士者，不得乘飾車。《考工記·輿人》疏引《殷傳》。**不得乘朱軒。**注 軒，輿也。士以朱飾之。軒車，通稱也。《文選·别賦》注。又《張景陽詠史詩》注、《顔延年曲水詩序》注、《褚淵碑文》注、《安陸昭王碑文》注。

未命爲士，車不得有飛軨，注 如今窗車也。《文選·七發》、《劇秦美新》注。**不得衣繡。**《廣韻》四十九「宥繡」字注。《太平御覽·布帛部》二。

士乘飾車，兩馬。庶人單馬，木車，《公羊》隱元年疏。**衣布帛。**《路史·後紀》十一注。

《帝告》篇：《書》曰：「施章乃服，明上下。」《困學紀聞》卷二。

疏證曰：陳壽祺曰：「《外紀》卷二：『成湯令未命之爲士者，車不得朱軒及有飛軨，不得乘飾車、駢馬、衣文繡。命然後得，以順有德。』《通志·器服畧》：『湯令未命之士不得朱軒及飛軨，不得飾車、駢馬、衣文繡。既命，然後得，以旌有德。』據二書所言，皆本伏生《大傳》。二書皆云『湯令』，則知此文在《殷傳》無疑。今並録以補《書傳》之闕逸。」錫瑞案：此傳解《帝告》之「施章乃服，明上下」，與《虞夏傳》解《皋陶謨》之「車服以庸」大旨畧同。蓋成湯之令，亦本古制。孫星衍《今古文疏》引此傳，以解《皋陶謨》之「車服以庸」，義尚未諦也。《大傳》説古有命民、命士。「未命爲士」，謂非命民、命士也。

湯誓

《殷傳·湯誓》云：**夏人飲酒，醉者持不醉者，不醉者持醉者，相和而歌曰：「盍歸於亳，盍歸於亳，**注亳，湯之都也。注惟見《繹史》十四。**亳亦大矣。」故伊尹退而閒居，深聽歌聲，**注思其故也。**更曰：「覺兮較兮，吾大命格兮。**注覺兮，謂先知者。較兮，謂直道者。格，至也。吾，謂桀也。**去不善而就善，何不樂兮。」伊尹入告於桀曰：「大命之亡有日矣。」桀僴然歎，啞然笑，曰：「天之有日，猶吾之有民也。日有亡哉！日亡，吾乃亡矣。」**注自比於天，言常在也；比於日，言去復來也。注見《文選·

西征賦》注。**是以伊尹遂去夏適湯。**《路史·後紀》十四《夏后紀》引伏書。又《藝文類聚·帝王部》二、《太平御覽》八十三《皇王部》八。《御覽》不重「盍歸於亳」句。又《藝文》、《御覽》並無「倜然歎」三字，今依《路史》增。「日有亡哉」四字惟見《文選·西征賦》注，《史記·殷本紀》集解據增。《藝文類聚》十二《帝王部》二、《太平御覽》八十三《皇王部》八〔一七〕。《御覽》無注「吾，謂桀也」四字。《通鑑前編》「夏桀四十歲」引《新序》注，云《大傳》，與此大同小異。

疏證曰：《新序·刺奢》篇曰：「桀作瑶臺，爲酒池糟隄，縱靡靡之樂，羣臣相持而歌曰：『江水沛沛，舟楫敗兮，我王廢兮。趣歸薄兮，薄亦大兮。』『樂兮樂兮，四牡蹻兮，六轡沃兮。去不善而從善，何不樂兮！』伊尹知天命之至，舉觶告桀曰：『君王不聽臣之言，亡無日矣。』桀拍然而作，啞然而笑，曰：『子何妖言！吾有天下，如天之有日也。日有亡乎！日亡，吾亦亡矣。』於是接履而趍，遂適湯。」《帝王世紀》曰：「伊尹舉觴造桀，諫曰：『君王不聽羣臣之言，亡無日矣。』桀僴然折，啞然笑，曰：『子又祆言矣。天之有日，猶吾之有民。日亡，吾乃亡也。』」皆本《大傳》之文。鄭注《尚書》云：「桀見民欲叛，乃自比於日，曰：『是日何嘗喪乎！日若喪亡，我與女亦喪亡。』引不亡之徵，以脅恐下民也。」鄭用《大傳》義，以「時日曷喪」二句爲桀之言。《史記·殷本紀》曰：「是日何時喪？予與女皆亡。」集解引《大傳》文釋之。楊雄《荊州牧箴》云：「至桀荒溢，曰：我在帝位，若天有日。不順庶國，孰敢予奪！」亦與

《大傳》義同。古「亳」與「薄」通。《管子·輕重》篇云「湯以七十里之薄，兼桀之天下」，《荀子·議兵》篇云「古者湯以薄，武王以鎬」，皆作「薄」字。湯始居之亳，在今商州。《書序》曰：「湯始居亳，從先王居。」正義引鄭云：「契本封商，國在太華之陽。」然則「從先王居」，蓋從契所居之商。《史記·六國表序》曰「湯起於亳」，以爲收功西北之證。《尚書中候·雒予命》篇曰：「天乙在亳，東觀於洛。」《水經》：「洛水出京兆上洛縣讙舉山。」倉帝得書處，今商州地。是亳即商州無疑。蓋即位乃都偃師，仍以亳之名名之。商時天子之都稱亳，猶周時天子之都稱京。後儒不審，乃謂湯始居之亳即是偃師，皇甫謐又以爲穀熟，皆非是。

湯放桀居中野，士民皆奔湯。桀與其屬五百人南徙千里，止於不齊，不齊士民往奔湯。桀與其屬五百人徙於魯，魯士民復奔湯。桀曰：「國，君之有也。吾聞海外有人。」與五百人俱去。《御覽》八十三《皇王部》八。

湯放桀而歸於亳，三千諸侯大會。湯取天子之璽，置之於天子之坐左，復而再拜，從諸侯之位。湯曰：「此天子之位，有道者可以處之矣。夫天下，非一家之有也，唯有道者之有也，唯有道者宜處之。」湯以此三讓，三千諸侯莫敢即位，然後湯即天子之位。《御覽》八十三《皇王部》

疏證曰：《逸周書·殷祝解》曰：「湯將放桀於中野。士民聞湯在野，皆委貨扶老攜幼奔，國中虚。桀請湯曰：『國所以爲國者，以有家；家所以爲家者，以有人也。今國無家、無人矣。君有人，請致國，君之有也。』湯曰：『否。昔大帝作道，明教士民。今君王滅道殘政，士民惑矣。吾爲王明之。』士民復致於桀，曰：『以薄之君，濟民之殘，何必君更？』桀與其屬五百人南徙千里，止於不齊，不齊士民往奔湯於中野。桀復請湯，言：『君之有也。』湯曰：『否。我爲君王明之。』士民復，重請之。桀與其屬五百人徙於魯，魯士民復奔湯。桀又曰：『國，君之有也；吾則外人。有言彼以吾道是耶，我將爲之。』湯曰：『此君王之士也，君王之民也，委之何？』湯不能止桀。湯曰：『欲從者，從君。』桀與其屬五百人去，居南巢。湯放桀而復薄，三千諸侯大會。湯取天子之璽，置之天子之坐左，退而再拜，從諸侯之位。湯曰：『此天子位，有道者可以處之。天下非一家之有也，有道者之有也。故天下者，唯有道者理之，唯有道者紀之，唯有道者宜久處之。』湯以此三讓，三千諸侯莫敢即位，然後湯即天子之位。」《逸周書》與《大傳》説同而較詳。觀此，可見湯雖放伐，猶有揖讓遺意。湯放桀尚未即位，則伐桀必未稱王。《白虎通·三軍》篇曰：「王者受命，質家先伐，文家先改正朔何？質家言天命已，使己誅無道，今誅，得爲王，故先伐。文家言天命已成，爲王者乃得誅伐王者耳，故先改正朔也。」然則商尚質，故先伐而後稱王。《史記·殷本紀》於「作《湯誓》」後，乃云「號曰武王」，可證。《異義》「《公羊》説殷三千諸侯，周千八百諸侯」，亦本《大傳》之義。

桀殺刑彌厚而民彌暴，故爾梁遠，遂以是亡。 注 故爾，窮其近也。梁，讀爲「掠」。《路史·後紀》十四《夏后紀》下引《殷傳》。陳壽祺案曰：「傳及注『故』字有誤。」**湯之君民，聽寬而獄省。**《御覽》八十三《皇王部》八。

疏證曰：「故」當讀爲「錮」。「故」與「固」通。《論語·子罕》「固天縱之將聖」，《國語·越語》「道固然乎」，皇疏、韋注皆云：「固，故也。」《禮記·哀公問》「固民是盡」，注：「固，猶『故』也。」《儀禮·士昏禮記》「敢固以請」，《燕禮》「寡君固曰不腆」，注皆曰：「固，如『故』也。」《儀禮·士相見禮》「固請吾子之就家也」、「又敢固辭」，《禮記·少儀》「某固願聞名於將命者」，注皆曰：「固，如『故』也。」「固」又與「錮」通。《文選·求通親親表》「禁固明時」，注曰：「錮，與『固』通。」然則「故」可通「固」，即可通「錮」。《左氏》成二年傳「子反請以重幣錮之」，注曰：「禁錮勿令仕。」「禁錮」即《孟子》「極之於其所往」之義，故鄭訓「故」爲「窮」，正以「錮」是「窮極」之義也。陳氏以傳注「故」字爲誤，蓋未得其解。《尚書中候·雒予命》曰：「夏桀無道，殺關龍逢，滅皇圖，壞曆綱，殘賊天下，賢人逃，日傷。」《帝命驗》曰：「夏桀無道，殺關龍逢，絶滅皇圖，壞亂曆紀，殘賊天下，賢人遁逃。淫色暴易，不事祖宗。」《大戴禮·少閒》篇曰：「桀不率先王之明德，乃荒耽於酒，淫泆於樂，德昏政亂，作宮室高臺汙池，土察，以民爲虐，粒食之民惽焉幾亡。」皆「錮爾掠遠」之事。

漢南諸侯聞桀無道，囚湯。後釋之，諸侯八譯來朝者六國。《北堂書鈔》十《帝王部·來遠》。**漢南諸侯聞之，歸之四十國。**《路史·後紀·夏后紀下》。

疏證曰：《史記·夏本紀》曰：「夏桀不務德，而武傷百姓，百姓弗堪。迺召湯而囚之夏臺，已而釋之。湯修德，諸侯皆歸湯。湯率兵以伐夏桀，桀走鳴條，遂放而死。桀謂人曰：『吾悔不遂殺湯於夏臺，使至此。』」《淮南子》曰：「桀囚於焦門，不能自非其所行，而悔不殺湯於夏臺。紂拘於宣室，不自反其過，而悔不誅文王於羑里。天下非一湯、文也，殺一人，則必有繼之者矣。」《大戴禮·少閒》篇曰：「商履循禮法，以觀天子。天子不悦，則嫌於死。」正言湯被囚之事。《尚書中候》曰：「天乙在亳，鄰國繈負歸德。」《帝王世紀》曰：「夏桀無道，湯使人哭之。桀囚湯於夏臺，而後釋之。諸侯由是咸叛桀附湯，同日貢職者五百國。三年而天下悉服。」《世紀》所言國數過多，疑皇甫謐以意增之。

湯伐桀之後，大旱七年。史卜曰：「當以人爲禱。」湯乃剪髮斷爪，自以爲牲，而禱於桑林之社，而雨大至，方數千里。《左傳》襄十年正義。

疏證曰：《墨子·兼愛》下篇引湯説之辭曰：「惟予小子履，敢用玄牡，告於上天神后曰：

『今天大旱，即當朕身履，未知得罪於上下，有善不敢蔽，有罪不敢赦，簡在帝心。萬方有罪，即當朕身，朕身有罪，無及萬方。』」釋之云：「此言湯貴爲天子，富有天下，然且不憚以身爲犧牲，以詞悦於上帝鬼神。」《尸子》曰：「湯之救旱，素車白馬，布衣身嬰白茅，以身爲牲。當此之時，絃歌舞者禁之。」《吕氏春秋・季秋紀》曰：「昔殷克夏而天下大旱，五年不收。湯乃以身禱於桑林，曰：『余一人有罪，無及萬方。萬方有罪，在余一人。無以一人之不敏，使上帝鬼神傷民之命。』於是翦其髮，麗其手，自以爲牲，用祈福於帝。民悦，雨乃大至。」《淮南子》曰：「湯爲旱，以身禱於桑林之下。」公孫弘對策曰：「湯之旱，則桀之餘烈也。」京房别對災異曰〔二八〕：「若夏大旱，則雩祠之，以素車白馬布衣，以身爲牲。」《説苑・君道》篇曰：「湯之時，大旱七年，雒坼川竭，煎沙爛石。於是使人持三足鼎祝山川，教之祝曰：『政不節邪？使人疾邪？苞苴行邪？讒夫昌邪？宫室營邪？女謁盛邪？何不雨之極也！』蓋言未已而天大雨。」《論衡・感虚》篇曰：「傳《書》言：『湯遭旱七年，以身禱於桑林，自責以六過，天乃雨。』或言五年。」《帝王世紀》曰：「湯自伐桀後，大旱七年，洛川竭。使人持三足鼎，祝於山川曰：『慾不節耶？使民疾耶？苞苴行耶？讒夫昌耶？宫室營耶？女謁行耶？何不雨之極也！』殷史卜曰：『當以人禱。』湯曰：『吾所請雨者，民也。若必以人禱，吾請自當。』遂齋戒，翦髮斷爪，以己爲牲，禱於桑林之社，曰：『唯予小子履，敢用玄牡，告於上天后土曰：

「萬方有罪，罪在朕躬；朕躬有罪，無及萬方。無以一人之不敏，使上帝鬼神傷民之命。」言未已而大雨至，方數千里。」衆説皆與《大傳》合。皇甫謐兼采衆説，其文最詳，引《論語》，亦引《墨子》。其所據《論語》有「履」字，與鄭本不同。以「萬方有罪」等語爲禱雨詞，與僞古文《尚書》亦不盡合。

景亳之命，費昌爲御。《路史·後紀》十四《夏后紀下》。

疏證曰：《論衡》曰：「桀無道，兩日並照，在東者將起，在西者將滅。費昌問馮夷曰：『何者爲殷？何者爲夏？』馮夷曰：『西，夏也。東，殷也。』於是費昌徙族歸殷。殷果克隆。」

般庚

《書》曰：「若德明哉！湯任父言，卑應言。」《困學紀聞》卷二、《漢藝文志考證》。

疏證曰：此釋「古我先王，亦惟圖任舊人共政」至「罔有逸言」之義。父言，老成人之言。應言，從上如響斯應者。

古者諸侯始受封，則有采地。百里諸侯以三十里，七十里諸侯以二十里，五十里諸侯以十五里。其後子孫雖有罪黜，其采地不黜，使其子孫賢者守之，世世以祠其始受封

之人。此之謂「興滅國，繼絶世」。《書》曰：「茲予大享于先王，爾祖其從與享之。」此之謂也。《路史·國名紀》四。

疏證曰：陳壽祺曰：「《韓詩外傳》與此同。」錫瑞案：《韓詩外傳》云「五十里諸侯以十里」，較《大傳》所言少五里。陳喬樅云：「以百里、七十里例之，采地皆遞減十里，《韓詩外傳》是也。《大傳》『五十里諸侯以十五里』，『五』蓋衍字。」今考《春秋繁露·爵國》篇曰：「附庸，字者方三十里，名者方二十里，人、氏者方十五里。」董子分别三十里、二十里、十五里，正與《大傳》文合，則《大傳》文不誤。《韓詩外傳》或脱「五」字，陳説非是。又案：如董子義，則「采地不黜，使其子孫賢者守之」，即附於諸侯之附庸：其先百里之國，其後爲稱字之三十里；其先七十里之國，其後爲稱名之二十里；其先五十里之國，其後爲稱人、氏之十五里。殷爵三等，附庸亦分三等，其數適合。董子與伏生之言，可互相發明。附庸亦有五廟，見《春秋》「紀季入酅」《公羊傳》。蓋子孫有罪黜，而猶使爲附庸，得有五廟，以祀其始受封之人。此古者興滅繼絶之義也。《御覽》引《古今表臣記》曰：「夫爲諸侯始受封，各有菜地。百里之諸侯，以四十里爲菜地。七十里之諸侯，以二十里爲菜地。五十里之諸侯，以十里爲菜地。其後子孫雖有黜地，而菜地世世不黜。」數與《大傳》不合，恐誤。

高宗彤日

武丁祭成湯，有飛雉升鼎耳而雊。武丁問諸祖己，祖己曰：「雉者，野鳥也，不當升鼎。今升鼎者，欲爲用也。遠方將有來朝者乎？」故武丁内反諸己，以思先王之道。三年，編髮重譯來朝者六國。《藝文類聚·鳥部》、《太平御覽》九百十七《羽族部》四。又《御覽》八十三《皇王部》八。又《論衡·是應》篇「祖己」作「祖乙」。又《後漢書·郎顗傳》注、《記纂淵海》六十六。又《稽瑞》引作「有雉飛昇而雊」、「辮髮重譯者六國」，餘同。

孔子曰：「吾於《高宗彤日》，見德之有報之疾也。」注《彤日》，《尚書》篇名。《御覽·皇王部》八、《後漢書·郎顗傳》注。

疏證曰：《史記·殷本紀》：「帝武丁祭成湯，明日，有飛雉登鼎耳而呴。武丁懼，祖己曰：『王勿憂，先修政事。』祖己乃訓王云云。武丁修政行德，天下咸驩，殷道復興。武丁崩，子祖庚立。祖己嘉武丁之以祥雉爲德，立其廟爲高宗，遂作《高宗彤日》及《訓》。」《漢書·五行志》：「《書序》曰：『高宗祭成湯，有蜚雉登鼎而雊。』祖己曰：『惟先假王，正厥事。』劉向以爲：雉雊鳴者，雄也，以赤色爲主。於《易》，《離》爲雉，南方近赤，祥也。一曰：鼎三足，三公象，而以耳行。野鳥居鼎耳，小人將居公位，敗宗廟之祀。野木生朝，野鳥入廟，敗亡之異。

武丁恐駭，謀於忠賢，修德而正事，内舉傅説，授以國政，外伐鬼方，以安諸夏。故能攘木鳥之妖，致百年之壽，所謂『六沴作見，若是共御，五福迺降，用章於下』者也。」《論衡·指瑞》篇：「《尚書大傳》曰：『高宗祭成湯之廟，有雉升鼎耳而鳴。高宗問祖己，祖己曰：遠方君子殆有至者。』祖己見雉有似君子之行，今從外來，則曰遠方君子將有至者矣。」又《異虚》篇曰：「殷高宗之時，桑穀俱生於朝，七日而大拱。高宗召其相而問之，相曰：『吾雖知之，弗能言也。』問祖己，祖己曰：『夫桑穀者，野草也，而生於朝，意朝亡乎？』高宗恐駭，側身而行道，思索先王之政，明養老之義，興滅國，繼絶世，舉逸民，桑穀亡。三年之後，諸侯以譯來朝者六國，遂享百年之福。高宗，賢君也，而感桑穀生而問祖己，行祖己之言，修政行仁，桑穀之妖亡，諸侯朝而年長久〔一九〕。修善之義篤，故瑞應之福渥。此虚言也。夫以周亡之祥〔二〇〕，見於夏時，又何以知桑穀之生，不爲紂亡出乎？高宗問祖己之後，側身行道，六國諸侯偶朝而至，高宗之命自長未終，則謂起桑穀之問，改政修行，享百年之福矣。夫桑穀之生，殆爲紂出，亦或時吉而不凶，故殷朝不亡，高宗壽長。祖己謂野草爲凶。高宗祭成湯之時，有蜚雉升鼎而雊。祖己以爲遠人將有來者，説《尚書》家謂雉凶，議駮不同。且從祖己之言，雉來吉也。周時天下太平，越裳獻雉於周公。然則雉之吉凶未可知，則夫桑穀之善惡未可驗也。桑穀或善物，象遠方之士將皆立於高宗之朝。故高宗獲吉福，享長久也。」據王仲任説雊雉、桑穀吉凶最詳。仲任不信祥異，故其言如此。漢人以桑穀爲高宗時事，蓋本《大傳》之義。《大傳》以雊雉爲吉，桑穀爲凶。漢人多以雊雉亦爲凶，《史記》、《漢志》、《杜欽》《杜鄴》《孔光》諸傳可證。仲任云「説《尚書》家謂雉凶，議駁不同」，蓋謂其與《大傳》所載祖己之言不同也。仲任從祖己之言，是以《大傳》爲信，不從當時《尚書》家説。又推其義，謂桑穀亦善物，象遠方之士立於朝，説亦可通。蓋吉凶由人，古人特因變致警，而書其事以爲勸戒，不必疑《大傳》與《尚書》不合也。

武丁之時，《外紀》卷二此句上有「成湯之後」四字，下有「王道虧」三字。《困學紀聞》卷二此句下有「先王道虧，刑罰犯」七字。**桑穀俱生於朝，七日而大拱。**注兩手搤之曰拱。生七日而見，其大滿兩手也。注上六字又見《史記·殷本紀》集解，「生七日」以下十一字惟見《尚書·咸乂》正義。**武丁召其相而問焉，其相曰：「吾雖知之，吾不能言也。」問諸祖己，曰：「桑穀，野草也。**注此木也，而云草，未聞。劉向以爲草妖。**野草生於朝，亡乎？」武丁懼，側身修行，思昔先王之政，興滅國，繼絶世，舉逸民，明養老之禮，重譯來朝者六國。**注九州之外國也。《太平御覽》八十三《皇王部》八引傳、注，惟無注「生七日」以下十一字。《尚書·咸乂》正義引「七日大拱」四字。又《漢書·五行志》引傳「俱生於朝」二句。又《外紀》卷二、《記纂淵海》卷六十六《朕兆》。又《史記·殷本紀》集解、索隱並節引。又《繹史》十七引,「重譯」上有「三年之後」四字。

疏證曰:陳壽祺曰:「《外紀》劉恕曰:『據伏生、劉向以武丁有桑穀,而向著《説苑》以大戊、武丁時俱有桑穀。《呂氏春秋》:湯時穀生於廷,比旦而大拱。《韓詩外傳》:三日而大拱。皆與《書序》不同。』壽祺案:《尚書·咸乂》正義引《帝王世紀》,亦以爲大戊事。鄭注所引劉氏説,乃劉向《五行傳論》語,見《漢書·五行志》。」錫瑞案:殷人尚鬼,蓋信祥異之事。湯與大戊、武丁桑穀當是三見,傳者各異耳,不必疑《大傳》與《書序》不合。《史記》引《書序》是今文,而亦載桑穀於大戊時,《封禪書》又載之。是今、古文説同,非古文説桑穀在大戊時,今文説桑穀在武丁時也。《説苑·君道》篇以桑穀爲大戊,又以爲武丁,《敬慎》篇與《五行志》所引亦以爲武丁。《論衡·感類》《順鼓》篇以桑穀爲大戊,《異虛》篇又以爲武丁。子政、仲任皆習今文説,以大戊、武丁皆有桑穀之事。《君道》篇曰:「成湯之後,先王道缺,刑法違犯,桑穀俱生於朝,七日而大拱。武丁召其相而問焉,其相曰:『吾雖知之,吾弗得言也。』問諸祖己:『桑穀者,野草也,而生於朝,意者國亡乎?』武丁恐駭,飭身修行,思先王之政,興滅國,繼絶世,舉逸民,明養老。三年之後,蠻夷重譯而朝者七國。此之謂存亡繼絶之主,是以高而尊之也。」又《敬慎》篇曰:「昔者殷王武丁之時,先王道缺,刑法弛,桑穀俱生於朝,七日而大拱。工人占之曰:『桑穀者,野物也。野物生於朝,意者朝亡乎?』武丁恐駭,側身修行，思昔先王之政，興滅國，繼絶世，舉逸民，明養老之道。三年之後，遠方之君重譯而朝者六國。此迎天時，得禍反爲福也。」《五行志》又引：「劉向以爲：殷道既衰，高宗承敝而起，盡涼陰之哀，天下應之。既獲顯榮，怠於政事，國將危亡，故桑穀之異見。桑，猶喪也。穀，猶生也。生殺之柄失而在下〔三〕，近草妖也。一曰：野木生朝而暴長，小人將暴在大臣之位，危亡國家，象朝將爲虚之應也。」《論衡·異虚》篇説見前。

西伯戡耆

陳壽祺曰：「《尚書音義》：『黎』，《尚書大傳》作『耆』。《外紀》卷二：『西伯勝黎』，伏生、司馬遷作『耆』。《路史·國名紀》卷一《大傳》作『西伯戡耆』，卷六云《大傳》作『戡耆』。《漢藝文志考證》卷一：《大傳》以『西伯戡黎』爲『戡耆』。」

伯夷避紂，居北海之濱。太公避紂，居東海之濱。皆率其黨，曰：「盍歸乎？吾聞西伯昌善養老。」此二人者，蓋天下之大老也，往而歸之，是天下之父歸之也。天下之父歸之，其子曷往？《聖賢羣輔録》引《尚書大傳》。

周文王至磻溪，見吕望。文王拜之，尚父曰：「望釣，得玉璜，刻曰：『周受命，吕佐

檢，德合於今昌來提。』」《初學記・武部・漁》。《御覽》八百三十四《資産》十四。又《白帖・溪》、《御覽》六十七《地部》十三。注 釣得魚，中得玉璜也。佐檢，猶助。提者，取也。半璧曰璜。注見《開元占經・器服休咎占》篇，引傳「吕望」作「吕尚」，下多「釣」字，「拜之」無「之」字，「尚父」作「尚」，「刻」作「剜」，「周」作「姬」。

疏證曰：陳壽祺曰：「釣璜事與《尚書中候》同。」錫瑞案：《史記・齊世家》曰：「太公望吕尚者，東海上人。西伯出獵得之，曰：『吾太公望子久矣。』故號之曰『太公望』。」《尚書中候・雒師謀》曰：「王即迴駕水畔，至磻溪之水，吕尚釣其崖。王下趨拜曰：『望公七年矣，乃今見光景於斯。』尚立變名，答曰：『望釣於渭濱，魚腹得玉璜，刻曰：姬受命，吕佐旌，德合昌來提，撰爾雒鈐報在齊。』」注曰：「所以言七年者，以本丹書命云『雒授金鈐師名吕』〔二〕，故得命即望之。今受命六年，而言望公七年，通得命之年數之，故七。尚，名也。變名爲『望』。旌，理也。」《稽瑞》引《中候》，更有「昌用起，發遵題，五百世，姜吕霸世遵姬攜」數句。《宋書・符瑞志》與《中候》文同。是古説以爲太公本名「尚」，不名「望」，後乃更名「望」也。又《御覽》引《雒書・靈準聽》曰〔三〕：「至於磻溪之水，吕尚釣涯。王下趣拜曰：『公，望七年，乃今見光景於斯。』答曰：『望釣得玉璜，刻曰：姬受命，吕佐旌。』遂置車左，王躬執驅，號曰師尚父。」注：「吕，氏；尚，名。急見也。公乎，我相望七年。言久也，尊之辭。

斯，此也。半璧曰璜。釣得魚，中有璜，受天命爲天子，呂佐旌理之也。」《説苑》曰：「呂望釣于渭渚，得鯉魚，剖腹得書曰：『呂望封于齊。』」亦與《大傳》畧同。

虞人與芮人質其成於文王，入文王之境，則見其人萌讓爲士、大夫；入其國，則見士、大夫讓爲公、卿。二國相謂曰：此其君亦讓以天下而不居也。讓其所爭，以爲閒田。

《文選·西征賦》注。又《毛詩·緜》正義、《通鑑前編舉要》「紂十四祀」。

疏證曰：《緜》毛傳曰：「虞、芮之君相與爭田，久而不平，乃相謂曰：『西伯，仁人也，盍往質焉？』乃相與朝周，入其竟，則耕者讓畔，行者讓路；入其邑，男女異路，斑白不提挈；入其朝，士讓爲大夫，大夫讓爲卿。二國之君感而相謂曰：『我等小人，不可以履君子之庭。』乃相讓，以其所爭田爲閒田而退。天下聞之而歸者四十餘國。」正義曰：「自『虞、芮之君』以下，當有成文，不知出何書也。」又曰：「《家語》、《書傳》並有其事，與毛《傳》小異大同，由異人別説故也。」正義引《家語》，不足據。毛《傳》與伏《傳》同，可據也。《説苑·君道》篇亦與傳文大同。《史記》見下文引，正義引《括地志》云：「閒田，在河北縣西六十五里。」

文王一年，質虞、芮。二年，伐于。三年，伐密須。四年，伐畎夷。紂乃囚之。四友獻寶，乃得免於虎口，出而伐耆。《左傳》襄三十一年正義。正義又引「鄭玄《尚書注》據《書傳》爲説，云：紂聞文王斷虞、芮之訟，後又三伐皆勝，始畏而惡之，拘於羑里。紂得散宜生等獻寶而釋文王。文王釋而伐黎」。《詩・文王序》正義引「《殷傳》云：西伯得四友獻寶，免於虎口而克耆」。

疏證曰：陳壽祺曰：「于，他書並引作『邘』，從《史記集解》徐廣引改正。據《毛詩・文王序》正義、《禮記・文王世子》正義兩引《殷傳》，言獻寶後克耆事，則《左傳正義》引此條即《殷傳》文無疑。而《毛詩・文王序》疏引『文王受命一年，斷虞、芮之訟』云云，稱《尚書・周傳》，《禮記正義》先引『《書傳》云：五年伐耆』，後引『《殷傳》云：五年之初，得散宜生等獻寶』云云，是《周傳》別有『受命一年』以下之文也。」錫瑞案：《史記・周本紀》曰：「西伯陰行善，諸侯皆來決平。於是虞、芮之人有獄不能決，乃如周。入界，耕者皆讓畔，民俗皆讓長。虞、芮之人未見西伯，皆慙，相謂曰：『吾所爭，周人所恥，何往爲？祇取辱耳。』遂還，俱讓而去。諸侯聞之，曰：『西伯蓋受命之君。』明年，伐犬戎。明年，伐密須。明年，敗耆國。殷之祖伊聞之懼，以告帝紂。紂曰：『不有天命乎！是何能爲？』明年，伐邘。明年，伐崇侯虎而作豐邑，自岐下而徙都豐。明年，西伯崩。詩人道西伯，蓋受命之年稱王而斷虞、芮之訟，後七年而崩。」「七」，今本誤作「十」。史公以囚羑里在受命之前，又據《魯詩》説受命之年稱王，皆與《大傳》不合。《文王》正義曰：「《元命苞》云：『西伯既得丹書，於是稱王，改正朔，誅崇侯虎。』稱王之文在誅崇之上。《是類謀》云：『稱王制命示王意。』《乾鑿度》云：『改正朔，布王號於天下。』二文皆承伐崇、作靈臺之下。伐崇在六年，則亦六年始稱王也。但彼文以伐崇之等皆是文王大事，故歷言之，其言不必依先後爲次，未可即以爲定。《書傳》稱：『二年伐邘，三年伐密須，四年伐犬夷。』《書序》云『殷始咎周』，注云：『咎，惡也。紂聞文王斷虞、芮之訟，後又三伐皆勝，而始畏惡之，拘於羑里。』又曰『周人乘黎』，注云：『乘，勝也。紂得散宜生等所獻寶而釋文王。文王釋而伐黎。明年，伐崇。』案：《殷傳》云：『西伯得四友獻寶，免於虎口而克耆。』《大傳》曰：『得三子獻寶，紂釋文王，而出伐黎。』其言既同，則黎、耆一物，是文王伐犬夷之後乃被囚，得釋乃伐耆也。天無二日，土無二王。若五年已前即已稱王改正，則反形已露，紂當與之爲敵，非直咎惡而已。若已稱王，顯然背叛，雖紂之愚，非實能釋也。又《書序》『周人乘黎』之下，云：『祖伊恐，奔告於受，作《西伯戡黎》。』若已稱王，則愚者亦知其叛，不待祖伊之明始識之也。且其篇仍云『西伯』，明時未爲王。是六年稱王，爲得其實。故《乾鑿度》『布王號』之下，注云：『受命後五年乃爲改。』此是鄭意以爲六年始王也。但文王自於國内建元久矣，無故更復改元，是有稱王之意，雖則未布行之，亦是稱王之迹。故《周本紀》云：『詩人道西伯，蓋受命之年稱王。』皇甫謐亦云受命元年始稱王矣，正以改稱元年，故疑其年稱王。斯言非無理矣，但考其行事，必不得元年稱王耳。」據孔疏推鄭義以申《大傳》，説最詳覈，當從《大傳》爲正。《大戴禮・少閒》篇曰：「紂不説諸侯之聽於周昌，則嫌於死，乃退伐崇、許魏，以客事天子。文王卒受天命，作物配天。」亦以受命在伐崇之後。

五年之初，得散宜生等獻寶而釋文王。文王出，則克耆。六年伐崇，則稱王。《禮記·文王世子》正義引「《殷傳》云」。

疏證曰：《詩推度災》曰：「王者受命，必先祭天，乃行王事。《詩》曰：『濟濟辟王，左右奉璋。』此文王之祭天也。」《繁露·郊祭》篇曰：「文王受天命而王天下，先郊乃敢行事，而興師伐崇。」又曰：「已受命，必先祭天，乃行王事，文王之伐崇是也。」《詩·文王》正義曰：「然則伐崇之時，未稱王矣。《皇矣》説伐崇之事，而云『是類是禡』。《王制》云：『天子將出征，類乎上帝，禡於所征之地。』然則類者，祭天之名。未稱王而得祭天者，文王於伐崇之後，尋即稱王，於時天期已至，崇又大敵，雖未稱王，已行王事，故類、禡也。」

既伐于密。《詩考·詩異字異義》。

散宜生、南宮括、閎夭三子相與學訟於太公，遂與三子見文王於羑里，獻寶以免文王。《毛詩·緜》正義引《書傳》。又《文王序》正義引《書傳》，「遂與三子」作「四子」，餘同。《兩漢刊誤補遺》「閎夭」下作「學於太公望，遂見西伯昌於羑里」。

疏證曰：「訟」、「誦」古通用。《史記·呂后本紀》「未敢訟言誅之」，《漢書·高后紀》作「未敢誦言誅之」，是「訟」、「誦」古通之證。「學訟」，謂學訟説之事。《楚辭·九辨》「自壓案而學誦」，王逸注云：「弭情定志，吟詩禮也。」叔師以「學誦」爲「吟詩禮」，即此傳「學訟」之義，非太公如鄧析之教訟也。

散宜生、閎夭、南宫括三子者學乎太公。太公見三子，知爲賢人，遂酌酒切脯，除爲師學之禮，約爲朋友。《太平御覽》四百六《人事部》四十七，又六十二《飯食部》二十。《藝文類聚》七十二《食物部》不重「太公」二字，「知」字下多「三子之」三字，少「除爲師學之禮」句。又《公羊疏》引「散宜生等受學於太公」，「酌酒切脯」在「太公除師學之禮」下(二四)。

閎夭、南宫适、散宜生三子學於太公望。望曰：「嗟乎！西伯賢君也。」四子遂見西伯於羑里。注散宜生，文王四臣之一也。吕尚有勇而爲將，散宜生有文德而爲相。《繹史》十九。

太公之羑里，見文王。散宜生遂之犬戎氏，取美馬，駮身朱鬣，鷄目。六字又見《山海經·海内北經》注。《爾雅翼》卷十八引作「驄身、朱髦」，此下有「除凡取九六焉」六字。

疏證曰：《山海經》曰：「犬戎之國有文馬，縞身朱鬣，目若黄金，名曰吉量，一作「良」。乘之壽千歲。」《史記正義》曰：「《括地志》云：『驪戎故城在雍州新豐縣東南十六里，殷、周時驪戎國城也。』按：駿馬赤鬣縞身，目如黄金，文王以獻紂也。」《六韜》曰：「文王囚於羑里，散宜生至犬戎，得文馬九六，獻紂，免西伯之難。」案：《六韜》云九六，與《爾雅翼》所引傅合。

之西海之濱，取白狐，青翰。 注 翰，毛之長大者。注見《文選·羽獵賦》、《檄吴將校部曲》注。又《蓺文類聚·祥瑞部》下作「長毛也」。

疏證曰：《穆天子傳》：「天子獵於滲澤，得白狐玄貉，祭於河宗。」《六韜》曰：「周文王拘羑里，散宜生之宛懷塗山，得青狐以獻紂，免西伯之難。」

之於陵氏，取怪獸，陳壽祺曰：「吴中本『取怪獸』下有『大不辟虎狼閒』六字，傳文無『騶』字，注有『閒，大也。虞，蓋騶虞也』八字。」**尾倍其身，名曰騶虞。**八字見《御覽》八百九十《獸部》二。錫瑞案：《詩·騶虞》釋文引《大傳》作「尾倍於身」。

疏證曰：《山海經》説：「騶虞，如虎，五色畢具，白尾長於身。」《周書·王會》、《詩》毛傳皆曰：「白虎黑文。」《説文》、陸機皆曰：「白虎黑文，尾長於身。」

于林氏怪獸尾倍於其身，名曰虞。 注 虞，蓋騶虞。《兩漢刊誤補遺》卷七。

疏證曰：《兩漢刊誤補遺》曰：「今攷《山海經》載：『林氏國有珍獸，尾長於身，名曰騶吾。』此獸與《騶虞》之詩音讀本異，『吾』當讀如『朧吾』之『吾』。而伏生《書大傳》乃云『于林氏怪獸尾倍於其身，名曰虞』，鄭康成因曰『虞，蓋騶虞』，而郭璞於《山海經》遂云『吾』宜作『虞』者，誤也。」又曰：「建章之獸，長卿從《大傳》，謂之騶虞。《大傳》乃是景帝世伏生所傳。」

之有參氏，取姜女。之江淮之浦，取大貝，如車渠。注渠，車罔也。注見《文選·江賦》注引「鄭玄曰」。

疏證曰：「姜女」，疑「美女」之誤。《書·顧命》正義引《書傳》：「『散宜生之江淮，取大貝，如大車之渠云。』是言大小如車渠也。《考工記》謂車罔爲渠。大小如車罔，其貝形曲如車罔，故比之也。」《六韜》曰：「商王拘西伯昌於羑里。太公與散宜生金千鎰，求珍物，以免君罪。九江之浦有大貝百馮。」《淮南子》曰：「商拘文王於羑里，於是散宜生乃以千金，求天下之珍怪，得大貝百朋。」《孝經援神契》曰：「王者德至淵泉，則江生大貝。」《春秋運斗樞》曰：「搖光得則吐大貝。」《御覽》引《相貝經》曰：「珪延得大貝於昌陽弱泉，爲五帝瑞器也。得拘丞何貝，大如輪，爲文王壽。穆王得大紫貝，懸其殼於昭陽觀，以消毒霧。」《唐書》曰：「拂菻國有大貝，如車渠。」

貝自江出，大若車渠。文王拘羑里，散宜生之江淮，取大貝，如車渠，以獻紂，免西伯之難。《稽瑞》引《尚書大傳》。

陳於紂之廷。紂出見之，還而觀之，曰：「此何人也？」散宜生遂趨而進曰：「吾西蕃之臣昌之使者。」見《繹史》十九引此三十字（二五）。紂大悦曰：「非子罪也，崇侯也。」遂遣西

伯伐崇。自「太公之羑里」至「伐崇」，見《御覽》六百四十一《刑法部》七、《御覽》八百七《珍寶部》六。又《御覽》八百九十《獸部》二。又《尚書·顧命》正義，《儀禮·士喪禮》「貝三實于笄」疏，《周禮·天府》疏，《蓺文類聚》八十四《寶玉部》下、九十九《祥瑞部》下，《文選·江賦》注，《爾雅翼》十八，《路史·餘論》五，《夢溪筆談》二十二，《記纂淵海》四，均節引。《蓺文類聚》、《文選注》、《御覽·珍寶部》《獸部》引此文之上，並有「文王囚於羑里」六字。

疏證曰：陳壽祺曰：「《六韜》亦説散宜生等獻寶事，與此小異。」錫瑞案：《六韜》曰：「紂囚文王於羑里，散宜生受命而行。宛懷條塗之山有玉女三人，宜生得之，因費仲而獻之紂，以免文王。」《史記·周本紀》曰：「崇侯虎譖西伯於殷紂曰：『西伯積善累德，諸侯皆嚮之，將不利於帝。』帝紂乃囚西伯於羑里。閎夭之徒患之，乃求有莘氏美女、驪戎之文馬、有熊九駟、他奇怪物，因殷嬖臣費仲而獻之紂。紂大悦，曰：『此一物足以釋西伯，况其多乎！』乃赦西伯，賜之弓矢斧鉞，使西伯得征伐，曰：『譖西伯者，崇侯虎也。』」亦與《大傳》小異，且以被囚在三伐之前。

文王以閎夭、太公望、南宫括、散宜生爲四友。《玉海·官制》。

周文王胥附、奔輳、先後、禦侮，謂之四鄰，以免於羑里之害。懿子曰：「夫子亦有四鄰乎？」《繹史》九十五。**孔子曰：「文王得四臣，丘亦得四友焉。自吾得回也，門人加親，是非胥附與？自吾得賜也，遠方之士日至，是非奔輳與？自吾得師也，前有輝、後**

有光，是非先後與？自吾得由也，惡言不入於門，是非禦侮與？文王有四臣以免虎口，丘有四友以禦侮。」《毛詩·緜》正義。《後漢書·祭肜傳》注引「孔子曰」至「是非禦侮邪」止，「疏附」「疏」作「胥」，「奔走」「走」作「輳」，今依改。四「與」字，皆作「邪」。又《世説新語》卷五《品藻》注引，與《後漢書》注同。《孔子集語》卷下引全，「與」亦作「邪」，「門」作「耳」。又《玉海·官制》、《人物》，《繹史》九十五，引至「是非禦侮與」止。又《御覽》三百六十六《人事》七節引，「門」亦作「耳」。又《小學紺珠》節引。又《文選·安陸昭王碑文》注引《周書》，與此畧同。

疏證曰：《大傳》以大公望與閎、散、南宫爲四友，又爲四鄰，又爲四臣。《君奭》則有太顛，而無太公。蓋古説以太公望即是太顛。《方言》六、《廣雅·釋詁》一皆云：「顛，上也。」古人名字相配，「尚」與「上」通，疑太公本名「尚」而字「顛」，後因文王之言，乃改名「望」。改名或並改字，故太公又字「牙」。《君奭》所稱，乃其本字。後人不知，誤分太公、太顛爲二人耳。太公之功，在閎、散、南宫之上，不應周公舉「修和有夏」之臣，獨不及太公。伏生之言，蓋得其實。《後漢書·班彪傳》彪上言曰：「昔成王之爲孺子，出則周公、召公、太史佚，入則太顛、閎夭、南宫适、散宜生，左右前後，禮無違者。」叔皮舉周初諸臣，獨無太公，蓋以太顛即是太公。《史記》、《漢書》皆有太顛，又有太公，亦誤分之耳。吴仁傑《兩漢刊誤補遺》曰：「太顛與師尚父，豈異人乎？《書大傳》曰：散宜生、南宫适、閎夭學於太公望，遂見西伯昌於羑里。

故孔子曰：『文王得四臣，丘亦得四友。』鄭康成謂：周公作《君奭》，舉虢叔以下五人而不及太公者，太公教文王以大德，周公謙，不可以自比。誤與《表》同。」吳氏引《大傳》以太公、太顛爲一人，其説蓋非無據。又案：《詩·緜》毛傳曰：「率下親上曰疏附，相道前後曰先後，喻德宣譽曰奔走〔二六〕，武臣折衝曰禦侮。」正義曰：「直總言臣有四行而已，不指其臣云某爲疏附，某爲禦侮。故《君奭》云：『惟文王尚克修和我有夏，亦惟有若虢叔，有若閎夭，有若散宜生，有若泰顛，有若南宫适。』注云：『《詩傳》説有疏附、奔走、先後、禦侮之人，而曰文王有四臣以受命，此之謂。』引此四行，以證五臣，明非一臣有一行也。彼注云：『不及吕望，太師也，教文王以大德，謙不以自比焉。』周公謙不自比，詩人不當代謙，明周、召之輩亦在其中。所言四行，無定人矣。」引《書傳》説孔子曰云云，曰：「如此言，則四人人有一行，與前説乖者，《書傳》因有四人，爲之説耳。孔子以己弟子四人，擬彼四行，其於文王之臣，亦不言人爲一行。縱彼四人各爲一行，此詩所言，不獨指彼四人也。」據孔疏引鄭注所云《詩傳》説，乃魯、齊、韓三家《詩》。三家皆今文，與伏生義多合。此《詩傳》明以疏附、奔走、先後、禦侮爲四臣，正與《大傳》之説相符。《楚辭·離騷經》「忽奔走以先後兮」，王逸注曰：「奔走、先後，四輔之職也。《詩》曰：『予聿有奔走，予聿有先後。』此之謂也。」叔師所引，亦三家《詩》。此今文説以太公、太顛爲一人之證。蓋言文王有四臣受命，必無不及太公之理。鄭謂周公謙不自比，殊屬强詞。周公舉伊尹諸人，何獨不謙乎？孔疏不知太公即是太顛，《大傳》四臣即《書》之四人，故謂非四人人有一行。依《大傳》説，四行實當分屬四臣，但如何分屬，未有塙據耳。《御覽》引《古今樂録》曰：「崇侯譖文王至十，紂用其言，乃徙文王於羑里，欲殺之。於是文王四臣太顛、閎夭、散宜生、南宫适之屬往見文王。文王爲曠反目者，紂之好色也；拊桴其腹者，言欲得奇寶也；蹀躞其足者，使疾訊也。於是乃周流海内，經歷風土，得美女二人、水中大寶、白馬朱鬣，以獻於紂，陳其中庭。紂見之，仰天而歎曰：『嘻哉！此誰寶？』散宜生趨而進曰：『是西伯之寶，以贖刑罰。』紂曰：『於寡人何其厚也！』立出西伯。紂謂宜生：『譖岐侯者，長鼻決耳也。』宜生還，以狀告文王，乃知崇侯虎譖之。」案：《樂録》所言，無太公而有太顛，亦可爲太公、太顛是一人之證。

微子

微子將往朝周，過殷之故墟，見麥秀之蔪蔪，曰：「此父母之國，宗廟、社稷之所立也。」志動心悲，欲哭則爲朝周，俯泣則婦人，推而廣之，作雅聲。《文選・魏都賦》、《辨亡論下》注。**歌曰：「麥秀蔪蔪兮，禾黍䵷䵷。彼狡童兮，不我好兮。」**《文選・思舊賦》注。注 狡童，謂紂。《文選・宣德皇后令》注引「鄭玄曰」。

微子朝周，過殷故墟，見麥秀之蔪蔪兮，禾黍之䵶䵶也，曰：「此故父母之國。」乃爲《麥秀》之歌曰：「麥秀漸漸兮，禾黍油油。彼狡童兮，不我好仇。」《學齋佔畢》卷二。又《能改齋漫録》卷七引，「朝周」上多「將」字，「故墟」上多「之」字，「䵶」作「蠅」，餘同。

疏證曰：史繩祖云：「《史記》、《尚書傳》所載之歌，只差末句一句，惟《書傳》序與歌『蔪蔪』、『䵶䵶』不同。宋玉《笛賦》、枚乘《七發》皆作『麥秀蔪兮』，注『麥芒也』，字之稍差，不爲要切。但《史記》以爲箕子，而《書大傳》以爲微子，且稱『父母之國』，尤爲有理，不知司馬何所據而與《書傳》抵牾耶〔二七〕？」吳曾云：「李善注枚乘《七發》曰『麥秀蔪兮雉朝飛』，引宋玉《笛賦》云『麥秀蔪兮鳥華翼』，非也。余按《尚書大傳》云云，文見前。蓋宋玉《笛賦》亦本此耳。蔪，《埤蒼》曰『麥芒也』，而《大傳》序與歌『蔪』、『漸』二字不同，何也？蔪，五臣音『子兼切』，李善音『慈斂切』。蠅、油，序、歌亦不同。」陳壽祺曰：「《文選・思舊賦》注引歌作『黍禾䵶䵶』，於韻不協，非也。蓋緣篇首云云而誤，當從《學齋佔畢》所引作『油油』，與『仇』協韻。《禮記・樂記》正義引『黍禾之油油』爲箕子歌，亦誤。曲阜孔廣林說。」錫瑞案：陳氏謂當作「油油」，是也，而謂「油油」與「仇」協韻，則不必然。「不我好仇」，語近不辭。《史記》作「油油」，下云「彼狡童兮，不與我好兮」，與《詩・狡童》篇句法正同，當從《史記》之文爲正。古平、上、去三聲通用，「蕭」、「肴」、「豪」與「尤」同部。如《彤弓》篇首章「藏」、「貺」、「饗」爲韻，此三聲通用之證。末章「好」、「酬」爲韻，此「蕭」、「肴」、「豪」、「尤」同部之證。《遵大路》「手」、「醜」、「好」爲韻，亦其證也。此當以「好」字與「油」字爲韻。《學齋佔畢》作「好仇」，蓋疑「好」與「油」韻不協而妄改之，不可據。吴曾《能改齋漫録》，陳氏未及引。吴氏疑序、歌「薪」、「漸」、「蠅」、「油」皆不同，其理亦不可曉。

周傳

大誓

陳壽祺曰：「《洛誥傳》曰『《周書》自《大誓》，就《召誥》，而盛於《洛誥》』，然則今文《周書》首《大誓》也。」

唯四月，太子發上祭於畢，下至於孟津之上，注四月，周四月也。發，周武王也。卒父業，故稱太子也。乃告於司徒、司馬、司空、諸節：「亢才！予無知，以先祖、先父之有德之臣，左右小子，予受先公，戮力賞罰，以定厥功，明於先祖之遺。」太子發升於舟，中流，白魚入於舟。王跪取，出涘以燎。羣公咸曰：「休哉！」《御覽》百四十六《皇親部》

十二。

疏證曰：陳壽祺曰：「亢才，《史記·周本紀》作『信哉』。『才』、『哉』古通用。同午王大理伯申云：『亢』乃『允』字之誤。司馬子長以訓詁改經文，故爲『信』也。」錫瑞案：《御覽》引《中候》及注同。《史記·周本紀》曰：「武王即位，太公望爲師，周公旦爲輔，召公、畢公之徒左右王師，修文王緒業。九年，武王上祭於畢。東觀兵，至於盟津。爲文王木主，載以車，中軍。武王自稱太子發，言奉文王以伐，不敢自專。乃告司徒、司馬、司空、諸節：『齊栗，信哉！予無知，以先祖有德臣，小子受先功，畢立賞罰，以定其功。』遂興師。師尚父號曰：『總爾眾庶，與爾舟楫，後至者斬！』武王渡河，中流，白魚躍入王舟中。武王俯取以祭。既渡，有火自上復於下，至於王屋，流爲烏，其色赤，其聲魄云。是時諸侯不期而會盟津者，八百諸侯。諸侯皆曰：『紂可伐矣！』武王曰：『女未知天命，未可也。』乃還師歸。」集解：「馬融曰：畢，文王墓地名也。」索隱曰：「按：文云『上祭於畢』，則畢，天星之名。畢星主兵，故師出而祭畢星也。」二説不同。案：古不墓祭，且《伯夷列傳》曰「父死不葬」。不葬，不得有墓，索隱本之。《後漢書·蘇竟傳》以爲畢星，其説近是。武王稱太子者，《白虎通·爵》篇：「或曰：天子之子稱太子。《尚書傳》曰：『太子發升於舟。』《中候》曰：『廢考，立發爲太子。』明文王時稱太子也。」《詩疏》引《中候·我應》曰：「文王之戒武王曰：『我終之後，但稱太子發。河洛復告，遵朕稱王。』」《御覽》引《中候》曰：「日修我度，遵德紀，後恒稱太子發。」又引《中候・合符后》曰：「太子發以紂存，三仁附，即父位，不稱王。」注云：「武王以天誅未行，謙不自成〔三八〕，故稱太子，明統緒而未稱王。」又曰：「予稱太子發，明慎父，以名卒考。」注云：「予，我也。父死曰考。文王命武王『我終之後，恒稱太子』者，明慎文王之命也。君存稱世子，薨稱太子，未葬稱子，已葬稱公。今踰年稱太子者，父業未成，不敢自專之意。」與《大傳》、《史記》合。云「左右小子」者，左右即《史記》所云太公、周公、召公、畢公「左右王師」。《大傳・周傳》有「太子以爲左右」之文，武王時稱太子，故云「左右小子」也。「先公」，《史記》作「先功」。古「功」、「公」通用。文王已稱王，不應稱「先公」，當以「先功」義爲正也。又案：《楚辭・天問》曰：「到擊紂躬，叔旦不嘉。」王逸注曰：「言武王始至孟津，八百諸侯不期而到，皆曰：『紂可伐也！』白魚入於王舟，羣臣咸曰：『休哉！』周公曰：『雖休，勿休。』故曰『叔旦不嘉』也。」據王注，則此傳下當有「周公曰：雖休，勿休」句，《御覽》所引未備耳。

八百諸侯俱至孟津，白魚入舟。《尚書》孔《序》正義卷一引《書傳》，有「八百諸侯俱至孟津，白魚入舟」之事，與《大誓》同。

武王渡河，中流，白魚雙躍入舟。武王俯取以祭。［注］鱗介之物，兵象也。白者，殷家之正。言殷以兵衆與也。《稽瑞》引傳及注。

疏證曰：《尚書中候》曰：「渡於孟津，太子發升於舟。中流，受文命，待天謀。白魚躍入於王舟。王俯取魚。魚長三尺，赤文，有字題目下名授右〔二九〕，曰：『姬發遵昌。』授右之下，猶有一百二十餘字。王維退寫成以二十字，魚文消。王燔以告天，出涘以燎。羣公咸曰：『休哉！』」《璇璣鈐》曰：「武王得《兵謀》、《鈐謀》，東觀。白魚入舟，符取魚以燎。八百諸侯順同不謀。魚者，視用無足、翼從，欲紂如魚乃討。」《史記·司馬相如傳》封禪書曰：「蓋周躍魚隕杭，休之以燎。」《漢書·終軍傳》白麟奇木對曰：「昔武王中流未濟，白魚入於王舟，俯取以燎。羣公咸曰：『休哉！』」是時《大誓》未出，所引或即《大傳》文也。《史記集解》：「馬融曰：魚者，介鱗之物，兵象也。白者，殷家之正色。言殷之兵衆與周之象也。」《詩疏》引《大誓》：「『太子發升舟，中流，白魚入於王舟。王跪取，出涘以燎之。』注云：『魚入舟，天之瑞也。魚無手足，象紂無助。白者，殷正也。天意若曰：以殷予武王，當待無助；今尚仁人在位，未可伐也。得白魚之瑞，即變稱王，應天命定號也。涘，涯也。王出於岸上，燔魚以祭，變禮也。』」注云得魚瑞而稱王，蓋本於《中候》「河洛復告，遵朕稱王」之義。

武王伐紂，觀兵於孟津，有火流於王屋，化爲赤烏，三足。《御覽》百八十一《居處部》九。

疏證曰：《尚書緯·帝命驗》曰：「太子發渡河，中流，火流爲烏，其色赤。」注云：「以魚燎於天，有火自上復於下，至於王屋，流爲烏。」是謂此火即燎魚之火，與《大誓》注燎後五日有火之説不同也。《元命苞》曰：「火流爲烏。烏，孝鳥，陽精。天意烏在日中，從天，以昭孝也。」《史記集解》：「馬融曰：『王屋，王所居屋。流，行也。』鄭玄曰：『《書説》云：烏有孝名。武王卒父大業，故烏瑞臻。赤者，周之正色也。』」又案：「烏」或作「鵰」，與《大傳》不同。索隱曰：「案：今文《泰誓》：『流爲鵰。』」錫瑞案：小司馬據僞孔本，爲古文，故以古《大誓》爲今文，不知古《大誓》又有今、古文之分。段玉裁云：「《尚書大傳》、鄭所引《禮説》、《周本紀》、董仲舒書作『烏』，此後得本也。馬、鄭所注皆作『鵰』，此孔壁中本也。馬融曰：『鵰，鷙鳥也。明武王能伐紂。』此不改字也。鄭曰：『鵰，當爲雅，烏也。』此以後得之《大誓》正孔壁之《大誓》也。不云當爲『烏』者，『鵰』與『雅』形畧相似，故云當爲『雅』，而訓『烏』也。」段分別今、古文甚明，然伏生與董子、史公皆在漢初，未嘗見後出之《大誓》，蓋伏生所據之本自作「烏」耳。《春秋元命苞》曰：「赤烏，陽之精也。」《禮稽命徵》曰：「得禮之制，澤谷之中有赤烏。」孫氏《瑞應圖》曰：「王者不貪天而重民，則赤烏至。」

周將興之時，有大赤烏銜穀之種，而集王屋之上者。武王喜，諸大夫皆喜。周公曰：

「茂哉！茂哉！天下之見此以勸之也。」恐恃之。《春秋繁露·同類相勸》篇引《尚書傳》言。

疏證曰：《尚書中候》曰：「有火自天出于王屋，流爲赤烏。五至，以穀俱來。赤烏成文，雀書之福。烏以穀俱來，云記后稷之德。」注云：「五至，猶五來。文王得赤雀丹書，今武王致赤烏，俱應周尚赤，故言『成文』也。后稷好農稼，今烏銜穀，故云記之也。」《詩疏》引《大誓》云：「『至於五日，有火自上復於下，至於王屋，流之爲鵰，其色赤，其聲魄。五至，以穀俱來。』注云：『五日，燎後日數。王屋，所在之舍上。流，猶變也。鵰，當爲鴉。鴉，烏也。燎後五日而有火爲烏，天報武王以此瑞。《書説》曰：烏有孝名。武王卒父業，故烏瑞臻。赤，周之正色。穀，記后稷之德。又《禮説》曰〔三〇〕：武王赤烏穀芒，應周尚赤用兵。王命曰爲牟。天意若曰：須暇紂五年，乃可誅之。武王即位，此時已三年矣。穀〔三一〕，蓋牟麥也，《詩》云：貽我來牟。』」鄭注《大誓》極詳，可以補此傳之注。又《漢書》董仲舒對策引《書》曰：「白魚入於王舟，有火復於王屋，流爲烏。此蓋受命之符也。周公曰：『復哉！復哉！』」董子所云「復哉」，即《大傳》所云「茂哉」。茂者，懋勉之義，傳所謂「恐恃之」也。「復」、「茂」同在古音第三部，故得通用。師古曰：「復，報也。言周盛德，故天報以此瑞也。」其説非是。

武王伐紂，至於商郊，停止宿夜，士卒皆歡樂歌舞以待旦。《禮記·祭統》正義。

疏證曰：陳壽祺曰：「正義云：『舞莫重於《武宿夜》者，皇氏云：師説《書傳》云云。《武宿夜》，其樂名也。』此據《書傳》釋《武宿夜》，最塙。」錫瑞案：《國語·周語》曰：「王以二月癸亥夜陣，未畢而雨。」韋昭注曰：「二月，周二月。四日癸亥，至牧野之日。夜陣，陳師。未畢而雨，天地神人叶同之應也。」《漢書·律曆志》曰：「四日癸亥，至牧壄，夜陣。」

王升舟入水，鼓鐘惡，觀臺惡，將舟惡，宗廟惡。注惡，皆爲「亞」。亞，次也。觀臺，靈臺，知天時占候者也。宗廟，遷主。《周禮·肆師》注引《尚書傳》十七字，「惡」仍作「亞」。《儀禮經傳通解續·因事之祭》卷二十六上引傳、注。

疏證曰：陳壽祺曰：「《周禮·肆師》疏曰：『王升舟以下者，謂説武王於文王受命十一年觀兵之時，武王於孟津渡河，升舟入水在前，鼓鐘亞，亞王舟後。觀臺亞者，觀臺可以望氛祥，亞鼓鐘後。將舟亞者，以社主主殺戮，而軍將同，故名社主爲將，將舟亞在觀臺後。宗廟亞者，宗廟則遷主也，亞在將舟後。』」錫瑞案：鼓鐘亞者，《左》莊二十九年傳曰：「凡師，有鐘鼓曰伐。」《國語·晉語》曰：「宋人殺昭公，趙宣子請師於靈公以伐宋，令三軍之鐘鼓必備。趙同曰：『國有大役，不鎮撫民而備鐘鼓，何也？』宣子曰：『大罪伐之，伐備鐘鼓，聲其罪也。』鳴鐘鼓以至於宋。」然則聲罪致伐，必用鐘鼓。武王以鐘鼓聲紂之罪，故曰伐紂矣。觀臺亞者，《五經通義》曰：「王者受命而起，所以立靈臺何？以爲在於野中國之南，附近辟雍，依仁宫也。靈臺制度奈何？師説云：積土崇增，其高九仞，上平無屋。高九仞者，極陽之數。上平無屋，望氣顯著。」《通義》言觀臺制度甚備。此載於軍中者，或不盡同國中制度也。將舟亞、宗廟亞者，《周禮·大司馬》「若師不功，則厭而奉主車」，鄭注云：「厭，伏冠也。奉，猶送也。送主歸於廟與社。」是社主、廟主並載以行，故《甘誓》有「賞于祖，戮于社」之文。《左》定四年傳云「君以軍行，袚社釁鼓，祝奉以從」，亦言載社主事。載遷主，詳見前《唐傳》。古者行軍，無不載遷主之事。《史記》云：武王載木主，號爲文王。《楚辭·天問》有「載尸集戰」之文，王逸注「以尸爲主」，此别是一事。《書古微》謂「宗廟」即文王木主，非也。

惟丙午，王逮師，前師乃鼓鼖譟，師乃慆，前歌後舞。 注 慆，喜也。衆大喜，前歌後舞也。《御覽》四百六十七《人事部》一百八引傳、注全，惟「前師」無「前」字。此句六字又見《周禮·大司馬》注，又《御覽》五百七十四《樂部》十二。

疏證曰：陳壽祺曰：「《周禮·大司馬》注引『《書》曰：前師乃鼓鼖譟』。賈疏云：『《書傳》文。彼説武王伐紂事。』《隸釋·魏大饗碑》：『士有抃譟之歡，民懷惠康之德。』抃譟與鼖譟同。《文選》二十一《秋胡詩》注引班彪《冀州賦》曰：『感鼂藻以進樂兮。』《後漢書·杜詩傳》：『士卒鼂藻。』《劉陶傳》：『武旅有鼂藻之士。』錢詹事大昕《廿二史考異》曰：『鼂藻，即𪔍譟也。王逸《楚辭章句》曰：武王三軍，人人樂戰，並馳驅赴敵争先，前歌後舞，鳧藻讙呼。』惠徵君棟《後漢書補注》曰：『𪔍譟，漢人讀爲鳧噪，言如鳧之噪呼。《杜詩》《劉陶傳》又作鳧藻，釋云「如鳧之戲於藻」，非《尚書》之義也。』壽祺謂：『𪔍譟』『鳧藻』，字别而聲、義同。此或歐陽、夏侯之異。李賢《後漢書注》言『如鳧之戲於藻』，所謂望文生義，差之遠矣。《蔡邕集·上加玄服與羣臣上壽表》云：『臣等不勝踊躍鳧藻。』《魏志·文帝紀》注：『臣妾遠近，莫不鳧藻。』此亦均本《大傳》，用爲『讙呼』之義矣。顔延年《秋胡詩》『鳧藻馳目成』，似與李賢注同意，亦失之。又案：《蓺文類聚》引《樂緯·稽耀嘉》曰：『武王承命，興師誅於商，萬國咸喜。軍渡孟津，前歌後舞。』是《書傳》所説伐紂之事也。」錫瑞案：《詩疏》引《大誓》曰：「師乃鼓𪔍譟〔三〕，前歌後舞，格於上天下地，咸曰：『孜孜無怠。』」《白虎通·禮樂》篇曰：「樂所以必歌者何？夫歌者，口言之也。中心喜樂，口欲歌之，手欲舞之，足欲蹈之。故《尚書》曰：『前歌後舞，假於上下。』」蓋本《大傳》文。「逮師」，或引作「還師」，誤。「師乃慆」，《説文》引《周書》曰「師乃搯」，此壁中本，與傳用今文不同也。《後漢書》曰：「板楯蠻俗喜歌舞，高祖觀之，曰：『此武王伐紂之歌也。』乃命樂人習之，所謂巴渝舞也。」《華陽國志》曰：「周武王伐紂，實得巴蜀之師，著乎《尚書》。巴師勇鋭，歌舞以淩，殷人倒戈。故世稱之曰：武王伐紂，前歌後舞也。」

丕天之大律。注云律法也，奉天之大法。《唐律疏義》卷一。又《翻譯名義集》卷九。

陳壽祺曰：「《漢書·郊祀志》引《大誓》曰：『正稽古立功立事，可以永年，丕天之大律。』是此五字乃古文《大誓》詞，而《大傳》載之也。」

大戰篇

武王與紂戰於牧之野。紂之卒輻分，紂之車瓦裂，紂之甲魚鱗下賀乎武王。《文選·宣德皇后令》注引至此，「與」作「伐」，「牧之野」無「之」字，「魚」作「如」，「乎」作「于」，「王」下有「也」字。紂死，武王皇皇若天下之未定，召太公而問曰：「入殷奈何？」太公曰：「臣聞之也，愛人者兼其屋上之烏，此句又引見《毛詩名物解》八。不愛人者及其胥餘。注胥餘，里落之壁。何如？」武王曰：「不可。」召公趨而進曰：「臣聞之也，有罪者殺，無罪者活，咸劉厥敵，毋使有餘烈。何如？」武王曰：「不可。」周公趨而進曰：「臣聞之也，各安其宅，各田其田，毋故毋私，惟仁之親。《後漢書·申屠剛傳》引「武王入殷，周公曰：各安其宅，各田其田，無故新，惟仁之親」。何如？」武王曠乎若天下之已定，遂入殷，封比干之墓，表商容之閭，發鉅橋之粟，散鹿臺之財，歸傾宮之女，又引見《後漢書·郎顗傳》注。而民知方，曰：「王之於仁人也，死者封其墓，況於生者乎！王之於賢人也，亡者表其閭，況於在者乎！王之於財也，聚者散之，況於復藉乎！王之於色也，在者歸其父母，況於復徵乎！」《通鑑前編》「武王十三年」引全。又《記纂淵海》六十一引「太公曰：愛人者兼其屋上之烏」，注「出《尚書大傳·大戰篇》」，是此篇皆《大戰篇》之文也。《記纂淵海》又引「憎人者惡其胥餘」。

【校勘記】

〔一〕「一」，原誤作「二」，據《太平御覽》卷九百三十八《鱗介部》及《格致鏡源》卷九十三引改。

〔二〕「魚」，今本《太平御覽》卷九百三十八《鱗介部》引作「鯢」。

〔三〕「弓」上，原衍「可」，據《毛詩正義》刪。

〔四〕「文」，原誤作「皮」，據《太平御覽》卷九百三十八《鱗介部》引改。

〔五〕「三」，今《毛詩正義》作「六七」。

〔六〕「出」，《史記·龜策列傳》本作「生」。

〔七〕「有」，原脱，據《爾雅·釋地》補。

〔八〕「河者」下，今本《風俗通義·山澤》據他書校補「播也」二字。

〔九〕「瀆」下，《釋名》本有「獨也，各」三字。

〔一〇〕「男」，原誤作「國」，據《風俗通·山澤》改。

〔一一〕「王」，原誤作「玉」，據《禮記正義》改。

〔一二〕「下」，原誤作「不」，據《事類賦》改。

〔一三〕「圻」，今本《周禮》作「畿」。

〔一四〕「别」，原誤作「列」，據《太平御覽·職官部》四改。

〔一五〕「尊」，原誤作「等」，據《白虎通》改。

〔一六〕「此」上，原衍「注」，據《春秋公羊傳注疏》删。

〔一七〕「《蓺文類聚》十二《帝王部》二、《太平御覽》八十三《皇王部》八」，與前重複，陳壽祺輯校本同。

〔一八〕「别」，原誤作「列」，據《全上古三代秦漢文》改。

〔一九〕「諸侯朝而年長久」，原誤作「朝諸侯而年久」，據《論衡·異虚》改。

〔二〇〕「以」，原脱，據《論衡·異虚》補。

〔二一〕「生殺之柄」，《漢書·五行志》本作「殺生之秉」。又「在」，原脱，據《漢書·五行志》補。

〔二二〕「云」，原誤作「之」，據《毛詩正義·文王》改。

〔二三〕按，皮錫瑞《尚書中候疏證》引下文，謂出《尚書帝命驗》。

〔二四〕「下」，原誤作「上」，《春秋公羊傳注疏》引作「太公除師學之禮，酌酒切脯」，據改。

〔二五〕「繹」，原誤作「釋」，據陳壽祺輯校本改。

〔二六〕「走」，《毛詩正義》本作「奏」。

〔二七〕「耶」，原誤作「耳」，據陳壽祺輯校本引文改。

〔二八〕「成」，原誤作「稱」，據皮錫瑞《尚書中候疏證》改。

〔二九〕「右」，原誤作「又」，據下文言「授右」及皮錫瑞《尚書中候疏證》改。

〔三〇〕「説」，原誤作「記」，據《毛詩正義》改。

〔三一〕「穀」，原脱，據《毛詩正義》補。

〔三二〕「鼗」，原脱，據《毛詩正義》補。

尚書大傳疏證卷四

洪範

武王勝殷，繼公子禄父，[注]武庚字禄父。《尚書·洪範序》正義引。禄父，紂之子也。**釋箕子囚。箕子不忍周之釋，走之朝鮮。**[注]誅我君而釋己，嫌苟免也。此注惟見《通鑑前編》。**武王聞之，因以朝鮮封之。**[注]朝鮮，今樂浪郡。**箕子既受周之封，不得無臣禮，故於十三祀來朝。**《御覽》卷七百八十《四夷部》一。又《通鑑前編》引《書·洪範大傳》，自首至「封之」止，並注。又《御覽》二百一《封建部》四、《路史·後紀》十二並節引。

疏證曰：鄭注非《大傳》義。《白虎通·姓名》篇曰：「《春秋》譏二名何？所以譏者，乃謂其無常者也。若乍爲名，禄甫元言武庚。」所引譏二名説，與《公羊傳》不同，蓋古《春秋左氏傳》義。鄭謂「武庚字禄父」，古文説也。若《大傳》今文説，則以武庚、禄父爲二人，説見後。《史記·周本紀》曰：「武王革殷，封商紂子禄父殷之餘民，乃使其弟管叔鮮、蔡叔度相禄父治殷。已而釋箕子之囚。已克殷後二年,問箕子殷所以亡。箕子不忍言殷惡,以存亡國宜告。武王亦醜,故問以天道。」《宋世家》曰:「武王封紂子武庚,以續殷祀,使管叔、蔡叔傅相之。武王既克殷,訪問箕子。箕子對以洪範九籌,於是武王乃封箕子於朝鮮而不臣也。」《史記》云文王受命七年今譌十年而崩,與《大傳》合。武王即位二年,蒙文王受命之年,爲九年再期觀兵,又二年伐紂爲十一年,與《書序》合。克殷二年,爲十三祀。《大傳》雖無觀兵伐紂之年,而據受命七年,《洪範》「十三祀」,其中年數亦必相同。惟《史記》以爲陳洪範乃封朝鮮,《大傳》以爲封朝鮮來朝乃陳洪範。班孟堅謂「遷書載《洪範》多古文説」,或從古文,與今文不同。然據《大傳》受封來朝始陳洪範,則武王無慢賢之失,箕子無苟免之心,較之《史記》所云,更爲塙當。而《書正義》引此傳云云,曰:「案:此《序》云『勝殷,以箕子歸』,明既釋其囚,即以歸之,不令其走去而後來朝也。又朝鮮去周,路將萬里,聞其所在,然後封之,受封乃朝,必歷年矣,不得仍在十三祀也。《宋世家》云既作《洪範》,武王乃封箕子於朝鮮,得其實也。」錫瑞案:孔氏據劉歆及僞孔《傳》之説,以爲文王受命九年而崩,武王再期觀兵爲十一年,又二年伐紂爲十三年,即陳洪範之十三祀,故有「朝鮮去周萬里,受封乃朝,不得仍在十三祀」之疑。不知《書序》、《史記》皆以爲十一年伐紂,又二年乃陳洪範。《史記》有明文,則《大傳》云受封來朝,亦必不在克殷之年。時歷二年,即往返萬里,足以及之,不得以此爲疑。

《書序》之文畧，故受封、來朝皆不載。《序》以伐紂爲十一年，而訪範在十三祀，經有明文，則《序》亦必以訪範、克殷在二年之後，非謂以箕子歸即作《洪範》也。《大傳》之文，本無可疑。孔《疏》以僞《傳》解之，故不合耳。

汩，亂也。《華嚴經》第七十八《音義》卷下。陳壽祺案曰：「此疑《洪範傳》『汩陳五行』之訓。」

水、火者，百姓之所飲食也。金、木者，百姓之所興作也。土者，萬物之所資生也。是爲人用。《尚書·洪範》正義引《書傳》。

疏證曰：陳喬樅曰：「案《尚書正義》云：『此章所演，凡有三重：第一言其名次，第二言其體性，第三言其氣味，言五者各爲人用。』引《書傳》云云爲證。五行，即五材。《左氏》襄二十七年傳云：『天生五材，民並用之。』謂之行者，在天爲五氣，在地爲世所行用也。」

八政何以先食？傳曰：食者，萬物之始，人事之本也。故八政先食。《尚書·洪範》正義、《文選·籍田賦》注。又《白帖·食》、《御覽》八百四十七《飲食部》五。

疏證曰：《漢書·王莽傳》曰：「民以食爲命，是以八政以食爲首。」《論衡·譏日》篇曰：「人道所重，莫如食急，故八政一曰食。」《後漢書·章帝紀》元和元年詔曰：「王者八政，以食爲本。故古者急耕稼之業，致耒耜之勤，節用儲蓄，以備凶災。是以歲雖不登，而人無飢色。」

《洪範》曰：「不叶于極，不罹于咎，無侮鰥寡，而畏高明。」《困學紀聞》卷二引《大傳》。

疏證曰：《史記·宋世家》作「不協于極，不離于咎」。《大傳》作「叶」者，古文「協」字。作「罹」者，《易·彖》曰：「離，麗也。」二字義同，蓋三家文異也。《列女傳·楚野辨女》篇引《周書》曰：「毋侮鰥寡，而畏高明。」《後漢書·肅宗紀》元和二年詔：「經曰：無侮鰥寡。」《釋文》云：「無虐，馬本作『亡侮』。」皆與傳文相合。

聖人在上，其君子不誦無用之言，其工不作無用之器，其商不通無用之物。《御覽》四百一《人事部》四十二。**聖人者，民之父母也。母能生之，能食之。父能教之，能誨之。聖王曲備之者也，能生之，能食之，能教之，能誨之也。爲之城郭以居之，爲之宫室以處之，爲之庠序學校以教誨之，爲之列地制畝以飲食之。故《書》曰：「作民父母，以爲天下王。」此之謂也。**《御覽》四百一《人事部》四十二。

疏證曰：傳云「聖王曲備之」者，《禮記·表記》曰：「《詩》云：『凱弟君子，民之父母。』凱以强教之，弟以説安之。樂而無荒，有禮而親，威莊而安，孝慈而敬，使民有父之尊，有母之親。如此而後，可以爲民父母矣。」正義曰：「以其威莊，故『有父之尊』，言尊之如父。以其孝慈，故『有母之親』，言親之如母也。」云「爲之城郭、宫室、庠序學校、列地制畝」者，《禮記·禮運》曰：「今大道既隱，城郭溝池以爲固。以設制度，以立田里。」正義曰：「此明三代俊英之事。孔子生及三代之末，故稱今也。『城郭溝池以爲固』者，城，内城；郭，外城也；溝池，城之塹。『以設制度』者，又用禮義設爲宫室、衣服、車旗、飲食、上下、貴賤，各有多少之制度也。『以立田里』者，田，種穀稼之所；里，居宅之地，貴賤異品。」《禮運》又曰：「昔者先王未有宫室。後聖有作，然後修火之利，范金合土，以爲臺榭、宫室、牖户。」正義曰：「昔者先王既云『未有宫室』，則揔是五帝之前。『以爲臺榭、宫室、牖户』者，謂五帝時也。」據此，則城郭、宫室、列地制畝，皆始於五帝三王之時。庠序學校，則《孟子》曰：「夏曰校，殷曰序，周曰庠，學則三代共之。」是庠序學校始於三王之時。至周立四代之學，又兼有庠序學校也。《漢書·刑法志》曰：「上聖卓然先行敬讓博愛之德者，衆心悦而從之。從之成羣，是爲君矣。歸而往之，是爲王矣。《洪範》曰：『天子作民父母，爲天下王。』聖人取類以正名，而謂君爲父母，明仁愛德讓，王道之本也。」與傳義合。

晦而月見西方謂之朓，注朓，條也，條達行疾貌。**朓則侯王其荼。**注荼，緩也。**朔而月見東方謂之側匿，**注側匿，猶縮縮，行遲貌。**側匿則侯王其肅。**注肅，急也。日，君象也；月，臣象也。君政急，則日行疾，月行徐，臣逡遁不進；君政緩，則日行徐，月行疾，臣放恣也。《太平御覽》四引傳、注全，注「君政緩」上，誤衍「朓則侯王其徐。徐，緩也」十字，又誤「荼」爲「徐」，今删。又《周禮·保章氏》疏引傳。又散見《文選·元皇后哀策文》《月賦》《舞賦》注、《藝文類聚》一、《穀梁傳序》疏、《後漢書·蔡邕傳》注。《文選·月賦》注引鄭注作「朓，條達行疾貌也」。《元皇后哀策文》注引鄭注作「朓，猶條達也」，當從之；「側匿，猶縮縮」當作「猶縮朒」。

疏證曰：陳壽祺曰：「《文選·舞賦》注引鄭玄《尚書五行傳》注『闇跳，行疾皃』，是鄭注『條達』一作『闇跳』也。側匿，一作『朒』，一作『朏』。《説文》：『朏，月未成之名〔二〕。晦而月見西方謂之朓。朔而月見東方謂之縮朒。』此則『側匿』與『縮朒』聲近義一也。《漢書·五行志》：『「晦而月見西方謂之朓，朔而月見東方謂之仄匿。仄匿則侯王其肅，朓則侯王其舒。」劉向以爲：朓者，疾也。君舒緩則臣驕慢，故日行遲而月行疾也。仄匿者，不進之意。君肅急則臣恐懼，故日行疾而月行遲，不敢迫近君也。不舒不急，以正失之者，食朔日。劉歆以爲：舒者，侯王展意顓事，臣下促急，故月行疾也。肅者，王侯縮朒不任事，臣下弛縱，故月行遲也。當春秋時，王侯率多縮朒不任事，故食二日仄匿者十八，食晦日朓者一。此其效也。』案：此《漢志》據伏生《書傳》爲説，『仄匿』并作『仄慝』，字之譌。而劉歆則作『縮朒』，『側匿』猶『縮朒』也。孟康注《漢書》曰：『朓者，月行疾，在日前，故早見。側匿者，行遲，在日後，當没而更見。』是也。蔡卞《毛詩名物解》：『《禮》曰：大明生於東，月生於西。蓋朔而月出西方，夕見、暮見也。故王者早見曰朝，暮見曰夕，義取諸此。所謂朝夕，放於日月者也。至望，然後出於東方，夕見。』《尚書大傳》以爲『晦而月見西方謂之朏，朔而月見東方謂之朒』，蓋言異也。又《事文類聚》亦引《尚書大傳》『晦而月見西方謂之朓，朔而月見東方謂之朏』。諸書所引朓、朒、朏、闇跳、側匿、縮朒各字，每相互異。攷《後漢書·盧植傳》植上封事諫曰：『臣聞日晦而月見謂之朓，王侯其舒。』李賢注《五行傳》劉向所著字，與此小異。然則伏、劉諸本，固有别矣。惟『朏』與『朓』異，它書『朓』作『朏』者誤。」錫瑞案：《漢書·五行志》引向、歆説而斷之曰：「考之漢家，食晦朓者三十六，終亡二日仄匿者，歆説信矣。此皆謂日月亂行者也。」案：向、歆一義不同。《後漢書·盧植傳》植上封事曰：「臣聞《五行傳》曰：『日晦而月見謂之朓，王侯其舒。』此謂君政舒緩，故日食晦也。」與向義合。又《鄭興傳》興上疏曰：「夫日月交會，數應在朔。而頃年日食，每多在晦，先時而合，皆月行疾也。日君象，而月臣象。君亢極，則臣下促迫，故行疾也。」與歆義合。鄭興《周禮》古文説得之劉歆，故用歆義。班説亦以歆説爲信，然其説甚迂回。鄭從劉向義，伏義亦當然也。

洪範五行傳

維王后元祀，注王，謂禹也。后，君也。祀，年也。禹始居攝爲君之元年也。注又見《通鑑前編》。**帝令大禹，步于上帝。**注帝，舜也。步，推也。于，於也。上帝，謂天也。令禹推演天道，謂覩得失反覆也。注又見《玉海》。又《文選·演連珠》注引「步，推也」。又《通鑑前編》引注末句。**維時洪祀六沴，用咎于下，**注用此時始大祀六沴之神。用咎于下者，用極□□□□其祀之□□也。陳壽祺曰：「文淵閣本《儀禮通解續》此句『用』作『言』，『始』上有『禹』字，『者』下有『咎，凶也。民其祀之，令消也』十字。」錫瑞案：梁開宗本《儀禮經傳通解》引傳文作「維時供祀六沴」，注：「供，謂大也。始大祀六沴之神。咎，猶極也。用極于下者，謂備極其祀之豐美也。」**是用知不畏，而神之怒。**注而，乃也。舜任禹，禹能治其道□無其神。舜知禹敬，神之怒可知也。**若六沴作見，若是共禦，**注若，順也。共，讀曰恭。禦，止也。**帝用不差，神則不怒，**注□，□也。舜見禹知人，□□□之，無復疑也。錫瑞案：梁本《儀禮經傳通解》引注「消，散也。舜見禹知人，遂專一用之，無復疑也」。**五福乃降，用章于下。**八字又見《周禮·疾醫》疏。注降，下也。章，明也。原本《玉篇·左部》引傳「帝用不差，則神不怒」、鄭注「差，疑也」。

疏證曰：《漢書・五行志》曰：「野木生朝，野鳥入廟，敗亡之異。武丁恐駭，謀於忠賢，修德而正事，内舉傳説，授以國政，外伐鬼方，以安諸夏。故能攘木鳥之妖，致百年之壽，所謂『六沴作見，若是共御，五福乃降，用章于下』者也。」《漢志》引傳文爲攘災致福之應，徵驗甚明。漢時齊學多言災異。《尚書》有《五行傳》，《詩》有四始五際，《春秋》有《公羊傳》，皆通天人之故，塙有所見。《隋書・經籍志》：「濟南伏生之傳，惟劉向父子所著《五行傳》是其本法。」史官自漢至隋，皆有《五行志》，原本伏義。至宋人，始疑而不信，而王安石「天變不足畏」之説出矣。六沴，即下云金沴木、木沴金、水沴火、火沴水、木金水火沴土。沴止五而傳言六者，鄭注云「不言沴天，天至尊，無能沴之者」，故傳文合言六沴矣。《路史》曰：「共，供也。共禦之法，備見《書大傳》。云『王后元祀』，舜攝之元年也，知《五行傳》不自後世，歆、向以來訛而謬之耳。《大傳》得正。」錫瑞案：「帝用不差」即「步於上帝」之帝，順是共禦之義於上帝，用以警人君者，敬奉不差，其神則不怒也。注以「帝」爲帝舜，以「不差」爲知人，上下文義未免隔礙。

若六沴作見，若不共禦，六代既侵，六極其下。 注 侵，陵也。庶幾□□行罰，殺萬物也。□□□□□□□□□凶也。錫瑞案：梁本《儀禮經傳通解》引注「侵，陵也。既已侵陵行罰，殺萬物也。六極其下，謂下皆被其凶也」。**禹乃共辟厥德，受命休令。**注□□厥，其也。休，美也。禹於是恭明□□□□孳孳，受舜之美令奉行之。錫瑞案：梁本《儀禮經傳通解》引注「辟，明也。厥，其也。休，美也。禹於是恭明其德孳孳，受舜之美令奉行之」。袁鈞曰：「『受命』之『命』，譌字，觀注『受舜之美令』，疑當作『帝』，後注云『奉帝命而陳之』可證。」**爰用五事，建立王極。**注王極，或皆爲「皇極」。初，禹治水，得神龜負文於洛，於以盡得天人陰陽之用，至是奉帝命而陳之也。陳壽祺曰：「注『初，禹』以下至末，據《通鑑前編》引補，《儀禮通解續》無。」錫瑞案：陳本作「建用王極」，今從《通考》引傳作「建立」。

疏證曰：陳喬樅曰：「《洪範五行傳》『王極』，鄭注云：『王，或皆爲皇。』攷《白虎通·號》篇曰：『皇，君也，美也，大也。』『皇』之訓爲『君』，亦爲『大』。故孔光、谷永説『皇極』，竝以『大中』爲訓。此歐陽、夏侯三家之本不同也。《洪範五行傳》『王之不極，是謂不建』，鄭注云：『王，君也。』《漢書·五行志》引《洪範傳》『皇之不極』，云：『皇，君也。極，中。建，立也。』字異訓同。作『王極』者，歐陽氏之本；作『皇極』者，夏侯氏之本也。」錫瑞案：三家雖有作「王」、作「皇」之不同，其義皆當訓「君」，不當訓「大」。「王之不極」、「皇之不極」，必訓爲「君」，然後可通；訓爲「大之不中」，則不辭甚矣。孔光、谷永所云，與伏義不合。《史記·宋世家》「王極」字作「王」，而前後皆作「皇」。史公用《歐陽尚書》，蓋皆作「王」。其作「皇」者，淺人改之。「若不共禦」之「若」，亦當訓「順」，上順之、敬之也。敬之無稍怨，因而共禦。

此順之聽之也。聽之，任其所爲，因而不共禦。

長事：注長，猶君也。**一曰貌。貌之不恭，是謂不肅。**注肅，敬也。君貌不恭，則是不能敬其事也。陳壽祺曰：「此注，《儀禮通解續》缺『貌』『不能敬事也』六字，據《續漢書·五行志》及注補，下同。」**厥咎狂，**注君臣不敬，則倨慢如狂矣。陳壽祺曰：「《儀禮通解續》注缺『君』『倨』二字，據《續漢志》補。」**厥罰常雨，**注貌曰木。木主春，春氣生。生氣失，則踰其節，故常雨也。陳壽祺曰：「《儀禮通解續》缺注『貌』『氣失則』四字，據《續漢志》補。」**厥極惡。**注生氣失，故於人則爲惡。陳壽祺曰：「『厥極惡』注，《續漢志》、《儀禮通解續》並缺，見《文獻通考》卷八十八《郊社考》。」**時則有服妖，**注服，貌之飾也。**時則有龜孽，**注龜，蟲之生於水而游於春者也，屬木。**時則有雞禍，**注雞，畜之有冠翼者也，屬貌。**時則有下體生于上之痾，**注痾，病也，貌氣失之病也。**時則有青眚、青祥。**注青，木色也。眚生於此，祥自外來也。**維金沴木。**注沴，殄也。凡貌、言、視、聽、思心，陳壽祺曰：「『思心』二字，《儀禮通解續》無，據《續漢志》注增。」一事失則逆人之心。人心逆則怨，木、金、水、火、土氣爲之傷。傷則衝勝來乘殄之，於是神怒人怨，將爲禍亂。故五行先見變異，以譴告人也。及妖、孽、禍、痾、眚、祥，皆其氣類暴作非常，爲時怪者也，各以物象爲之占也。陳壽祺曰：「自『貌之不恭』至『惟金沴木』傳、注全節，並見《續漢書·五行志》及劉昭注、《文獻通考·郊社考》。」

疏證曰：《漢書·五行志》引此傳文，注云：「韋昭曰：『下體生上，若牛之足反出背上，下欲伐上之禍也。』李奇曰：『内曰眚，外曰祥。』服虔曰：『沴，害也。』如淳曰：『沴，音拂戾之戾，義亦同。』」《志》又引説曰：「凡草木之類，謂之妖。妖，猶夭胎，言尚微。蟲豸之類，謂之孼。孼則牙孼矣。及六畜，謂之旤，言其著也。及人，謂之痾。痾，病貌，言寖深也。甚則異物生，謂之眚。自外來，謂之祥。祥，猶禎也。氣相傷，謂之沴。沴，猶臨莅，不和意也。每一事云『時則有』以絶之，言非必俱至，或有、或亡，或在前、或在後也。貌之不恭，是謂不肅。肅，敬也。内曰恭，外曰敬。人君行己，體貌不恭，怠慢驕蹇，則不能敬萬事，失在狂易，故其咎狂也。上嫚下暴，則陰氣勝，故其罰常雨也；水傷百穀，衣食不足，則姦軌竝作，故其極惡也。一曰：民多被刑，或形貌醜惡，亦是也。風俗狂慢，變節易度，則爲剽輕奇怪之服，故有服妖。水類動，故有龜孼。於《易》，《巽》爲鷄。鷄有冠距文武之貌〔二〕。不爲威儀，貌氣毁，故有鷄旤。一曰：水歲鷄多死及爲怪，亦是也。上失威儀，則下有彊臣害君上者，故有下體生於上之痾。木色青，故有青眚、青祥。凡貌傷者，病木氣。木氣病，則金沴之〔三〕，衝氣相通也。於《易》，《震》在東方，爲春，爲木也；《兑》在西方，爲秋，爲金也；《離》在南方，爲夏，爲火也；《坎》在北方，爲冬，爲水也。春與秋，日夜分，寒暑平，是以金、木之氣易以相變，故貌傷則致秋陰常雨，言傷則致春陽常旱也。至於冬夏，日夜相反，寒暑殊絶，水火之氣不得相併，故視傷常奥、聽傷常寒者，其氣然也。逆之，其極曰惡；順之，其福曰攸好德。」《續漢書・五行志》引傳文同，説云：「氣之相傷，謂之沴。」注引：「方儲對策曰：『君失制度，下不恭承，臣恣淫慢。』《管子》曰：『冬作土功，發地藏，則夏多暴雨，秋雨霖不止。』《淮南子》曰：『金不收，則多淫雨。』《洪範傳》曰：『妖者，敗胎也，少小之類，言其事之尚微也。至孽，則牙孽也。至乎旤，則著矣。』」《南齊志》：「《貌傳》曰：失威儀之制〔四〕，怠慢驕恣，謂之狂，則不肅矣。下不敬，則上無威。天下既不敬，又肆其驕恣，肆之則不從。夫不敬其君，不從其政，則陰氣勝，故曰厥罰常雨。」又曰：「上下不相信，大臣姦宄，民爲寇盜，故曰厥極惡。一曰：民多被刑，或形貌醜惡。」又曰：「危亂端見，則天地之異生。木者青，故曰青眚，爲惡祥。凡貌傷者，金沴木，木沴金，衝氣相通。」《隋志》：「《鴻範五行傳》曰：陰氣常積，然後生水雨之災。」《説苑・敬慎》篇曰：「妖孽者，天所以警天子、諸侯也。」《白虎通・災變》篇曰：「妖者何謂也？衣服乍大乍小，言語非常。故《尚書大傳》曰『時則有服妖』也。孽者何謂也？曰：介蟲生爲非常。《尚書大傳》曰：『時則有介蟲之孽，時則有龜孽。』」

次二事曰言。言之不從，是謂不艾。陳壽祺曰：「艾，各本多作『乂』。據《漢書・五行志》、《文獻通考》引，作『艾』。」注艾，治也。君言不從，則是不能治其事也。**厥咎僭，**注君臣不治，則僭差矣。

厥罰常陽，陳壽祺曰：「《漢志》、《續漢志》引並作『陽』，蓋今文也。各本作『暘』，乃改從古文，非。」注言曰金。金主秋，秋氣殺。殺氣失，故常陽也。陳壽祺曰：「注『言曰金』三字，《續漢志》缺，據《文獻通考》卷八十八引增。」**厥極憂。**注殺氣失，故於人爲憂。**時則有詩妖，**注詩之言志也。**時則有介蟲之孽，**注蝝、螽、蜩、蟬之類，蟲之生於火而藏於秋者也，屬金。陳壽祺曰：「注『蟲之』二字，《續漢志》缺，據《文獻通考》引增。」**時則有犬禍，**注犬，畜之以口吠守者也，屬言。**時則有口舌之痾，**注言氣失之病。**時則有白眚、白祥。維木沴金。**陳壽祺曰：「『維木沴金』，《周禮·疾醫》、《太祝》疏引，『木』作『火』，當從之，作『木』者誤也。」又曰：「自『言之不從』至『維木沴金』傳、注全節，並見《續漢書·五行志》及劉昭注、《文獻通考·郊社考》。」

疏證曰：《漢書·五行志》引此傳文云云，曰：「『言之不從』，從，順也。『是謂不艾』，艾，治也。孔子曰：『君子居其室，出其言，不善，則千里之外違之，況其邇者乎！』《詩》云：『如蜩如螗，如沸如羹。』言上號令不順民心，虛譁憒亂，則不能治海內，失在過差，故其咎僭。僭，差也。刑罰妄加，羣陰不附，則陽氣勝，故其罰常陽也。旱傷百穀，則有寇難，上下俱憂，故其極憂也。君炕陽而暴虐，臣畏刑而鉗口，則怨謗之氣發於歌謠，故有詩妖。介蟲孽者，謂小蟲有甲飛揚之類，陽氣所生也，於《春秋》爲螽，今謂之蝗，皆其類也。於《易》，《兌》爲口。犬以吠守，而不可信，言氣毁，故有犬旤。一曰：旱歲犬多狂死及爲怪，亦是也。及人，則多病口喉欬者，故有口舌痾。金色白，故有白眚、白祥。凡言傷者，病金氣。金氣病，則木沴之。其極憂者，順之，其福曰康寧。」《春秋考異郵》曰：「君行非是，則言不見從。言不見從，則下不治。下不治，則僭差過制度，奢侈驕泰。天子僭天，大夫僭人主，諸侯僭上。陽無以制，從心之喜。上憂下，則常陽從之。推設其蹟，考之天意，則大旱不雨，而民庶大災。」《南齊志》：「《言傳》曰：言，《易》之道，西方曰《兑》，爲口。人君過差無度，刑罰不一，斂從其重，或有師旅，炕陽之節，若動衆勞民，是言不從。人君既失衆，政令不從，孤陽持治，下畏君之重刑，陽氣勝，則旱象至，故曰厥罰常陽也。」又曰：「下既悲苦君上之行，又畏嚴刑而不敢正言，則必先發於歌謠。歌謠，口事也。口氣逆則惡言，或有怪謠焉。」又曰：「言氣傷，則民多口舌，故有口舌之痾。金者白，故有白眚，若有白爲惡祥。」《隋志》：「《鴻範五行傳》曰：君持亢陽之節，興師動衆，勞人過度，以起城邑，不顧百姓，臣下悲怨，然而心不能從，故陽氣勝而失度，陰氣沈而不附。陽氣盛，旱災應也。」

次三事曰視。視之不明，是謂不悊。注悊，視瞭也。君視不明，則是不能瞭其事也。**厥咎荼，**注荼，緩也。君視不瞭，則荼緩矣。陳壽祺曰：「注『荼，緩也』三字，惟見《玉海·天文》五，據增。」

厥罰常奥，陳壽祺曰：「他書所引多作『燠』，惟《續漢志》作『奥』，今從之。」注視曰火。火主夏，夏氣長。長氣失，故常奥也。**厥極疾。**注長氣失，故於人爲疾。**時則有草妖，**注草，視之物可見者莫衆於草。陳壽祺曰：「《文獻通考》引注無『草視之』三字。」**時則有倮蟲之孽，**注蠶、螟蟲之類，蟲之生於火而藏於秋者也。**時則有羊禍，**注羊，畜之遠視者也，屬視。**時則有目痾，時則有赤眚、赤祥。維水沴火。**陳壽祺曰：「自『視之不明』至『維水沴火』傳、注全節，並見《續漢志》及劉昭注、《文獻通考·郊社考》。」

疏證曰：《漢書·五行志》引此傳文云云，曰：「『視之不明，是謂不悊』，悊，知也。《詩》云：『爾德不明，以亡陪亡卿；不明爾德，以亡背亡仄。』言上不明，暗昧蔽惑，則不能知善惡，親近習，長同類，亡功者受賞，有罪者不殺，百官廢亂，失在舒緩，故其咎舒也。盛夏日長，暑以養物，政弛緩，故其罰常奥也。奥則冬温，春夏不和，傷病民人，故極疾也。誅不行則霜不殺草，繇臣下則殺不以時，故有草妖。凡妖，貌則以服，言則以詩，聽則以聲，視則以色者，五色，物之大分也，在於眚祥，故聖人以爲草妖，失秉之明者也。温奥生蟲，故有蠃蟲之孽，謂螟螣之類當死不死，未當生而生，或多於故而爲災也。於《易》，剛而包柔爲《離》。《離》爲火，爲目。羊上角下蹄，剛而包柔〔五一〕；羊大目而不精明，視氣毁，故有羊旤。一曰：暑歲羊多疫死及爲怪，亦是也。及人，則多病目者，故有目痾。火色赤，故有赤眚、赤祥。凡視傷者，病火氣。火氣傷，則水沴之。其極疾者，順之，其福曰壽。」師古曰：「奥，讀若燠。燠，㬙也。螽、螟之類無鱗甲毛羽，故謂之蠃蟲也。」《南齊志》：「《傳》又曰〔六〕：犯上者不誅，則草犯霜而不死；或殺不以時，事在殺生失柄，故曰草妖也。一曰：草妖者，失眾之象也。」《隋志》：「劉向《五行傳》曰：視不明，用近習，賢者不進，不肖不退，百職廢壞，庶事不從，其過在政教舒緩。」又引《洪範五行傳》曰：「羊禍，君不明，逆火政之所致也。」

次四事曰聽。聽之不聰，是謂不謀。注君聽不聰，則是不能謀其事也。**厥咎急，**注君臣不謀，則急矣。**厥罰常寒，**注聽曰水。水主冬，冬氣藏。藏氣失，故常寒也。**厥極貧。**注藏氣失，故於人爲貧。**時則有鼓妖，**注鼓，聽之應也。**時則有魚孽，**注魚，蟲之生於水而游於水者也。**時則有豕禍，**注豕，畜之居閑衛而聽者也，屬聽。**時則有耳痾，**注聽氣失之病。**時則有黑眚、黑祥。維火沴水。** 陳壽祺曰：「『維火沴水』，《周禮·疾醫》、《太祝》疏引，『火』作『土』，當從之。自『聽之不聰』至『維火沴水』傳、注全節，並見《續漢·五行志》及劉昭注、《文獻通考·郊社考》。」

疏證曰：《漢書·五行志》引此傳文云云，曰：「『聽之不聰，是謂不謀』，言上偏聽不聰，下情隔塞，則不能謀慮利害，失在嚴急，故其咎急也。盛冬日短，寒以殺物，政促迫，故其罰常寒也。寒則不生百穀，上下俱貧，故其極貧也。君嚴猛而閉下，臣戰栗而塞耳，則妄聞之氣發於音聲，故有鼓妖。寒氣動，故有魚孽。雨以龜爲孽，龜能陸處，非極陰也；魚去水而死，極陰之孽也。於《易》，《坎》爲豕。豕大耳而不聽察，聽氣毁，故有豕既也。一曰：寒歲豕多死及爲怪，亦是也。及人，則多病耳者，故有耳痾。水色黑，故有黑眚、黑祥。凡聽傷者，病水氣。水氣病，則火沴之。其極貧者，順之，其福曰富。」《南齊志》：「《聽傳》曰：不聽之象見，則妖生於耳。以類相動，故曰有鼓妖也。一曰：聲屬鼓妖。又曰：陰極氣動，故有魚孽。魚孽者，常寒之罰也。」《隋志》：「《鴻範五行傳》曰：魚，陰類也，下人象。又有鱗甲，兵之應也。」又曰：「急之所致。」錫瑞案：傳云「聽之不聰，是謂不謀」，鄭注以爲「謀事」，《漢志》以爲「謀慮」，皆非傳意。王引之曰：「恭與肅，從與乂，明與哲，睿與聖，義並相近。若以『謀』爲『謀事』，則與『聰』字義不相近，斯爲不類矣。今案：『謀』與『敏』同。『敏』古讀若『每』，『謀』古讀若『媒』，並見《唐韻正》。『謀』、『敏』聲相近，故字相通。《中庸》：『人道敏政，地道敏樹。』鄭注曰：『敏，或爲謀。』是其證也。聽則敏，不聽則不敏。故《五行傳》曰：『聽之不聰，是謂不謀。』不謀，則不敏。若以爲『不能謀事』，則『謀』上須加『能』字，而其義始明。伏生解『聽』作『謀』，以『謀』爲『敏』，正與經旨相合。而董、劉、馬、鄭諸儒以『謀』爲『謀事』，胥失之也。」王説是也。

次五事曰思心。思心之不容，是謂不聖。注容，當爲「睿」。睿，通也。心明曰聖。孔子説休徵曰：聖者通也。兼四而明，則所謂聖。聖者，包貌、言、視、聽而載之以思心者，通以待之。君思心不通，則是不能心明其事也〔七〕。陳壽祺曰：「『思心之不容』此節注《續漢志》缺，見《文獻通考》。」**厥咎霿，**注霿，冒也。君臣心有不明，則相蒙冒矣。陳壽祺曰：「霿，《文獻通考》引作『雺』，非。今從《漢書·五行志》、《續漢·五行志》所引。」**厥罰常風，**注思心曰土。土王四時，主消息、生殺、長藏之氣，風亦出内、雨陽、寒奥之微，皆所以殖萬物之命者也。殖氣失，故常風。**厥極凶短折。**注殖氣失，則於人爲凶短折。未齔曰凶，未冠曰短，未昏曰折。陳壽祺曰：「『厥極凶短折』注，《儀禮通解續》缺，見《文獻通考·郊社考》。」**時則有脂夜之妖，**注夜，讀曰「液」。**時則有華孽，**注華〔八〕，當爲「夸」。夸，蚓蟲之生於土而游於土者。**時則有牛禍，**注地厚德載物。牛，畜之任重者也，屬思心。陳壽祺曰：「注『地厚德載物』五字，惟見《禮記·月令》正義，今據補。『屬思心』三字，《文獻通考》引缺，他本或作『屬王極』，亦誤。惟《月令》正義作『屬思』，脱『心』字。今據正義，以上下文定、補。」**時則有心腹之痾，**注思心氣失之病。**時則有黄眚、黄祥。維木、金、水、火沴土。**注《志》、《論》皆言君不寬容則地動，玄或疑焉。今四行來沴土，地乃動，臣下之相帥爲叛逆之象，君不通於事所致也。以爲不寬容，亦皆爲陰勝陽、臣强君之異。陳壽祺曰：「自『思心之不容』至『惟木金水火沴土』傳，並見《漢志》、《續漢志》。鄭注全節惟見《文獻通考·郊社考》及《禮記·月令》正義。《續漢志》缺鄭注。《志》、《論》，謂《漢書·五行志》、劉向等《五行傳論》也。」

疏證曰：《漢書·五行志》引此傳文云云，曰：「『思心之不容，是謂不聖』，思心者，心思慮也；容，寬也。孔子曰：『居上不寬，吾何以觀之哉！』言上不寬大，包容臣下，則不能居聖位。貌、言、視、聽，以心爲主。四者皆失，則區霿無識，故其咎霿也。雨、旱、寒、奧，亦以風爲本。四氣皆亂，故其罰常風也。常風傷物，故其極凶短折也。傷人曰凶，禽獸曰短，屮木曰折。一曰：凶，夭也；兄喪弟曰短；父喪子曰折。在人腹中，肥而包裹心者，脂也。心區霿則冥晦，故有脂夜之妖。一曰：有脂物而夜爲妖，若脂水夜汙人衣，淫之象也。一曰：夜妖者，雲風並起而杳冥，故與常風同象也。温而風則生螟螣，有裸蟲之孽。劉向以爲：於《易》，《巽》爲風，爲木，卦在三月、四月，繼陽而治，主木之華實。風氣盛，至秋冬木復華，故有華孽。一曰：地氣盛，則秋冬復華。一曰：華者，色也，土爲内事，爲女孽也。於《易》，《坤》爲土，爲牛。牛大心而不能思慮，思心氣毁，故有牛旤。一曰：牛多死及爲怪，亦是也。及人，則多病心腹者，故有心腹之痾。土色黄，故有黄眚、黄祥。凡心思傷者，病土氣。土氣病，則金、木、水、火沴之，故曰『時則有金、木、水、火沴土』。不言『惟』而曰『時則有』者，非一衝氣所沴，明其異大也。其極曰凶短折，順之，其福曰考終命。」《南齊志》：「《思心傳》曰：心者，土之象也。思心不容，案：《志》文作「睿」，今改正。其過在於瞀亂失紀。風於陽則爲陰〔九〕，於陰則爲大臣之象，專恣而氣盛，故罰常風。心爲五事主〔一〇〕，猶土爲五行主也。」又曰：「土氣亂者，木、金、水、火亂之。」《隋志》：「《鴻範五行傳》曰：華者，猶榮華容色之象也。以色亂國，故謂華孽。」又曰：「晝而晦冥若夜者，陰侵陽，臣將侵君之象也。」又曰：「牛事應，宫室之象也。」錫瑞案：鄭注用古文説，謂「容」當爲「睿」，故以《志》、《論》「君不寬容則地動」爲非，實則今文作「容」，於義爲長。錢大昕曰：「『容』與『恭』、『從』、『聽』爲韻。康成以爲字之譌，破『容』爲『睿』，晚出古文因之，未必鄭是而伏非。《説文》云：『思，容也。』亦用伏生義也。古之言心者，貴其能容，不貴其能察。《秦誓》云：『其心休休焉，其如有容焉。』《論語》云：『君子尊賢而容衆。我之大賢與，於人何所不容？』《老子》曰：『容乃公，公乃王，王乃天，天乃道，道乃久。』《荀子》曰：『君子賢而能容衆，知而能容愚，博而能容淺，粹而能容雜。』孟子以仁爲人心，仁者必能容物。故視主明，聽主聰，而思獨主容。若睿、哲之義，已於明、聽中該之矣。」錢説是也。鄭讀「夜」爲「液」，謂「華」當爲「夸」，皆與《志》、《論》今文説不同，當據《志》、《論》以申伏義。

王之不極，是謂不建。陳壽祺曰：「『王』字，《漢志》、《續漢志》並作『皇』。劉昭注云《尚書大傳》作『王』。

《文獻通考》、《玉海》引同。」注王，君也。不名體而言王者，五事象五行，則王極象天也。人法天，元氣純，則不可以一體而言之也。天變化爲陰爲陽，覆成五行。經曰：「曆象日、月、星辰，敬授民時。」《論語》曰：「爲政以德，譬如北辰。」是則天之通於人政也。孔子説《春秋》曰：「政以不由王出，不得爲政。」則是王，君出政之號也。極，中也。建，立也。王象天，以性情覆成五事，爲中和之政也。王政不中，則是不能立其事也。陳壽祺曰：「『王之不極』以下至『星辰逆行』注，見《續漢·五行志》劉注。惟注『人法天』至『而言之也』，《續漢志》缺，見《文獻通考》。」**厥咎瞀，**注瞀，與思心之咎同耳。故子駿傳曰：「瞀，眊。」眊，亂也。君臣不立，則上下亂矣。陳壽祺曰：「瞀，《漢志》、《續漢志》引並作『眊』。劉昭注云《尚書大傳》作『瞀』。鄭注引劉子駿《五行傳》以『眊』釋『瞀』，是也。《文獻通考·郊社考》引作『霿』，與思心傳同，非。《續漢志》引此注脱『子駿』二字，今從《文獻通考》。」**厥罰常陰，**注王極象天，天陰養萬物，養氣失，故常陰也。**厥極弱。**注天爲剛德，剛氣失，故於人爲弱。《易》曰：「貴而无位，高而无民，賢人在下位而无輔。」此之謂弱。或云：懦，不毅也。陳壽祺曰：「《續漢志》注引此注，『毅』作『敬』，誤。」**時則有射妖，**注射，王度之極也。射人將發矢，必先於此儀之，發矢則必中於彼矣。君將出政，亦先於朝廷度之，出則應於民心。射，其象也。**時則有龍虵之孽，**注龍，蟲之生於淵、行於無形、游於天者也，屬天。虵，龍之類也。或曰：龍無角者曰虵。**時則有馬禍**，注天行健。馬，畜之疾行者也，屬王極。**時則有下人伐上之痾**，注夏侯勝説「伐」宜爲「代」。《書》亦或爲「代」。陰陽之神曰精氣，性情之神曰魂魄。君行不由常，侜張無度，則魂魄傷也，王極氣失之病也。天於不中之人，恒耆其味，厚其毒，增以爲病，將以開賢代之也，《春秋傳》所謂奪伯有魄者是也。不名病者，病不著於身體也。陳壽祺曰：「注『味厚其』三字，《續漢志》無，見《儀禮通解續》二十六、《文獻通考·郊社考》。自『時則有龜孽』注『龜，蟲之生』，至『時則有下人伐上之痾』注『性情之神曰魂魄』，《儀禮通解續》二十六并缺引，今據《續漢·五行志》注、《文獻通考》引補。」**時則有日月亂行，星辰逆行。**注亂，謂薄食鬭並見。逆，謂贏縮反明、經天守舍之類也。不言沴天，天至尊〔一二〕，無能沴之者。「離逢非沴，維鮮之功。」謂此也。陳壽祺曰：「《續漢·五行志》注引此節注『君，王也』至『守舍之類也』，缺『不言沴天』至『謂此也』二十三字，見《儀禮通解續》二十六。」

疏證曰：《漢書·五行志》引此傳文云云，曰：「『皇之不極，是謂不建』，皇，君也；極，中；建，立也。人君貌、言、視、聽、思心五事皆失，不得其中，則不能立萬事，失在眊悖，故其咎眊也。王者自下承天理物。雲起於山而彌於天，天氣亂，故其罰常陰也。一曰：上失中，則下彊盛而蔽君明也。《易》曰：『亢龍有悔。』貴而亡位，高而亡民，賢人在下位而亡輔。』如此，則君有南面之尊，而亡一人之助，故其極弱也。盛陽動，應輕疾。禮，春而大射，以順陽氣。上微弱，則下奮動，故有射妖。《易》曰：『雲從龍。』又曰：『龍蛇之蟄，以存身也。』陰氣動，故有龍蛇之孽。於《易》，《乾》爲君，爲馬。馬任用而彊力，君氣毁，故有馬禍。一曰：馬多死及爲怪，亦是也。君亂且弱，人之所叛，天之所去，不有明王之誅，則有簒弒之禍，故有下人伐上之痾。凡君道傷者，病天氣。不言五行沴天，而曰『日月亂行，星辰逆行』者，爲若下不敢沴天，猶《春秋》曰『王師敗績於貿戎』，不言敗之者，以自敗爲文，尊尊之意也。」服虔曰：「眊，音老耄。」師古曰：「眊，不明也，悖惑也。」《續漢書·五行志》引此傳文云云，曰：「皇，君也。極，中也。眊，不明也。說云：此沴天也。不言沴天者，至尊之辭也。《春秋》『王師敗績』，以自敗爲文。」《南齊志》：「《傳》曰：皇之不極，是謂不建。其咎在霿亂失聽，故厥咎霿。思心之咎亦霿。天者正萬物之始，王者正萬事之始，失中則害天氣，類相動也。天者轉於下而運於上，雲者起於山而彌於天。天氣動，則其象應，故厥罰常陰。王者失中，臣下盛强而蔽君明，則雲陰亦衆多而蔽天光也。」又引《傳》：「《易》曰：《乾》爲馬。逆天氣，馬多死〔三〕，故曰有馬禍。一曰：馬者，兵象也。將有寇戎之事，故馬爲怪。」《隋志》：「《鴻範五行傳》曰：逆天氣，故馬多死。」又曰：「龍，獸之難害者也，天之類，君之象。天氣害，君道傷，故龍亦害。鬥者，兵革之象也。」又曰：「龍，陽類，貴之象也。上則在天，下則在地，不當見庶人邑里家室。井中，幽深之象也。諸侯且有幽執之禍，皇不建之咎也。」又曰：「射者，兵戎禍亂之象。氣逆天，則禍亂將起。」案：鄭注云夏侯勝説「伐」宜爲「代」，攷《漢書·夏侯勝傳》對言：「在《洪範傳》曰：皇之不極，厥罰常陰，時則下人有伐上者。」本傳言勝從夏侯始昌受《尚書》及《洪範五行傳》説，而引《洪範》作「伐」，不作「代」。《漢志》、《續漢志》亦皆作「伐」。鄭義不知何據。

維五位復建，辟厥沴，注 君失五事，則五行相沴，違其位。復立之者，當明其吉凶變異，則知此爲貌邪言，輒改過以共禦之，至司之日月，又必齋肅祭祀以撫其神，則凶咎除矣。不言六位，天不違其位也。陳壽祺曰：「注『君失五事』至『不違其位也』，見《儀禮通解續》。」又曰：「『貌邪言』下有脱文，當以言、視、聽、思心之失與『貌邪』並列也。《文獻通考》引此注亦畧，今無從補。」

疏證曰：《續漢·五行志》注引蔡邕對問曰：「臣聞陽微則日蝕，陰盛則地震，思亂則風，貌失則雨，視闇則疾，簡宗廟，水不潤下，川流滿溢。明君臣，正上下，抑陰尊陽，修五事於聖躬，致精慮於共御，其救之也。」正用傳義。

曰：二月、三月，維貌是司；四月、五月，維視是司；六月、七月，維言是司；八月、九月，維聽是司；十月、十一月，維思心是司；十二月與正月，維王極是司。注 司，主也。此月數，夏數也。夏數得天之正，玄或疑焉。此用五事之次，則四月、五月主視，六月、七月主言，非也。口五行王相之次，則八月、九月主聽，十月、十一月主思心，亦非也。子駿傳曰：「二月、三月，維貌是司；四月、五月，維視是司；六月、七月，維思心是司；八月、九月，維言是司；十月、十一月，維聽是司；十二月與正月，維王極是司。」於四時之氣，似近其類也。

疏證曰：《漢書·外戚傳》曰：「正月於《尚書》爲皇極。皇極者，王氣之極也。白者，西方之氣，其於春當廢。今正於王極之月，興廢氣於後宮。」此漢人引傳之義也。鄭君疑傳以四月、五月主視，六月、七月主言，與五事之次不合。案：五事，視本屬火，言本屬金，鄭注《大傳》云：「貌曰木，言曰金，視曰火，聽曰水，思心曰土。」四、五月爲夏令，屬火。六、七月爲秋令，屬金。傳以四月、五月主視，六月、七月主言，與五事之義正合，與五事之次不必相合。然則八月、九月主聽，十月、十一月主思心，與五事之次相合，不必與五行王相之次相合矣。劉歆《五行傳》，《漢書·五行志》引其説，班氏皆以爲非。然則其説雖近理，恐非伏生之旨。俞正燮《五行傳用亥正論》曰：「鄭注以夏正推之，因疑於王相不合。按：此不關王相，非夏正。伏生自以其時亥正言之。秦及漢初用《顓頊法》，以亥爲正。劉向承伏生所記之數，以子、丑月主貌，寅、卯視，辰、巳言，午、未聽，申、酉思，戌、亥王極。劉歆則以辰、巳思心，午、未言，中、酉聽。蓋古、今説不同，然皆以伏生語爲亥正。鄭用夏正，則伏生語起卯、辰，宜不合矣。」

凡六沴之作，歲之朝、月之朝、日之朝，則后王受之；歲之中、月之中、日之中，則公卿受之；歲之夕、月之夕、日之夕，則庶民受之。 注 自正月盡四月爲歲之朝，自五月盡八月爲歲之中，自九月盡十二月爲歲之夕。上旬爲月之朝，中旬爲月之中，下旬爲月之夕。平旦至食時爲日之朝，禺中至日昳爲日之中，下側至黄昏爲日之夕。受之，受其凶咎也。

疏證曰：《漢書·孔光傳》光引《書傳》曰：「六沴之作，歲之朝曰三朝，其應至重[一三]。」師古曰：「歲之朝，月之朝，日之朝，故曰三朝。」用此傳義。

其二辰以次相將，其次受之， 注 二辰，謂日、月也。假令歲之朝也，日、月中，則上公受之；日、月夕，則下公受之。歲之中也，日、月朝，則孤卿受之；日、月夕，則大夫受之。歲之夕也，日、月朝，則上士受之；日、月中，則下士受之。其餘差以尊卑多少，則悉矣。陳壽祺曰：「注『歲之中也』四字，『則孤卿受之』五字，『日月夕則』四字，《儀禮通解續》、《文獻通考》引並脱。惟《續漢·五行志》注具，今據補。」**星辰莫同，** 注 莫，夜也。星辰之變夜見，亦與晝同。初昏爲朝，夜半爲中，將晨爲夕。或曰：將晨爲朝，初昏爲夕也。**是離逢非沴，維鮮之功。** 注 離，憂也。逢，見也。是謂憂見之象，非沴也。言五行非能沴天者也。鮮，殺也。功，成也。維凶咎之殺已成，故天垂變異，以示人也。

疏證曰：鄭君注義迂曲，疑非傳旨。「二辰」謂日、月，星辰別於日、月言之。「星辰莫同」謂星辰之變，莫同於日、月。「離」當爲「月離於畢」之「離」。《禮・月令》「宿離不貸」，注「讀如『儷偶』之『儷』」。《晉語》「非天不離數」，注「歷也」。「離逢」即「歷見」之義，謂星辰所以莫同於日月者，以其變異或是歷見，非六沴之作見也。《唐傳》曰：「鮮，訊也。訊者，始入之皃。」「維鮮之功」亦當爲「鮮訊」之義。梁開宗曰：「『維五位復建，辟厥沴』，先總言共禦，而包下文禦之之事、禦之之祭在内也。禦之之事必察乎貌、言、視、聽、思與王極，禦之之祭必各依乎其月。故『二月、三月』一節，將六事配乎十二月，以先爲下文之張本。至於『凡六沴之作』三節，又細別受沴之人不同，然人雖不同，而皆王爲之共禦者，以皆王之家人、臣民故也。是『離逢非沴，維鮮之功』二語，只是緊起下文，言君之可憂，方見天不即沴之，維凶殺之事已成，天乃垂此變異之象。注謂『五行非能沴天者』，恐亦失此節之旨矣。所謂凶殺之事已成者，即指下文喬忿、訖眾、忽似、怵攸、有尤、王極之失而言也，故緊接以『禦貌於喬忿』等句。此七節正言禦之之事，而必言禦之之祭者，以天已垂沴象，故當祭以回天之怒耳。」又云：「此先分言共禦之大概，下文『六沴之禮』一節，又總言祭禮，而詳其時日及其器物與地，下文又詳及其辭，而共禦、恭敬之義亦已詳盡矣，則皆所以申言休命也。」案：梁説明顯，亦可從。

引注「五行」作「王行」，誤。

禦貌於喬忿，注止貌之失者，在於喬忿也。驕忿者，是不恭之刑也。喬忿，謂若傲很明德、忿戾無期之類也。陳壽祺曰：「注『謂若』上，惟《儀禮通解續》重『喬忿』二字。」**以其月，從其禮祭之，參乃從。**注從，順也。三祭之，其神乃順，不怒也。**禦言於訖衆，以其月，從其禮祭之，參乃從。**注訖，止也。止言之失者，在於去止衆。止衆者，是不從之刑也。止衆，謂若周威厲王弭謗以障民口之類也。**禦視於忽似，以其月，從其禮祭之，參乃從。**注止視之失者，在於去忽似。忽似者，是不明之刑也。忽似，謂若亂於是非、象龔滔天及不辨鹿馬之類也。陳壽祺曰：「注『謂若』上，惟《儀禮通解續》重『忽似』二字。」**禦聽於怵攸，以其月，從其禮祭之，參乃從。**注怵，讀爲「猷不狘」之「狘」。攸，讀爲「風雨所漂飄」之「飄」。止聽之失者，在於去怵攸。怵攸者，是不聰之刑也。怵攸，謂若「老夫灌灌，小子蹻蹻」、「誨爾諄諄，聽我眊眊」之類。**禦思心於有尤，以其月，從其禮祭之，參乃從。**注尤，過也。止思心之失者，在於去欲有所過。欲有所過者，是不容之刑也。欲有所過，謂若昭公不知禮而習小儀、不修政而欲誅季氏之類也。陳壽祺曰：「注『者是不容』上，《儀禮通解續》脱『有所過』三字，今增。『謂若昭公』上，惟《通解續》多『欲有所過』四字。」

疏證曰：鄭注《大傳》「思心之不容」，謂「容」當爲「睿」。此注仍作「不容」，不云「不睿」者，以今文解今文，是鄭亦不堅持古文義也。「周厲王」作「周威厲王」，鄭君當有所據，今不可攷。引《詩》「漂飄」、「訰訰」、「旄旄」，與《毛詩》字不同，蓋三家異文。傳云「以其月」者，即「二月、三月，維貌是司」之類。禦，即「若是共禦」之「禦」也。

禦王極于宗始，以其月，從其禮祭之，參乃從。 注 宗，尊也。止王極之失者，在於尊用始祖之法度。不言其惡者，人性備於五德，得失在斯。王不極，則五事皆失，非一惡也。大者易姓，小者滅身。其能宗始，則録延。其受命之君，承天制作，猶天之教命也。故掌祖廟之藏者，謂之天府也。

疏證曰：注解「禦王極于宗始」與貌、言、視、聽、思心不一律。貌、言、視、聽、思心皆言其惡，此獨不言其惡，反以尊用始祖法度爲言。鄭君强爲之説，恐非傳旨也。「宗始」不知當作何解，未敢憑臆立訓。

六沴之禮，散齊七日，致齊，新器絜祀，用赤黍，三日之朝，于中庭祀四方，從東方始，卒于北方。 注《禮志》：「致齊三日。」《周禮》：「凡祭祀，前期十日，宗伯帥執事卜日。」是爲齊一旬乃祀也。今此致齊即祀者，欲得容三祀也。蓋八日爲致齊期，九日朝而初祀，亦一旬有一日，事乃畢也。新器、赤黍，改過之宜也。中庭，明堂之庭也。或曰：朝廷之廷也。此祀五精之神，其牲器粢盛有常，禮記其異者也。不祀天，非正月，亦以此禮祀此神也。陳壽祺曰：「《太平御覽》五百二十四引傳『致齊』下衍『三日』二字，非。《儀禮通解續》、《文獻通考》引並無。玩注，則傳不當有此二字。一本《御覽》『從東方始』下，衍『自南至西』四字，亦非。《通解續》、《通考》並無。《御覽》引注自『禮志』至『事乃畢也』止。」

疏證曰：古「志」、「記」通用，《周禮》「小史掌邦國之志」，鄭司農曰「志，謂『記』也」是也。鄭注《大傳》所引《禮志》，即今之《禮記》，如引《禮志》曰「小學在公宮南之左」一條，「周公居攝，踐阼而治」一條，「君子生則敬養」一條，「天子不合圍」一條，「天子、諸侯無事，則歲三田」一條，及此所引「致齊三日」，皆在今之《小戴記》中。鄭云「容三祀」者，即傳所云「參乃從」，鄭注以爲「三祭之，其神乃順」。依鄭義，致齊之次日即祭，三日而修三祭，合散齊七日、致齊一日，爲旬有一日也。「中庭」，當如鄭前説，爲「明堂之庭」，明堂正祀五精之神處。若「朝廷之廷」，非祭祀之地，古未有於朝廷祀神者。且「庭」與「廷」別，庭有屋，廷無屋。傳云「中庭」，不云「中廷」也。

其祀禮曰《格祀》，注篇名也，今亡。**曰某也方祀，曰播國率相行祀。**注篇中大祝贊主人辭也。某，天子名也。方祀，祀四方也。播，讀曰「藩」，藩國諸侯。相，助也。言諸侯率其常事來，即助行祭之禮也。**其祝也**，陳壽祺曰：「『祝』字，他書所引作『祀』。今據《御覽》五百二十四引改。」注大祝告神以君悔過之辭也。《周禮》：「大祝掌六祝之辭，以事鬼神祇，祈福祥，求永貞也。」**曰：若爾神靈，洪祀六沴是合。**注神靈，謂木精靈威仰、火精赤熛怒、土精含樞紐、金精白招矩、水精叶光紀，及木帝大皞、火帝炎帝、土帝黃帝、金帝少皞、水帝顓頊、木官句芒、火官祝融、土官后土、金官蓐收、水官玄冥，皆是也。古者生能其事，死在祀典，配其神而食。合，猶爲也。六沴是神靈所爲也。

疏證曰：鄭以《格祀》爲篇名，當有所據，今無可攷。鄭以「某」爲天子名者，《禮記·曲禮》曰：「踐阼，臨祭祀，内事曰『孝王某』，外事曰『嗣王某』。」《中候·運衡》曰：「帝堯刻璧，率羣臣東沈于洛，書曰：『天子臣放勳』。」此天子祭祀稱名之證也。鄭云「方祀，祀四方也」者，《曲禮》曰：「天子祭天地，祭四方，祭山川，祭五祀，歲徧。諸侯方祀，祭山川，祭五祀，歲徧。」鄭注云：「祭四方，謂祭五官之神於四郊也。句芒在東，祝融、后土在南，蓐收在西，玄冥在北。《詩》云：『來方禋祀。』方祀者，各祭其方之官而已。」以鄭義推之，則五精帝、五人帝亦各於其方祀之矣。「播，讀曰『藩』」者，「播」與「藩」皆從「番」聲。「播」本義爲「播穜」之「播」。《説文》：「播，穜也。」叚借爲「譒敷」之「譒」。《盤庚》「王播告之」，《説文》引作

「王譒告之」。叚借又爲「潘」。《禹貢》「滎播既都」，「播」即《説文》所云「潘」，「一曰水名，在河南滎陽」是也。然則「播」之叚借爲「藩」，亦猶叚借爲「譒」、爲「潘」矣。鄭云「神靈，謂木精靈威仰」云云者，出古緯書。《周官·大宗伯》注云：「天皇大帝，北辰耀魄寶也[一四]。」《小宗伯》「五帝」注云：「靈威仰、赤熛怒、含樞紐、白招拒、汁光紀，五帝食焉。」《五行大義》論五帝，引《河圖》云：「東方青帝靈威仰，木帝也。南方赤帝赤熛怒，火帝也。中央黄帝含樞紐，土帝也。西方白帝白招拒，金帝也。北方黑帝叶光紀，水帝也。」《禮記疏》引《春秋緯·文耀鉤》云：「蒼帝曰靈威仰，赤帝曰赤熛怒，黄帝曰含樞紐，白帝曰白招拒，黑帝曰汁光紀。」《史記索隱》引《尚書帝命驗》云：「五府者，五帝之廟，蒼曰靈府，赤曰文祖，黄曰神斗，白曰顯紀，黑曰玄矩。唐、虞謂之五廟，夏曰世室，殷謂重屋，周謂明堂，皆祀五帝之所。」《正義》引《帝命驗》注，「五府」作「天府」，「世室」作「正室」，「重屋」作「重室」。以《考工記》證之，「世室」、「重屋」爲是。其文祖爲赤熛怒之府，火精光明，文章之祖，周曰明堂。神斗，周曰大室。顯紀，周曰總章。玄矩，周曰玄堂。靈府，周曰青陽。然明堂之名，剏於神農，大室之文，見於《虞傳》，亦自古有之矣。俞正燮曰：「六天之名，就所臨六府言之。不敢斥言帝，非斥帝之名也。《後漢書·明帝紀》注引《五經通義》與《小宗伯》注同，惟『白招拒』作『白招矩』。劉攽云：『拒音矩，不便作矩，矩亦不必是誤。』『拒』、『矩』皆是白。《墨子·

貴義》篇云：『今瞽曰：鉅者，白也；黔者，黑也。』雖明者無以難之，則字亦可作『鉅』。《河圖》府皆三字，《帝命驗》府皆二字，蓋各述所聞，皆就帝所臨言之。如言『乘輿』，止敢言『其輿』；如言『陛下』，止敢言『其陛』；言『天皇大帝』，止敢言『耀魄寶』。古人之慎也。《宋史·禮志》云：景德二年，王欽若言靈威仰等皆五帝之號，《漢書注》五帝自有名，即靈府、文祖之類是也。其時在朝之言如此。在下之儒，妄意此必鄭君之言，謂鄭依《春秋緯》爲六天造名字。其實鄭言六天有府，不言六天名字。王肅《家語注》云『讖緯皆爲之名氏，妖怪妄言』，是肅自爲名氏一説，又自駁之，鄭所不曉也。」案：俞説是也。自王肅攻鄭，妄謂止有五人帝、五人神，無五天帝。詆諆高密者，率以六天藉口。不知五帝與上帝別，明載《禮經》，何得謂五帝止有人帝，無天帝乎！此祀五精之神，而兼及五人帝、五人官者，蓋祀木精，則以木帝、木官配之。其餘準此。明堂五室，本祀五帝之所。此非常祀，故不於室而於中庭。蓋亦各就其方祀之，如木氣爲沴，則祀木精靈威仰於東方，配以木帝太皞、木官句芒。餘亦準此。如六沴並作，則五方並祀；沴止一氣，則止祀一方。祀一方，亦可稱方祀也。

無差無傾，無有不正。注言神靈正直，無□類，所謂□皆是也。**若民有不敬事，則會批之于六沴。**注若民，廣謂天下有過者也。事，六事也。會，合也。批，推也〔一五〕。言天下有過，神靈亦合内推於六沴，天子以天下爲任者也。**六事之機，以縣示我，**陳壽祺曰：「《玉海》引『縣』作『垂』，非。觀注，宜作『縣』」。注 六事，貌、言、視、聽、思心、王極也。機，天文也。天文運轉，以縣見六事之變異示我。我，謂天子。**我民人無敢不敬事上下王祀。**注 我與民人無敢不敬畏六事，上下君祀之所縣示變異者，言皆悔過也。上君祀靈威仰，下君祀太皞之屬也。

以上自傳首「維王后元祀」至「上下王祀」止，傳、注並見《儀禮經傳通解續》卷二十六下《因事之祭》，惟五事鄭注不全。又《文獻通考》卷八十八《郊社考・祈禳》引同，但傳、注間有詳畧。《玉海・天文》五引自傳首至「上下王祀」，惟不引「六沴之禮」至「卒於北方」。又《續漢書・五行志》引「貌之不恭」至「星辰逆行」傳，注惟「思心之不容」至「木金水火沴土」一節注，又引「凡六沴之作」至「其次受之」傳、注。又《太平御覽》八百七十四《咎徵部》引傳「爰用五事」至「星辰逆行」，又五百二十四《禮儀部》三引「六沴之禮」至「上下王祀」傳、注，卷十七《時序部》二引「凡六沴之作」至「庶民受之」。又《通鑑前編》「帝舜三十三載」引傳首二句「禹乃共辟」至「建用王極」傳、注。今并合諸書參考。又《周禮・疾醫》《太祝》注、《羊人・序官》疏，《文選・演連珠》注、《石闕銘》注，《尚書・洪範》正義，《禮記・月令》正義，《白虎通・災變》篇，《後漢書・申屠剛傳》注，《穀梁傳》桓十四年注，並節引。

疏證曰：以上皆大祝告神之辭也。鄭以「機」爲「天文」者，《唐傳》曰：「旋機者何也？傳曰：旋者，還也。機者，幾也，微也。其變幾微，而所動者大，謂之旋機。是故旋機謂之北極。」然則六事之機見於天文運轉，亦猶七政之機見於天文運轉矣。

田獵不宿，注不宿，不宿禽也。角主天兵。《周禮》：四時習兵，因以田獵。《禮志》曰：「天子不合圍，諸侯不掩羣。」過此則暴天物，爲不宿禽。角南有天庫、將軍、騎官。**飲食不享**，注享，獻也。《禮志》曰：「天子、諸侯無事，則歲三田，一爲乾豆，二爲賓客，三爲充君之庖。」《周禮·獸人》：「冬獻狼，夏獻麋，春秋獻獸物。」此獻禮之大畧也。**出入不節**，注角爲天門，房有三道，出入之象也。**奪民農時**，注房、心，農時之候也。季冬之月，命農師計耦耕事，是時房、心晨中。《春秋傳》曰：「辰爲農祥，后稷之所經緯也。」**及有姦謀**，注亢爲朝廷，房、心爲明堂，謀事出政之象。**則木不曲直**。注君行此五者，爲逆天東宫之政。東宫於地爲木。木性或曲或直，人所用爲器者也。無故生不暢茂，多有折槁，是爲木不曲直。木、金、水、火、土，謂之五材。《春秋傳》曰：「天生五材，民並用之。」其政逆則神怒，神怒則材失性，不爲民用。其他變異皆屬沴，沴亦神怒。凡神怒者，日、月、五星既見適於天矣。以上傳自「田獵不宿」至「木不曲直」，見《續漢書·五行志》一，注見劉注。

疏證曰：《漢書·五行志》引此傳文云云，説曰：「木，東方也。於《易》，地上之木爲《觀》。其於王事，威儀容貌亦可觀者也。故行步有佩玉之度，登車有和鸞之節，田狩有三驅之制，飲食有享獻之禮，出入有名，使民以時，務在勸農桑，謀在安百姓。如此，則木得其性矣。若乃田獵馳騁不反宫室，飲食沈湎不顧法度，妄興繇役以奪民時，作爲姦詐以傷民財，則木失其性矣。蓋工匠之爲輪矢者多傷敗，及木爲變怪，是爲木不曲直。」注：「服虔曰：『不宿，不得其時也。或曰：不豫戒曰不宿，不戒以其時也。』李奇曰：『姦謀，增賦、履畝之事也。』臣瓚曰：『姦謀[一六]，邪謀也。』師古曰：『姦謀，即下所謂作爲姦詐以奪農時。李説是也。不享，不行享獻之禮也。』」《續漢・五行志》引傳，「謂木失其性而爲災也」。《南齊志》：「《木傳》曰：東方。《易經》地上之木爲《觀》，故木於人，威儀容貌也。木者春，生氣之始，農之本也。無奪農時，使民歲不過三日，行什一之税，無貪欲之謀，則木氣從。如人君失威儀，逆木行，田獵馳騁不反宫室，飲食沈湎不顧禮制，出入無度，多發徭役以奪民時，作爲姦詐以奪民財，則木失其性矣。蓋以工匠之爲輪矢者多傷敗，故曰木不曲直。」《隋志》：「《五行傳》曰：木者，東方，威儀容貌也。古者聖王垂則，天子穆穆，諸侯皇皇，登車則有和鸞之節[一七]，田狩則有三驅之制，飲食則有享獻之禮，出入有名，使民以時[一八]，無事不出境。此容貌動作之得節，所以順木氣也。如人君違時令，失威儀，田獵馳騁不反宫室，飲食沈湎不顧法度[一九]，縱欲恣睢，出入無度，多徭役以奪人時，增賦税以奪人財[二〇]，則木不曲直。」《春秋繁露・五行順逆》篇曰：「木者春，生之性，農之本也。勸農事，無奪民時，使民歲不過三日，行什一之税，進經術之士，挺羣禁[二一]，出輕繫，去稽留，除桎梏，開閉闔，通障塞。恩及草木，則樹木華而諸草生。恩及鱗蟲，則魚大爲，鱣鯨不見，羣龍下。如人君出入不時，走狗試馬，馳騁不反宮室，好婬樂，飲酒沈湎縱恣，不顧政治，事多發役以奪民時，作謀增稅以奪民財〔二〕，民病疥搔，温體，足胻痛。咎及於木，則茂木枯槁，工匠之輪多傷敗。毒水淹羣，漉陂如漁，咎及鱗蟲〔三〕，則魚不爲，羣龍深藏，鯨出見。」據《繁露》，與傳義多合，則董子亦用伏《傳》矣。鄭注多以天文爲説者，《史記·天官書》曰：「東宮蒼龍，房、心。心爲明堂。」索隱曰：「《春秋説題辭》云：『房、心爲明堂，天王布政之宮。』《尚書運期授》曰：『所謂房，四表之道。』宋均云：『四星間有三道，日、月、五星所從出入也。』」書又曰：「房南衆星曰騎官。左角，李；右角，將。」索隱曰：「《元命包》云：『左角理，物以起；右角將，帥而動。』又《石氏》云：『左角爲天田，右角爲天門也。』」書又曰：「亢爲疏廟，主疾。其南北兩大星，曰南門。」索隱曰：「《元命包》云：『亢四星爲廟廷。』《文耀鉤》：『爲疏廟。』宋均以爲：疏，外也；廟，或爲朝也。」正義曰：「南門二星，在庫樓南，天之外門。」皆與鄭義相合。

棄法律，逐功臣，注東井，主法令也。功臣，制法律者也。或曰：喙主尚食，七星主衣裳，張爲食廚，翼主天倡。經曰：「臣作朕股肱耳目。予欲左右有民，女翼。予欲觀古人之象，日、月、星辰、山、龍、華蟲，作繢宗彝，藻、火、粉、米、黼、黻，絺繡，以五采章施于五色作服，女明。予欲聞六律、五聲、八音，在治曶，以出納五言，女聽。」是則食與服、樂，臣之所用爲大功也。七星北有酒旗，南有天廚，翼南有器府。**殺太子**，注五行，火生土。天文以參繼東井，四時以秋代夏，殺太子之象也。《春秋傳》曰：「夫千乘之主，將廢正而立不正，必殺正也。」**以妾爲妻**，注軒轅爲后妃，屬南宮。其大星，女主之位。女御在前，妾爲妻之象也。**則火不炎上。**注君行此四者，爲逆天南宮之政。南宮於地爲火。火性炎然上行，人所用爲亨飪者也。無故因見作熱，燔熾爲害，是爲火不炎上。其他變異，皆屬沴也。以上自「棄法律」至「火不炎上」，傳並見《續漢書・五行志》二，注見劉注。陳壽祺曰：「《續志》引『火不炎上』傳，在『金不從革』之後。今依《大傳》五事之次移前。又此節傳亦見《開元占經・水火占》篇。」

疏證曰：《漢書・五行志》引此傳文云云，曰：「火，南方，揚光煇爲明者也。其於王者，南面鄉明而治。《書》云：『知人則悊，能官人。』故堯、舜舉羣賢而命之朝，遠四佞而放諸壄。孔子曰：『浸潤之譖、膚受之訴不行焉，可謂明矣。』賢佞分別，官人有序，率由舊章，敬重功勳，殊別適庶，如此則火得其性矣。若乃信道不篤，或燿虛僞，讒夫昌，邪勝正，則火失其性矣。自上而降，濫炎妄起，災宗廟，燒宮館，雖興師衆，弗能救也。是爲火不炎上。」《續漢志》引傳,「謂火失其性而爲災也」。《南齊志》:「《火傳》曰:火,南方,揚光煇,出炎爚爲明者也。人君向明而治,蓋取其象。以知人爲分,讒佞既遠,羣賢在位,則爲明而火氣從矣。人君疑惑,棄法律,不誅讒邪,則讒口行,内間骨肉,外疏忠臣,至殺世子,逐功臣,以妾爲妻,則火失其性,上災宗廟,下災府榭,内熯本朝,外熯闕觀〔二四〕,雖興師衆,不能救也。」《隋志》:「《五行傳》曰:火者,南方,陽光爲明也。人君向南,蓋取象也。昔者聖帝明王,負扆攝袂,南面而聽斷天下。攬海内之雄俊,積之於朝,以續聰明;推邪佞之僞臣,投之於野,以通壅塞,以順火氣。不明之君,惑於讒口,白黑雜糅,代相是非,衆邪並進,人君疑惑,棄法律,間骨肉,殺太子,逐功臣,以孽代宗,則火失其性。」《春秋繁露·五行順逆》篇曰:「火者夏,成長,本朝也。舉賢良,進茂才,官得其能,任得其力,賞有功,封有德,出貨財,賑困乏,正封疆,使四方。恩及於火,則火順人而甘露降。恩及羽蟲,則飛鳥大爲,黄鵠出見,鳳皇翔。如人君惑於讒邪,内離骨肉,外疏忠臣,至殺世子,誅殺不辜,逐忠臣,以妾爲妻,棄法令,婦妾爲政,賜予不當,則民病血,壅腫,目不明。咎及於火,則大旱,必有火災。摘巢探鷇,咎及羽蟲,則蜚鳥不爲,冬應不來,梟鴟羣鳴,鳳皇高翔。」鄭注以天文言之者,《史記·天官書》曰:「南宫朱鳥,權、衡。」正義曰:「柳八星爲朱鳥味,天之廚宰,主尚食,和滋味。」書又曰:「權,軒轅。軒轅,黄龍體。前大星,女主象;旁小星,御者後宫屬。月、五星守犯者,如衡占。」索隱曰:「《援神契》曰：『軒轅十二星，后宮所居。』《石氏星讚》以軒轅龍體，主后妃也。」正義曰：「軒轅十二星，在七星北，黃龍之體〔二五〕，主雷雨之神，後宮之象也。其大星，女主也；次北一星〔二六〕，夫人也；次北一星，妃也；其次諸星，皆次妃之屬。女主南一小星，女御也；左一星，少民，后宗也。占：欲其小黃而明，吉；大明，則爲後宮爭競；移徙，則國人流迸；東西角大張而振，后族敗〔二七〕；水、火、金守軒轅，女主惡也。」索隱曰：「宋均云：『責在后黨嬉，讒賊興，招此祥〔二八〕。』天子亦當誅之〔二九〕。」書又曰：「柳爲鳥注，主木草。張，素，爲廚，主觴客。翼爲羽翮，主遠客。」正義曰：「柳爲朱鳥喙〔三〇〕，天之廚宰。張六星，六爲嗉，主天廚、飲食、賞賚、觴客。翼二十二星，爲天樂府。」皆與鄭義合。鄭引經「作續」不作「作會」，「在治曶」不作「七始訓」，皆用古文，與伏生今文不同，非傳義也。所引《春秋傳》，見《公羊》哀六年「齊陳乞弑其君舍」傳文。

治宮室，飾臺榭，内淫亂，犯親戚，侮父兄，則稼穡不成。以上傳自「治宮室」至「稼穡不成」，見《續漢書·五行志》四。

疏證曰：《漢書·五行志》引此傳文云云，說曰：「土，中央，生萬物者也。其於王者，爲内事、宮室、夫婦、親屬，亦相生者也。古者天子、諸侯，宮廟大小、高卑有制，后、夫人、媵妾多少、進退有度，九族親疏、長幼有序〔三一〕。孔子曰：『禮，與其奢也，寧儉。』故禹卑宮室，文王刑于寡妻，此聖人之所以昭教化也。如此，則土得其性矣。若迺奢淫驕慢，則土失其性，亡水旱之災而草木百穀不孰〔三〕，是爲稼穡不成。」《續漢志》引此傳，「謂土失其性而爲災也」。《隋志》：「《五行傳》曰：土者，中央，爲内事，宫室、臺榭、夫婦、親屬也。古者自天子至於士，宫室寢居大小有差，高卑有等，骨肉有恩。故明王賢君，修宫室之制，謹夫婦之别，加親戚之恩，敬父兄之禮，則中氣和。人君肆心縱意，大爲宫室，高爲臺榭，雕文刻鏤，以疲人力，淫佚無别，妻妾過度，犯親戚，侮父兄，中氣亂，則稼穡不成。」《春秋繁露·五行順逆》篇曰：「土者夏中，成孰百種。君之官，循宫室之制，謹夫婦之别，加親戚之恩。恩及土，則五穀成而嘉禾興。恩及倮蟲，則百姓親附，城郭充實，賢聖皆還，仙人降。如人君好婬佚，妻妾過度，犯親戚，侮父兄，欺罔百姓，大爲臺榭，五色成光，雕文刻鏤，則民病心腹，宛黄，舌爛痛。咎及於土，則五穀不成；暴虐妄誅，咎及倮蟲，倮蟲不爲，百姓叛去，賢聖放亡。」

好攻戰，【注】參、伐爲武府，攻戰之象。**輕百姓，**【注】輕之者，不重民命。《春秋傳》曰：「師出不正反，戰不正勝也。」**飾城郭，**【注】昴、畢間爲天街。《甘氏經》曰：「天街保塞，孔途道衢。」保塞，城郭之象也。《月令》曰：「四鄙入保。」注末七字見《御覽·咎徵部》一。**侵邊境，**【注】畢主邊兵。**則金不從革。**【注】君行此四者，爲逆天西宫之政。西宫於地爲金。金性從形而革，人所用爲器者也。無故冶之不銷，或入火飛亡，或鑄之裂形，是爲不從革。其他變異，皆屬沴也。以上傳自「好攻戰」至「金不從革」，見《續漢書·五行志》四；注自「參伐爲武府」至「皆屬沴也」，見《續志》四劉昭注。

疏證曰：《漢書·五行志》引此傳文云云，説曰：「金，西方，萬物既成，殺氣之始也。故立秋而鷹隼擊，秋分而微霜降。其於王事，出軍行師，把旄杖鉞，誓士衆〔三三〕，抗威武，所以征叛逆，止暴亂也。《詩》云：『有虔秉鉞，如火烈烈。』又曰：『載戢干戈，載櫜弓矢。』動静應誼，『説以犯難，民忘其死』。如此，則金得其性矣。若乃貪欲恣睢，務立威勝，不重民命，則金失其性。蓋工冶鑄金鐵，金鐵冰滯涸堅，不成者衆，及爲變怪，是爲金不從革。」《續漢志》引此傳，「謂金失其性而爲災也」。《南齊志》：「《金傳》曰：金者，西方，萬物既成，殺氣之始也。其於王事〔三四〕，兵戎戰伐之道也。王者興師動衆，建立旗鼓，仗麾把鉞，以誅殘賊，止暴亂〔三五〕，殺伐應義，則金氣從，工冶鑄化，革形成器也〔三六〕。人君樂侵陵，好攻戰，貪城邑，輕百姓之命，人民不安，内外騷動，則金失其性。蓋冶鑄不化，冰滯涸堅，故曰金不從革。」《隋志》：「《五行傳》曰：金者，西方，萬物既成，殺氣之始也。古之王者，興師動衆，建立旗鼓，以誅殘賊，禁暴虐，安天下，殺伐必應義，以順金氣。如人君樂侵陵，好攻戰，貪城邑之賂，以輕百姓之命，人皆不安，外内騷動，則金不從革。」《春秋繁露·五行順逆》篇曰：「金者秋，殺氣之始也。建立旗鼓，杖把旄鉞，以誅殘賊，禁暴虐，安天下，故動衆興師，必應義理，出則祠兵，入則振旅，以閑習之，因於蒐狩，存不忘亡，安不忘危，修城郭，繕牆垣，審羣禁，飭兵甲，警百官，誅不法。恩及於金石，則涼風出。恩及於毛蟲，則走獸大爲，麒麟至。如人君好戰，侵陵諸侯，貪城邑之賂，輕百姓之命，則民病喉咳嗽，筋攣，鼻鼽塞。咎及於金，則鑄化凝滯，凍堅不成。四面張罔，焚林而獵，咎及毛蟲，則走獸不爲，白虎妄搏，麒麟遠去。」鄭注以天文言之者，《史記·天官書》曰：「昴曰髦頭，胡星也，爲白衣會。畢曰罕車，爲邊兵，主弋獵。」又曰：「昴、畢間爲天街。其陰，陰國；陽，陽國。」索隱曰：「《元命包》云：『畢爲天階。』《爾雅》云：『大梁，昴。』孫炎云：『畢、昴之間，日、月五星出入要道，若津梁。』」正義曰：「天街二星〔三七〕，在畢、昴間，主國界也。街南爲華夏之國，街北爲夷狄之國。土、金守，胡兵入也。」孟康曰：「陰，西南，坤維，河山已北國；陽，河山已南國。」書又曰：「參爲白虎。三星直者，是爲衡石。下有三星，兑，曰罰，爲斬艾事。」正義曰：「罰，一作伐。《春秋運斗樞》曰『參伐事，主斬艾』也。」與鄭義合。注引《春秋傳》，見《公羊》僖二十六年「公子遂如楚乞師」傳文。

簡宗廟，不禱祠，注虛、危爲宗廟。**廢祭祀，**注牽牛主祭祀之牲。**逆天時，**注日在星紀，周以爲正，日在玄枵，殷以爲正，皆不得四時之正，逆天時之象也。《春秋》定十五年「夏，五月，辛亥，郊」，譏連卜三正，以至失時，是其類也。**則水不潤下。**注君行此四者，爲逆天北宮之政也。北宮於地爲水。水性浸潤下流，人所用灌溉者也。無故源流竭絶〔三八〕，川澤以涸，是爲不潤下。其他變異，皆屬沴也。以上傳自「簡宗廟」至「水不潤下」，見《續漢書・五行志》三。注自「虚危爲宗廟」至「皆屬沴也」，並見《續志》三劉昭注。又傳「田獵不宿」以下至末，亦見《御覽》八百七十四《咎徵部》一，無鄭注。

疏證曰：《漢書・五行志》引此傳文云云，説曰：「水，北方，終臧萬物者也。其於人道，命終而形臧，精神放越，聖人爲之宗廟，以收魂氣，春秋祭祀，以終孝道。王者即位，必郊祀天地，禱祈神祇，望秩山川，懷柔百神，亡不宗事，慎其齋戒，致其嚴敬，鬼神歆饗，多獲福助。此聖王所以順事陰氣，和神人也。至發號施令，亦奉天時，十二月咸得其氣，則陰陽調而終始成。如此，則水得其性矣。若迺不敬鬼神，致令逆時，則水失其性，霧水暴出，百川逆溢，壞鄉邑，溺人民，及淫雨傷稼穡，是爲水不潤下。」《續漢志》引此傳，「謂水失其性而爲災也」。《南齊志》：「《水傳》曰：水，北方，冬藏萬物，氣至陰也，宗廟祭祀之象。死者精神放越不反，聖人爲之宗廟，以收其魂氣，春秋祭祀，而孝子得盡禮焉。敬之至，則神歆之。此則至陰之氣從，則水氣從溝瀆隨而流去，不爲民害矣。人君不禱祠，簡宗廟，廢祭祀，逆天時，則霧水暴出，川水逆溢，壞邑軼鄉，沈溺民人，故曰水不潤下。」《隋志》：「《五行傳》曰：水者，北方之藏，氣至陰也。宗廟者，祭祀之象也。故天子親耕，以供粢盛，皇后親蠶，以供祭服，敬之至也。發號施令，十二月咸得其氣，則水氣順。如人君簡宗廟，不禱祀，逆天時，則水不潤下。」《春秋繁露·五行順逆》篇曰：「水者冬，藏至陰也。宗廟祭祀之始，敬四時之祭，禘祫昭穆之序，天子祭天，諸侯祭土，閉門閭，大搜索，斷刑罰，執當罪，飭關梁，禁外徙。恩及於水，則醴泉出。恩及介蟲，則黿鼉大爲，靈龜出。如人君簡宗廟，不禱祠〔三九〕，廢祭祀，執法不順，逆天時，則民病流腫、水脹、痿痺，孔竅不通。咎及于水，霧氣冥冥，必有大水，水爲民害。咎及介蟲，則龜深藏，黿鼉呴。」鄭注以天文言之者，《史記·天官書》曰：「北宫玄武，虚、危。」正義曰：「南斗六星，牽牛六星，並北宫玄武之宿。虚二星，危三星，爲玄枵。虚爲邑居廟堂祭祀禱祝之事，危爲宗廟祀事。」書又曰：「牽牛爲犧牲。」與鄭義合。鄭以「日在星紀、日在玄枵皆不得四時之正」者，《月令》「仲冬之月，日在斗」，注：「仲冬者，日月會於星紀，而斗建子之辰也。」「季冬之月，日在婺女」，注：「季冬者，日月會於玄枵，而斗建丑之辰也。」周正建子，殷正建丑，不如夏數得天，故以爲不得四時之正。然古者三正相承，各以三微之月。《大傳·畧説》備舉其義，鄭君以爲逆天之象，非伏生之旨也。鄭又引《春秋》定十五年郊，「譏連卜三正」，案《公羊傳》：「夏，五月，辛亥，郊。曷爲以夏五月郊？三卜之運也。」何氏解詁曰：「据魯郊，正當卜春三正也，又養牲不過三月。運，轉也。已卜春三正，不吉，復轉卜夏三月、周五月，得二吉，故五月郊也。《易》曰：『再三瀆，瀆則不告。』不得其事，雖吉，猶不當爲也。」據何氏義，是定十五年郊之所以可譏，謂其已卜春三正，不吉則當止，不當更卜五月，非謂三正不可並用也。鄭引以證殷正、周正皆逆天時，亦非其義。

東方之極，自碣石東至日出榑木之野，帝太皞、神句芒司之。

疏證曰：《淮南·時則訓》曰：「五位：東方之極，自碣石山過朝鮮，貫大人之國，東至日出之次，榑木之地，青土樹木之野，太皞、句芒之所司者，萬二千里。其令曰：挺羣禁，開閉闔，通窮窒，達障塞，行優游，棄怨惡，解役罪，免憂患，休罰刑，開關梁，宣出財，和外怨，撫四方，行柔惠，止剛强。」注云：「朝鮮，樂浪縣。貫，通也。大人國，在其東。榑木，榑桑。句芒，木神，司主也。」《淮南》義與此傳畧同，或即本之此傳。《月令·孟春之月》「其帝太皞，其神句芒」，注云：「蒼精之君，木官之臣，自古以來著德立功者也。太皞，宓戲氏。句芒，少皞氏之子，曰重，爲木官。」正義曰：「『元氣廣大，謂之皞天。』以伏戲德能同天，故稱皞。以東方生養，元氣盛大，西方收斂，元氣便小，故東方之帝謂之太皞，西方之帝謂之少皞。句芒者，主木之官。木初生之時，句出而有芒角，故云句芒。以此二人生時，木王，主春，立德立功。及其死後，春祀之時，則祀此太皞、句芒。」錫瑞案：太皞，乃古者五行天帝之號。以伏戲木王，德合蒼精，故即以太皞之名加之，死即以配太皞。句芒亦然，如句龍配社，柱、棄配稷之比。傳與《月令》所云帝、神，皆謂天帝、天神，非伏戲與重也。若謂伏戲與重即太皞、句芒，則此二人之前，豈無分司四時之帝、神乎？斯不然矣。《周官·大宗伯》「以青圭禮東方」，鄭注：「禮東方，以立春，謂蒼精之帝，而太皞、句芒食焉。」是太皞、句芒當配食於蒼精之帝，而不宜即以帝爲伏戲也。《左》昭二十九年傳「封爲上公，祀爲貴神」，杜注謂「配食於五官之神[四〇]」，正義曰：「王者祭木、火、土、金、水之神，而以此人之神配之食，非專祭此人也。」又引《晉語》虢公夢蓐收之狀白毛虎狀[四一]，「必非該之貌，自是金神之形。由此言之，知句芒、祝融、玄冥、后土之徒，皆是木、火、水、土之神名，非所配人之神名」，其義至塙。《鄭志》云：「春曰其帝太皞，其神句芒，祭蒼帝靈威仰，太皞食焉，句芒祭之于庭。」皆視《月令》注疏爲塙。然則太皞、句芒，是天帝、天神。炎帝、祝融以下放此。《漢書·魏相傳》采《易》陰陽及《明堂月令》，奏云：「東方之神太皞，乘《震》，執規，司春。南方之神炎帝，乘《離》，執衡，司夏。西方之神少皞，乘《兑》，執矩，司秋。北方之神顓頊，乘《坎》，執權，司冬。中央之神司下土[四二]。」此古義以太皞等爲天帝之證也。

自冬日至數四十六日，迎春於東堂，距邦八里，堂高八尺，堂階八等，青税八乘，旂旐尚青，田車載矛，號曰助天生。倡之以角，舞之以羽，此迎春之樂也。

疏證曰：《續漢書・祭祀志》劉昭注引《皇覽》曰：「《迎禮》：春、夏、秋、冬之樂又順天道，是故距冬至日四十六日，則天子迎春於東堂，距邦八里，堂高八尺，堂階八等，青稅八乘，旗旄尚青，田車載矛，號曰助天生。唱之以角，舞之以羽翟，此迎春之樂也。」所引《迎禮》，蓋逸《禮》篇名，與此傳文大同，傳或亦據逸《禮》爲説也。《御覽》引《禮含文嘉》曰：「五祀，南郊、北郊、西郊、東郊、中郊[四三]，兆正謀。」注云：「東郊去都城八里，西郊九里，南郊七里，北郊六里，中郊西南去城五里。兆者，作封畔兆域也。謀者方欲迎氣，齋戒自端正，謀慮其事也。」又引《月令章句》曰：「迎春者，禮太皞、句芒之神也。於東郊，就其位也。邑外爲郊，去邑八里內，因木數也。樂奏太簇，歌《青陽》，冕執干戚，舞《雲翹》、《育命》，所以導牧時和也。」《祭祀志》曰：「迎時氣，五郊之兆。自永平中，以《禮讖》及《月令》有五郊迎氣服色，因采元始中故事，兆五郊于雒陽四方，中兆在未，壇皆三尺，階無等。立春之日，迎春於東郊，祭青帝、句芒，車旗服飾皆青，歌《青陽》，八佾舞《雲翹》之舞。」案：《月令・孟春之月》「其數八」，注云：「數者，五行佐天地生物，成物之次也。《易》曰：『天一，地二；天三，地四；天五，地六；天七，地八；天九，地十。』而五行自水始，火次之，木次之，金次之，土爲後。木，生數三，成數八。但言八者，舉其成數。」然則傳云八里、八尺、八等、八乘，義皆取木之成數矣。蔡邕《月令章句》曰：「東方有木三、土五，故數八。」與鄭義少異。《魏書・劉芳傳》引：「盧植云：『東郊，八里之郊也。』賈逵云：『東郊，木帝太昊，八里。』許慎云：『東郊，八里郊也。』鄭玄別注云：『東郊，去都城八里。』高誘云：『迎春氣於東方，八里郊也。』王肅云：『東郊，八里，因木數也。』此皆同謂春郊八里之明據。」青税者，「税」即「駕」也。田車，即木路。號，亦祝也，《禮運》曰「作其祝號」。「田車載矛，號曰助天生」者，《周禮疏》引《孝經鉤命決》曰：「東夷之樂曰《韎》，持矛，助時生。」《白虎通·禮樂》篇引《樂元語》曰：「東夷之樂持矛舞，助時生也。」《明堂位》疏引《白虎通》：「《樂元語》曰：東夷之樂曰《朝離》，萬物微，離地而生。樂持矛舞，助時生也。」《白虎通》又云：「一説：東方持矛。」楊子雲云：「木爲矛。」《淮南·時則訓·孟春之月》「其兵矛」，注云：「矛有鋒鋭，似萬物鑽地生。」《穀梁傳》注：「徐邈云：矛在東，倡之以角者。」《月令·孟春之月》「其音角」，注云：「謂樂器之聲也。三分羽益一以生角，角數六十四。屬木者，以其清濁中，民象也。春氣和，則角聲調。」《漢書·律曆志》曰：「協之五行，則角爲木。角，觸也，物觸地而出，戴芒角也。」《風俗通》引《鍾律書》同。《白虎通·禮樂》篇曰：「角者，躍也，陽氣動躍。」皆與鄭義合。

孟春之月，御青陽左个，禱用牡，索祀於艮隅。貌必恭，厥休時雨。朔令曰：挺羣禁，開閉闔，通窮室，達障塞，待優游。其禁：毋伐林木。

疏證曰：傳云「青陽左个」者，《月令章句》曰：「青，木色。陽，木德。故明堂之東面曰青陽。

左者，東面以北爲左也。今寅上之室，正月位也。」「禱用牡」者，《月令·孟春之月》「犧牲毋用牝」，注云：「爲傷妊生之類。」《淮南·時則訓·孟春之月》「犧牲用牡」，注云：「尚鬫潔也。」然則禱用牡，兼恐傷生及尚鬫潔兩義矣。「索祀於艮隅」者，索祀，謂正祀外更祀他神，《周禮》云「國索鬼神而祭祀」是也。《艮》，東北之卦。《易通卦驗》曰：「艮，東北也，主立春，鷄鳴，黄氣出，直艮。此正氣也。」《月令》「天子居青陽左个」，注云：「大寢東堂北偏。」正義曰：「北偏，近北也。」《時則訓》「朝於青陽左个」，注云：「明堂中方外圜，通達四出，各有左右房，謂之个，猶隔也。左个之房東向，堂北頭室也。」是艮隅即青陽左个也。貌屬木，春盛德在木，故貌必恭，而時雨應之。朔令，謂每月視朔所頒之政令。「通窮室」，據《時則訓》，「室」當作「窒」。「待優游」，依《時則訓》，「待」當作「行」。蓋形近而誤。「禁毋伐林木」者，《月令》「禁止伐木」，注云：「盛德所在。」《時則訓》「禁伐木」，注云：「春木王，當長養，故禁之。」《尚書考靈曜》曰：「氣在於春，其紀歲星，是謂大門。禁民毋得斬伐有實之木，是謂伐生絶氣。」

仲春之月，御青陽正室，牲先脾，設主於户，索祀於震正。朔令曰：棄怒惡，解役罪，免優患，休罰刑，閉關梁。其禁：田獵不宿，飲食不享，出入不節，奪民農時，及有姦謀。

疏證曰：傳云「青陽正室」者，《月令章句》曰「卯上之室」。「牲先脾，設主於户」者，《月令·孟春之月》「其祀户，祭先脾」，注云：「春，陽氣出，祀之於户，内陽也。祀之先祭脾者，春爲陽中，於藏直脾，脾爲尊。凡祭五祀於廟，用特牲，有主有尸，皆先設席於奥。祀户之禮，南面設主於户内之西，乃制脾及腎爲俎，奠於主北；又設盛於俎西，祭黍稷、祭肉、祭醴，皆三。祭肉、脾一，腎再。既祭徹之，更陳鼎俎，設饌於筵前，迎尸，畧如祭宗廟之儀。」正義曰：「『凡祭五祀於廟，用特牲』之下，皆《中霤禮》文。」蔡邕《獨斷》曰：「户：春爲少陽，其氣始出生養，祀之於户。祀户之禮，南面設主於門内之西。」亦隱括逸《禮》文。《吕氏春秋·孟春紀》「祭先脾」，注云：「春木勝土，先食所勝也。一説：脾屬木，自用其藏也。」《淮南·時則訓·孟春之月》「祭先脾」，注云：「脾屬土，陳設鼎俎，脾在前也。春木勝土，食所勝。」《白虎通·五祀》篇曰：「春祀户祭，所以特先脾者何？脾者，土也。春木王，煞土，故以所勝祭之也。」三説皆從「食所勝」爲義。《吕覽》注後一説乃古《尚書》説，不可從。傳繫祀户於仲春，與諸書不同者，似以仲春爲春之正月，其禮專行於仲春也。「索祀於震正」者，《易通卦驗》曰：「震，東方也，主春分，日出，青氣出，直震，此正氣也。」《時則訓》「朝於青陽太廟」，注云：「太廟東向，堂中央室。」是震正即青陽正室也。「棄怒惡」，依《時則訓》，「怒」當作「怨」。「優」與「憂」通。「禁田獵不宿」云云者，皆木不曲直之戒。仲春爲木王之正月，故尤禁之。

季春之月，御青陽右个，薦用鮪，索祀於巽隅。朔令曰：宣庫財，和外怨，撫四方，行柔惠，止剛强，九門磔禳，出疫於郊，以禳春氣。

疏證曰：「青陽右个」者，《月令章句》曰「辰上之室」。「薦用鮪」者，《月令·季春之月》「薦鮪於寢廟」，注云：「進時美物。」正義曰：「按《爾雅·釋魚》云：『鮥，鮛鮪（四四）。』郭景純云：『似鱣而小，建平人呼鮥子。一本云：王鮪，似鱣，口在頷下。』《音義》云：『大者爲王鮪，小者爲鮛鮪，似鱣，長鼻，體無鱗甲。』」《時則訓·季春之月》「薦鮪於寢廟」，注云：「鮪，魚似鯉而大，進此魚於寢廟是也。」「索祀於巽隅」者，巽，東南也，《月令》注云「青陽右个，東堂南偏」、《時則訓》注云「東向，堂南頭室曰右个」是也。「宣庫財」，即《月令》「發倉廩，開府庫」之義。「撫四方」，即《月令》「周天下」之義。「行柔惠」，即《月令》「布德行惠」之義。「九門磔攘，出疫於郊，以禳春氣」者，《月令》「命國難，九門磔攘，以畢春氣」，注云：「此難，難陰氣也。陰寒至此不止，害將及人。所以及人者，陰氣右行，此月之中，日行歷昴，昴有大陵積尸之氣，氣佚則厲鬼隨而出行，命方相氏帥百隸，索室敺疫以逐之，又磔牲以禳於四方之神，所以畢止其災也。《王居明堂禮》曰：『季春出疫于郊，以攘春氣。』」《時則訓》注云：「裂牲謂之磔，除禍謂之攘。春者，陰氣之終，故磔攘以終畢厲氣也。」傳文與鄭所引《王居明堂禮》同。「九門」者，《月令》「餧獸之藥，毋出九門」，注云：「天子九門者，路門也，應門也，雉門也，庫門也，皋門也，城門也，近郊門也，遠郊門也，關門也。」《時則訓》注同。《月令章句》曰：「九門，天子之門旁三門。東方盛德所在，獵者不得出，嫌餘三方得行，故曰無出九門。」案：蔡説可以解「毋出九門」，不可以解「九門磔攘」，當從鄭義爲正。

南方之極，自北户南至炎風之野，帝炎帝、神祝融司之。自春分數四十六日，迎夏於南堂，距邦七里，堂高七尺，堂階七等，赤税七乘，旂旐尚赤，田車載弓，號曰助天養。倡之以徵，舞之以鼓鼗，此迎夏之樂也。

疏證曰：《淮南·時則訓》曰：「南方之極，自北户孫之外，貫顓頊之國，南至委火炎風之野，赤帝、祝融之所司者，萬二千里。其令曰：爵有德，賞有功，惠賢良，救饑渴，舉力農，振貧窮，惠孤寡，憂罷疾，出大禄，行大賞，起毁宗，立無後，封建侯，立賢輔。」注云：「北户孫，國名也。日在其北，皆爲北向户，故曰北户孫。」《續漢志》注引《皇覽》曰：「自春分數四十六日，則天子迎夏於南堂，距邦七里，堂高七尺，堂階七等，赤税七乘，旗旄尚赤，田車載戟，號曰助天養。唱之以徵，舞之以鼓鞉，此迎夏之樂也。」與傳義同。炎帝、祝融，亦當爲天帝、天神。《月令》鄭注云「炎帝，大庭氏。祝融，顓頊氏之子，曰黎，爲火官」，非也。《月令章句》曰：「迎夏者，禮炎帝、祝融神也。于南郊七里，因火數也。樂奏中吕，歌《朱明》。」《續漢·祭祀志》曰：「立夏之日，迎夏於南郊，祭赤帝、祝融，車旗服飾皆赤，歌《朱明》，八佾舞《雲翹》之舞。」《月令·孟夏之月》「其數七」，注云：「火生數二，成數七。但言七者，亦舉其成數。」則傳云七里、七尺、七等、七乘，皆取義於火之成數矣。《月令章句》：「南方有火二、土五，故數七。」《劉芳傳》引：「盧植云：『南郊，七里郊也。』賈逵云：『南郊，火帝炎帝，七里。』許慎云：『南郊，七里郊也。』鄭玄云：『南郊，去都城七里。』高誘云：『南郊，七里之郊也。』王肅云：『南郊，七里，因火數也。』」此又南郊七里之審據也。「田車載弓，號曰助天養」者，《淮南·時則訓·孟夏之月》「其兵戟」，注云：「戟有枝幹，象陽布散也。戟，或作『弩』。」作「弩」，與傳「載弓」義合。作「戟」，則與《皇覽》引逸《禮》「載戟」相合。《周禮疏》引《鉤命決》：「南夷之樂曰《任》，持弓，助時養。」《白虎通》引《樂元語》云：「南夷之樂持羽舞，助時養。」則又作「羽」，皆由所傳不同，故不能盡合也。《御覽》引逸《禮》「載戟」之「戟」作「弓」，與此傳合。「倡之以徵」者，《月令·孟夏之月》「其音徵」，注云：「三分宫去一以生徵，徵數五十四。屬火者，以其徵清，事之象也。夏氣和，則徵聲調。」《漢書·律曆志》曰：「徵爲火。徵，祉也，物盛大而繁祉。」《鍾律書》同。《白虎通·禮樂》篇曰：「徵者，止也，陽氣止。」案：陽生於子，止於午，故徵取止爲義而屬夏也。《樂記》、《樂緯·叶圖徵》、《白虎通》皆以鼓屬《震》音，則鼓鼙當屬春。《鉤命決》、《樂元語》皆云「南夷之樂持羽舞」，則羽當屬夏。傳與逸《禮》皆以羽屬春，鼓鼙屬夏，或傳寫之誤，當互易其文與？

孟夏之月，御明堂左个，嘗麥用彘，索祀於巽隅。視必明，厥休時燠。朔令曰：爵有德，賞有功，惠賢良，舉力農。其禁：毋隳防。

疏證曰：傳云「明堂左个」者，《月令章句》曰：「明者，陽也，光也。鄉陽受光，故曰明。三面闕前曰堂，四周有户曰室。左个，明堂之東，巳上之堂。」「嘗麥用彘」者，《月令·孟夏之月》「農乃登麥，天子乃以彘嘗麥」，注云：「登，進也。麥之新氣尤盛，以彘食之，散其熱也。彘，水畜。」索祀仍於巽隅者，《易通卦驗》曰：「巽，東南也，主立夏，食時，青氣出，直巽，此正氣也。」《月令》注云：「明堂左个，大寢南堂東偏也。」《時則訓》注云：「東頭室，故曰左个。」東堂之南曰巽隅，南堂之東亦曰巽隅矣。視屬火，夏盛德在火，故視必明，而時燠應之。「爵有德，賞有功，惠賢良，舉力農，禁毋隳防」，即《月令》「贊桀俊，遂賢良，行爵出禄，命農勉作，毋有壞墮」之義。

仲夏之月，御明堂正室，牲先肺，設主於竈，索祀於離正。朔令曰：振貧窮，惠孤寡，慮休疾，出大禄，行大賞。其禁：棄法律，逐功臣，殺太子，以妾爲妻。乃令民雩。

疏證曰：「明堂正室」者，《月令章句》曰「午上之室」。「牲先肺，設主於竈」者，《月令·孟夏之月》「其祀竈，祭先肺」，注云：「夏陽氣盛，熱於外，祀之於竈，從熱類也。祀之先祭肺者，陽位在上，肺亦在上，肺爲尊也。竈在廟門外之東，祀竈之禮，先席於門之奥，東面，設主於竈陘，乃制肺及心、肝爲俎，奠於主西。又設盛於俎南，亦祭黍三，祭肺、心、肝各一，祭醴三。亦既祭徹之，更陳鼎俎，設饌於筵前，迎尸，如祀户之禮。」案：鄭君亦據逸《禮》文。傳繫竈於仲夏，似亦以此禮專行於仲夏矣。《時則訓》注云：「祝融吴回爲高辛氏火正，死爲火神，託祀於竈。」是月火王，故祀竈。鄭讀《禮器》「燔柴於奥」之「奥」爲「爨」，故《駁異義》謂「祝融祭於四郊，而祭火神於竈」，於禮乖。錫瑞謂：此禮當分别言之。天子五祀禮大，當祀祝融。若士、庶人五祀，不當屈上公之神於竈陘，即祀竈神可也。此傳及《月令》、《時則訓》皆言天子之禮，當從《時則訓》注之義，不當從《月令》鄭注之義。其户、中霤、門、井之神，亦當爲句芒、后土、蓐收、玄冥矣。《月令章句》曰：「祭先肺，火神祀於竈，肺金藏，以金養火，食其所勝也。」《獨斷》曰：「竈：夏爲太陽，其氣長養，祀之於竈。祀竈之禮，在廟門外之東，先席於門奥，面東設主於竈陘也。」「索祀於離正」者，《易通卦驗》曰：「離，南方也，主夏至，日出，赤氣出，直離，此正氣也。」「禁棄法律」云云者，皆火不炎上之戒。仲夏，火王之正月，故尤禁之。「乃令民雩」者，《月令·仲夏之月》「命有司爲民祈祀山川百源，大雩帝，用盛樂，乃命百縣雩祀百辟卿士有益於民者，以祈穀實」，注云：「《春秋傳》曰：『龍見而雩。』雩之正，常以四月。凡周之秋三月之中而旱，亦修雩禮以求雨[四五]，因著正雩，此月失之矣。天子雩上帝，諸侯以下雩上公。周冬及春、夏雖旱，禮有禱無雩。」案：此傳與《月令》義合，蓋今文家説如是。鄭君執古《春秋左氏傳》以駁《月令》，似未考古、今文之異也。

季夏之月，御明堂右个，牲先心，設主於中霤，索祀於坤隅。思必睿，陳壽祺曰：「睿，當爲『容』。」**厥休時風。朔令曰：起毁宗，立無後，封廢國，立賢輔，衈喪疾。**

疏證曰：「明堂右个」者，《月令章句》曰「未上之室」。「牲先心，設主於中霤」者，《月令》「其祀中霤，祭先心」，注云：「中霤，猶中室也。土主中央，而神在室。古者複穴，是以名室爲霤。云祀之先祭心者，五藏之次，心次肺，致此心，爲尊也。祀中霤之禮，設主於牖下，乃制心及肺、肝爲俎。其祭肉，心、肺、肝各一。他皆如祀户之禮[四六]。」「索祀於坤隅」者，坤位在西南，《月令》注云：「明堂右个，南堂西偏。」心居中，屬土，季夏中央土盛德在土[四七]，故思心必容，而時風應之。令「起毁宗，立無後，封廢國」者，《史記・三王世家》索隱：「案《明堂月令》：季夏月，可以封諸侯，立大官。」《白虎通》曰：「封諸侯以夏何？陽氣盛，故封諸侯，盛養賢也。」錫瑞案：《月令・孟秋》：「毋以封諸侯，立大官。」故封諸侯必在季夏。

中央之極，自昆侖中至大室之野，帝黄帝、神后土司之。土王之日，禱用牲，迎中氣於

中室，樂用黃鍾之宫，爲民祈福，命世婦治服章，令民□虐。陳壽祺曰：「『虐』，字有誤。盧氏本缺此字。」**其禁：治宫室，飾臺榭，内淫亂，犯親戚，侮父兄。**

疏證曰：《淮南·時則訓》曰：「中央之極，自崑崙東絶兩恒山，日月之所道，江漢之所出，衆民之野，五穀之所宜，龍門、河、濟相貫，以息壤堙洪水之州，東至於碣石，黃帝、后土之所司者，萬二千里。其令曰：平而不阿，明而不苛，包裹覆露，無不囊懷，溥氾無私，正静以和，行稃鬻，養老衰，弔死問疾，以送萬物之歸。」與傳義合。黃帝、后土，亦當爲天帝、天神。《月令》鄭注云「黃帝，軒轅氏。后土，亦顓頊子，曰黎，兼爲土官」，非也。傳云「禱用牲」，「牲」當作「牝」，對孟春「禱用牡」而言。《離》爲牝牛，故用牝也。「樂用黃鍾之宫」者，《月令》「中央土，律中黃鍾之宫」，注云：「黃鍾之宫最長也。十二律轉相生，五聲具，終於六十焉。季夏之氣至，則黃鍾之宫應。」「爲民祈福，命世婦治服章」者，《月令·季夏之月》：「命四監大合百縣之秩芻，以養犧牲，令民無不咸出其力，以共皇天、上帝、名山、大川、四方之神，以祠宗廟、社稷之靈[四八]，以爲民祈福。命婦官染采，黼黻文章，必以法故，無或差貸，黑黃蒼赤，莫不質良，無敢詐僞，以給郊廟祭祀之服，以爲旗章，以別貴賤等級之度。」「禁治宫室」云云者，皆稼穡不成之戒。中央土王之月，故禁之。

西方之極，自流沙西至三危之野，帝少皞、神蓐收司之。自夏日至數四十六日，迎秋

於西堂，距邦九里，堂高九尺，堂階九等，白稅九乘，旌旄尚白，田車載兵，號曰助天收。倡之以商，舞之以干戚，此迎秋之樂也。

疏證曰：《淮南·時則訓》曰：「西方之極，自崑崙絶流沙、沈羽，西至三危之國，石城金室，飲氣之民，不死之野，少昊、蓐收之所司者，萬二千里。其令曰：審用法，誅必辠，備盜賊，禁姦邪，飭羣牧，謹著聚，修城郭，補決竇，塞蹊徑，遏溝瀆，止流水，雝谿谷，守門閭，陳兵甲，選百官，誅不法。」《皇覽》引逸《禮》曰：「自夏至數四十六日，則天子迎秋於西堂，距邦九里，堂高九尺，堂階九等，白稅九乘，旗旄尚白，田車載兵，號曰助天收。唱之以商，舞之以干戚，此迎秋之樂也。」與傳文同。少皞、蓐收，亦當爲天帝、天神。鄭注《月令》云「少皞，金天氏。蓐收，少皞氏之子，曰該，爲金官」，非也。《月令章句》曰：「迎秋者，禮少皞、蓐收之神。於西郊九里，因金數也，樂奏夷則，歌《白藏》。」《續漢·祭祀志》曰：「立秋之日，迎秋於西郊，祭白帝、蓐收，車旗服飾皆白，歌《西皓》，八佾舞《育命》之舞。」《月令·孟秋之月》「其數九」，注云：「金生數四，成數九。但言九者，亦舉其成數。」然則九里、九尺、九等、九乘，皆取義於金之成數矣。《月令章句》曰：「西方有金四、土五，故數九。」《劉芳傳》引：「盧植云：『西郊，九里郊。』賈逵云：『西郊，金帝少皞，九里。』許慎云：『西郊，九里郊也。』鄭玄云：『西郊，去都城九里。』高誘云：『西郊，九里之郊也。』王肅云：『西郊，九里，因金數也。』此又西郊九里之審據也。」「田車載兵，號曰助天收。唱之以商，舞之以干戚」者，《周禮疏》引《鉤命決》云：「西夷之樂曰《侏離》，持鉞助時殺。」《白虎通》引《樂元語》云：「西夷之樂持戟舞，助時煞。」《通典》引《通義》則云「西方持鉞」，《穀梁傳》注徐邈云「鉞在西」，楊子雲云「金爲鉞」，皆與舞以干戚合也。《御覽》引「載兵」之「兵」作「戟」。《月令》「其音商」，注云：「三分徵益一以生商，商數七十二。屬金者，以其濁次宫，臣之象也。秋氣和，則商聲調。」《漢書·律曆志》曰：「金爲商。商之爲言章也，物成孰可商度也。」《鍾律書》同。《白虎通·禮樂》篇曰：「商者，張也，陰氣開張，陽氣始降也。」故倡之以商矣。

孟秋之月，御總章左个，嘗穀用犬，索祀於坤隅。言必從，厥休時暘。陳壽祺曰：「暘，當作『陽』。」**朔令曰：審用法，備盜賊，禁姦邪，飭羣牧，謹貯聚。其禁：毋弛戎備。**

疏證曰：「總章左个」者，《月令章句》曰：「西曰總章。總，合也。章，商也。和金氣之意也。左个，申上室。」「嘗穀用犬」者，《月令·孟秋之月》「食麻與犬」，注云：「犬，金畜也。」又「是月也，農乃登穀，天子嘗新，先薦寢廟」。又《仲秋之月》：「以犬嘗麻，先薦寢廟」。是穀與犬皆秋之時食。傳云「嘗穀用犬」，與《月令》稍異，義亦得通矣。索祀仍於坤隅者，《月令》注云：「總章左个，大寢西堂南偏。」西南，正當坤位。言屬金，秋盛德在金，故言必從，而時陽應之。「審用法，備盜賊，禁姦邪」者，即《月令》「命有司脩法制，繕囹圄，具桎梏，禁止姦，慎罪邪，務摶執」之義。「謹貯聚，毋弛戎備」，即《月令》「命百官始收斂，天子乃命將帥，選士厲兵」之義也。

仲秋之月，御總章正室，牲先肝，設主於門，索祀於兑正。朔令曰：謹功築，遏溝瀆，修囷倉，決刑獄，趣收斂。其禁：好攻戰，輕百姓，飾城郭，侵邊竟。乃令民畋釃，庶甿畢入於室，曰時殺將至，毋罹其菑。

疏證曰：「總章正室」者，《月令章句》曰「西上之室」。「牲先肝，設主於門」者，《月令·孟秋之月》「其祀門，祭先肝」，注云：「秋陰氣出，祀之於門外陰也。祀之先祭肝者，秋爲陰中，於藏直肝，肝爲尊也。祀門之禮，北面設主於門左樞，乃制肝及肺、心爲俎，奠於主南。又設盛于俎東。其他皆如祭竈之禮。」蔡氏《獨斷》云：「門：秋爲少陰，其氣收成，祀之於門。祀門之禮，北面設主於門左樞。」「索祀於兑正」者，兑位正西。《月令》注曰：「總章，大廟西堂，當大室也。」「謹功築，遏溝瀆，脩囷倉，決刑獄，趣收斂」者，即《月令》「可以築城郭，建都邑，穿竇窖，脩囷倉，乃命有司趣民收斂，決刑獄」者。《月令》在季秋之月曰「乃趣獄刑，毋留有罪」，注云：「殺氣已至，有罪者即決也。」傳屬仲秋，與《月令》稍異矣。「禁好攻戰」云云者，皆金不從革之戒。仲秋，金王正月，故尤禁之。「乃令民畋釃，庶甿畢入于室」者，《月令》亦屬季秋之月，曰：「天子乃教於田獵，以習五戎，班馬政。乃命有司曰：『寒氣總至，民力不堪，其皆入室。』」傳屬仲秋，亦與《月令》稍異。而《禮器》鄭注引《王居明堂禮》曰：「仲秋，乃命國醵。」《月令·仲秋之月》「可以築城郭，建都邑，穿竇窖，脩囷倉」，注引《王居明堂禮》曰：「仲秋，命庶民畢入于室，曰：『時殺將至，毋罹其災。』」正與此傳文同。《周禮·夏官·大司馬》：「中秋，教治兵，遂以獮田。」亦與此傳義合。

季秋之月，御總章右个，薦用田禽，索祀于乾隅。朔令曰：除道路，守門閭，陳兵甲，戒百官，誅不法，除道成梁，以利農夫。

疏證曰：「總章右个」者，《月令章句》曰「戌上之室」。「薦用田禽」者，《月令·季秋之月》「命主祠祭禽於四方」，注云：「以所獲禽祀四方之神也。《司馬職》曰：『羅弊，致禽以祀祊。』」正義曰：「四時田獵，皆祭宗廟。《司馬》冬狩云：『致禽饁獸于郊，入獻禽以享烝。』鄭云：『冬田，主用眾物多，眾得取也。致禽饁獸于郊，聚所獲禽，因以祭四方神于郊也。《月令》季秋天子既田，命主祠祭禽四方是也。入，又以禽祭宗廟。』」此秋田薦用禽之證。「索祀於乾隅」者，乾，西北之卦也。《月令》注云「總章右个，西堂北偏」，是西北隅也。「除道路」者，《時則訓·季秋之月》：「通路除道，從境始，至國而後已。」「陳甲兵，戒百官」者，《月令·季秋之月》「天子乃教於田獵，以習五戎」，注云：「五兵，弓矢、殳、矛、戈、戟也。」《時則訓》注云：「刀、劍、矛、戟、矢曰五戎。」《月令》又曰：「申嚴號令，命百官貴賤無不務内，以會天地之藏，無有宣出。」是其證也。「除道成梁」者，《周語》引：「《夏令》曰：『九月除道，十月成梁。』《孟子》曰：『歲十一月徒杠成，十二月輿梁成。』」周之十一月，即夏之九月。是九月已有成梁之事。《月令·仲秋之月》「水始涸」，注云：「此甫八月中，雨氣未止，而云水竭，非也。《周語》曰：『辰角見而雨畢，天根見而水涸。』又曰：『雨畢而除道，水涸而成梁。』辰角見，九月本也。天根見，九月末也。《王居明堂禮》曰：『季秋，除道致梁，以利農也。』」正與此傳文合。

北方之極，自丁令北至積雪之野，帝顓頊、神玄冥司之。自秋分數四十六日，迎冬於北堂，距邦六里，堂高六尺，堂階六等，黑税六乘，旗旐尚黑，田車載甲鐵，號曰助天誅。唱之以羽，舞之以干戈，此迎冬之樂也。

疏證曰：《淮南·時則訓》曰：「北方之極，自九澤窮夏晦之極，案：《後漢書·張衡傳》注引作「大海」，「夏」與「大」義近，「海」、「晦」古字通用。北至令正之谷，有凍寒積冰，雪雹霜霰，漂潤羣水之野，顓頊、玄冥之所司者，萬二千里。其令曰：申羣禁，固閉藏，修障塞，繕關梁，禁外徙，斷罰刑，殺當罪，閉關閭，大搜客，止交游，禁夜樂，蚤閉晏開，以索姦人。已得，執之必固。天節已幾，刑殺無赦，雖有盛尊之親，斷以法度。毋行水，毋發藏，毋釋罪。」《皇覽》引逸《禮》曰：「自秋分數四十六日，則天子迎冬於北堂，距邦六里，堂高六尺，堂階六等，黑稅六乘，旗旄尚黑，田車載甲鐵鍪，號曰助天誅。唱之以羽，舞之以干戈，此迎冬之樂也。」皆與此傳文合。顓頊、玄冥，亦當爲天帝、天神。鄭注《月令》云「顓頊，高陽氏。玄冥，少皞氏之子，曰修、曰熙，爲水官」，非也。《月令章句》曰：「迎冬者，禮顓頊、玄冥之神也。於北郊六里，水數也。樂奏應鍾，歌《玄英》。」《續漢・祭祀志》曰：「立冬之日，迎冬於北郊，祭黑帝、玄冥，車旗服飾皆黑，歌《玄冥》，八佾舞《育命》之舞。」《月令・孟冬之月》「其數六」，注云：「水生數一，成數六。但言六者，亦舉其成數。」然則六里、六尺、六等、六乘，皆取義於水之成數矣。《月令章句》曰：「北方有水一、土五，故數六。」《劉芳傳》引：「盧植云：『北郊，六里郊也。』賈逵云：『北郊，水帝顓頊，六里。』許慎云：『北郊，六里郊也。』鄭玄云：『北郊，去都城六里。』高誘云：『北郊，六里之郊也。』王肅云：『北郊，六里，因水數也。』此又北郊六里之審據也。」《月令》曰「載玄旂」，故旗旄尚黑。又曰「駕鐵驪」，注云：「鐵驪，色如鐵。」傳曰「載甲鐵」，「鐵」當即是「鐵驪」，《詩》所謂「駟鐵」，馬被具裝者也。逸《禮》作「鐵鍪」，則是胄。甲、胄同類，或此傳「甲鐵」，亦即是「鐵甲」與？

「號曰助天誅。唱之以羽，舞之以干戈」者，《周禮疏》引《鉤命決》曰：「北夷之樂曰《禁》，持楯，助時藏。」《白虎通》引《樂元語》曰：「北夷之樂持干舞，助時藏也。」《穀梁傳》注徐邈云「盾在北」，楊子雲曰「水爲盾」，《禮記隱義》曰「北方盾」，皆與傳舞干合。而傳云兼舞干戈，號曰助天誅，則與《鉤命決》、《樂元語》義少異矣。《御覽》引《皇覽》「干戈」之「干」作「籥」，下又云：「所以迎四時樂，秋養九志於西堂，冬養九勝於北堂，養後三日而止。天子行殺，必順天道。」《月令・孟冬之月》「其音羽」，注云：「三分商去一以生羽，羽數四十八。屬水者，以爲最清，物之象也。冬氣和，則羽聲調。」《漢書・律曆志》曰：「羽爲水。羽者，宇也，物聚臧，宇覆之也（四九）。」《鍾律書》同。《白虎通・禮樂》篇曰：「水謂羽。羽者，紓也，陰氣在上，陽氣在下。」

孟冬之月，御玄堂左个，祈年用牲，索祀於乾隅。聽必聰，厥休時寒。朔令曰：申羣禁，修障塞，畢積聚，繫牛馬，收澤賦。其禁：毋作淫巧。

疏證曰：「玄堂左个」者，《月令章句》曰：「北曰玄堂。玄者，黑也。其堂嚮玄，故曰玄堂。左个，亥上之室也。」「祈年用牲」者，《月令・孟冬之月》「天子乃祈來年于天宗，大割祠于公社及門閭，臘先祖五祀」，注云：「此《周禮》所謂蜡祭也。天宗，謂日、月、星辰也。大割，大殺羣牲割之也。臘，謂以田獵所得禽祭也。五祀，門、户、中霤、竈、行也。或言祈年，或言大割，或言臘，互文。」索祀仍於乾隅者，《月令》注曰：「玄堂左个，北堂西偏也。」北西隅，即西北隅矣。聽屬水，冬盛德在水，故聽必聰，而時寒應之。「申羣禁，修障塞，畢積聚」者，即《月令》「命百官謹蓋藏，命司徒循行積聚，無有不斂，坏城郭，戒門閭，修鍵閉，慎管籥，固封疆，備邊竟，完要塞，謹關梁，塞徯徑」之義。「繫牛馬」者，《月令·仲冬之月》「農有不收藏積聚者，馬牛畜獸有放佚者，取之不詰」，注云：「此收斂尤急之時，人有取者不罪，所以警懼其主也。《王居明堂禮》曰：『孟冬之月，命農畢積聚，繫牛馬。』」傳繫此於孟冬之月，與《月令》少異，而與逸《禮》正合也。「收澤賦」者，《月令》曰「乃命水虞、漁師收水泉池澤之賦，毋或敢侵削衆庶兆民，以爲天子取怨於下。其有若此者，行罪無赦」，注云「因盛德在水，收其税」是也。「禁毋作淫巧」者，《月令》「命工師效功，陳祭器，案度程，毋或作爲淫巧，以蕩上心」，注云「淫巧，謂奢僞怪好也」，《時則訓》曰「作爲淫巧，必行其罪」，注云「淫巧，非常之巧」是也。

仲冬之月，御玄堂正室，牲先腎，設主於井，索祀於坎正。朔令曰：搜外徒，止夜樂，誅詐僞，省醞釀，謹閉關。其禁：簡宗廟，不禱祠，廢祭祀，逆天時。乃令民罷土功。

疏證曰：「玄堂正室」者，《月令章句》曰「子上之室」。「牲先腎，設主於井」者，《月令·孟冬之月》「其祀行，祭先腎」，注云：「冬陰盛，寒於水，祀之於行，從辟除之類也。祀之先祭腎者，陰位在下，腎亦在下，腎爲尊也。行在廟門外之西爲軷壤，厚二寸，廣五尺，輪四尺。祀行之禮，北面設主於軷上，乃制腎及脾爲俎，奠於主南。又設盛於俎東，祭肉，腎一、脾再。其他皆如祀門之禮。」是鄭本《月令》作「其祀行」，而《白虎通·五祀》篇引《月令》曰「其祀井」。

秦静云：今《月令》謂「行」爲「井」。《吕氏春秋》注曰：「行，或作『井』。」《淮南·時則訓》「其祀井」，注云：「或作『行』。」是《月令》有「祀行」、「祀井」兩本不同。此蓋同今《月令》作「井」也。「索祀於坎正」者，坎正，北方之卦也。《月令》注云：「玄堂，太廟北堂，當大室。」「揫外徒，止夜樂，誅詐僞」，與《時則訓》同義。「省醖釀，謹閉關」者，即《月令》「乃命大酋，秫稻必齊，麴蘖必時，湛熾必絜，水泉必香，陶器必良，火齊必得。兼用六物，大酋監之，毋有差貸。命奄尹申宫禁[五〇]，審門閭，謹房室，必重閉」之義。「禁簡宗廟」云云者，皆水不潤下之戒。仲冬，水王之正月，故尤禁之。「令民罷土功」者，《月令》：「命有司曰：土事毋作，慎毋發蓋，毋發室屋，及起大衆，以固而閉。地氣沮泄，是謂發天地之房。」

季冬之月，御玄堂右个，薦用魚，索祀於艮隅。朔令曰：省牲牷，修農器，收秸薪，築囹圄，謹蓋藏，乃大儺以禳疾，命國爲酒，以合三族，君子説，小人樂。以上自「東方之極」至此，見明黄佐《六藝流别》卷十七《五行》篇。

疏證曰：「玄堂右个」者，《月令章句》曰「丑上之室」。《月令·季冬之月》「命漁師始漁。天子親往，乃嘗魚，先薦寢廟」，注云：「此時魚絜美。」《詩·周頌序》曰：「季冬薦魚。」毛傳曰：「冬，魚之性定。」索祀亦於艮耦者，艮，東北之卦也，萬物之所成終，而所成始也。《月令》注云：「玄堂右个，北堂東偏。」北東，亦爲艮隅。蓋孟春青陽左个，艮隅之所以成始；季冬玄堂右个，艮隅之所以成終矣。「省牲牷，修農器，收秸薪」者，《月令》「乃命太史次諸侯之列，賦之犧牲，以共皇天、上帝、社稷之饗。乃命同姓之邦，共寢廟之芻豢。命宰，歷卿、大夫至於庶民土田之數而賦犧牲，以共山林、名川之祀。令告民出五種，命農計耦耕事，修耒耜，具田器。乃命四監，收秩薪柴，以供郊廟及百祀之薪燎」，是其證也。「築囹圄，謹蓋藏」者，《月令·仲冬之月》「塗闕廷門閭，築囹圄，此以助天地之閉藏也」，與此稍殊。「乃大儺以禳疾」者，《月令》「命有司大難，旁磔，出土牛，以送寒氣」，注云：「此難，儺陰氣也。難陰始於此者，陰氣右行，此月之中，日歷虚、危，虚、危有墳墓四司之氣，爲厲鬼，將隨强陰出害人也。」正義曰：「言大者，以季春唯國家之難，仲秋唯天子之難，此則下及庶人，故云大難。」《月令章句》曰：「日行北方之宿，北方太陰，恐爲所抑。故命有司大儺，所以扶陽抑陰也。」「命國爲酒，以合三族，君子説，小人樂」者，《月令》「命樂師大合吹而罷」，注云：「歲將終，與族人大飲，作樂於大寢，以綴恩也。言罷者，此用禮樂於族人最盛，後年若時乃復然也。凡用樂必有禮，用禮則有不用樂者。《王居明堂禮》：『季冬，命國爲酒，以合三族，君子説，小人樂。』」正義曰：「三族，父、子及身，則《小記》云『親親以三爲五，以五爲九』是也。『君子説』，謂卿、大夫、士。『小人樂』，謂凡庶也。」據鄭注，則此傳亦本逸《禮》文也。

陳壽祺曰：「《六蓺流别》全載《五行傳》一篇，自『維王后元祀』至『上下王祀』，下即接『東方之極』云云至『小人樂』，惟無『六沴之禮』至『卒於北方』之節，及『田獵不宿』至『水不潤下』一節。篇題下云：『伏生《尚書大傳》，紀帝舜命禹攝政初祀事。』盧氏本與《六蓺流別》同，而多『六沴之禮』一節及末『田獵不宿』至『水不潤下』一節。今以盧本末一節『咎徵』移置『東方之極』云云之前，於文爲順。」又曰：「此一節據《六蓺流別》，明云『帝舜命禹攝政初祀事』，碻是伏書。然其文頗不類伏書，又時與伏書相複。他書亦無有稱引者，惟《皇覽》稱逸《禮》與此大同，皆可疑也。」錫瑞案：《淮南・時則訓》、鄭注《月令》引《王居明堂禮》，皆與傳文若合符節，蓋同據古禮爲説，其爲伏書，殆無可疑。

【校勘記】

〔一〕「月未成之名」，《説文・月部》本作「月未盛之明也」。

〔二〕「貌」，原誤作「象」，據《漢書・五行志中之上》改。

〔三〕「木氣病」，原脱，據《漢書・五行志中之上》補。

〔四〕「制」，原誤作「則」，據《南齊書・五行志》改。

〔五〕「剛」上，原衍「蹄」，據《漢書・五行志中之下》删。

〔六〕「南齊志傳又」，原脱「志」、「又」，據《南齊書・五行志》補。

〔七〕「是」下，原衍「非」，據《文獻通考·郊社考》删。

〔八〕「華」，原闕，據《文獻通考·郊社考》補。

〔九〕「陰」，今中華書局點校本《南齊書·五行志》作「君」。

〔一〇〕「爲」，原脱，據《南齊書·五行志》補。

〔一一〕「天」，原脱，據陳壽祺輯校本補。

〔一二〕「馬多死」，原脱，據《南齊書·五行志》補。

〔一三〕「至」上，原衍「立」，據《漢書·孔光傳》删。

〔一四〕按，此注語今不見於《周禮·大宗伯》。皮錫瑞《聖證論補評》因俞正燮《六府非六天名説》引用此注，加案語指正其誤，而此處似屬轉引俞氏，未覺其誤。

〔一五〕「也」，原脱，據陳壽祺輯校本補。

〔一六〕「謀」，原誤作「謂」，據《漢書》顔注改。

〔一七〕「車」，《隋書·五行志》本作「輿」。又，「和鸞」，《隋志》本作「鸞和」。

〔一八〕「出入有名，使民以時」，《隋書·五行志》本無。

〔一九〕「法度」，《隋書·五行志》本作「禮制」。

〔二〇〕「時增賦税以奪人」，原脱，又「財」原誤作「材」，據《隋書·五行志》增改。

〔二一〕「挺」，原誤作「誕」，據《春秋繁露義證》改。

〔二二〕「稅」，原誤作「端」，據《春秋繁露義證》改。

〔二三〕「鱗」，原誤作「魚」，據《春秋繁露義證》改。

〔二四〕「闕觀」，原倒，據《南齊書・五行志》乙正。

〔二五〕「體」，原誤作「神」，據《史記正義》改。

〔二六〕「一」，原脱，據《史記正義》補。

〔二七〕「后族」，原脱，據《史記正義》補。

〔二八〕「招」，原誤作「占」，據《史記索隱》改。

〔二九〕「天子亦當誅之」，《史記索隱》本作「亦當天子命誅也」。

〔三〇〕「喙」，《史記正義》本作「咮」。

〔三一〕「疏」，原誤作「屬」，據《漢書・五行志》改。

〔三二〕「亡」，原誤作「有」，據《漢書・五行志》改。

〔三三〕「晢」，原誤作「警」，據《漢書・五行志》改。

〔三四〕「王」，原誤作「五」，據《南齊書・五行志》改。

〔三五〕「止」上，原衍「正」，據《南齊書・五行志》删。

〔三六〕「形」，原脱，據《南齊書・五行志》補。

〔三七〕「二」，原誤作「三」，據《史記正義》改。

〔三八〕「無故」，原脱，據陳壽祺輯校本補。

〔三九〕「祠」，《春秋繁露》本作「祀」。

〔四〇〕「官」，《春秋左傳》杜注本作「行」。

〔四一〕「白毛虎狀」，似不通。按，《左傳正義》引《國語・晉語》云「虢公夢在廟，有神人面白、毛虎爪」。

〔四二〕「中央之神」句，《漢書・魏相傳》本作「中央之神黄帝，乘《坤》、《艮》，執繩，司下土」。

〔四三〕「中郊」，原脱「郊」字，據《太平御覽》卷五百二十七《禮儀部六・郊丘》補。

〔四四〕「鮪」，原脱，據《禮記正義》補。

〔四五〕「亦」，原誤作「益」，據《禮記正義》改。

〔四六〕「設主」至「祀户之禮」，原脱，據《禮記正義》補。

〔四七〕「季夏中央土」，據文例，「土」字疑衍。

〔四八〕「社稷」，原脱，據《禮記正義》補。

〔四九〕「臧」，原誤作「盛」；「覆」，原誤作「象」，據《漢書・律曆志》改。

〔五〇〕「禁」，《禮記正義》本作「令」。

尚書大傳疏證卷五

大誥

《書》曰：「民儀有十夫。」《困學紀聞》卷二。

疏證曰：《漢書·翟義傳》曰：「民獻儀九萬夫。」孟康曰：「民之表儀，謂賢者。」段玉裁云：「孟此注釋『儀』字而已，非釋『獻』也。此《大誥》多依今文，必作『民儀九萬夫』，『獻』字必系用古文改『儀』字，遂致兩存而小顔不辨。《古文苑》班固《車騎將軍北征頌》云：『民儀響慕，羣英影附。』此用今文《尚書》『民儀』二字也。」

周公先謀於同姓，同姓從，謀於朋友。朋友從，然後謀於天下。天下從，然後加之蓍龜。是以君子、聖人謀義，不謀不義，故謀必成；卜義，不卜不義，故卜必吉。以義擊不義，故戰必勝。是以君子、聖人謀則吉，戰則勝。《御覽》四百五十《人事部》九十一。又《六蓺流别》卷二十。

疏證曰：此解經「朕卜并吉」文也。《書正義》引鄭注云：「卜并吉者，謂三龜皆從也。時既卜，乃後出誥，故云然。」攷此傳，亦與《洪範》文義相通。《説苑·權謀》篇曰：「聖王之舉事，必先諦之於謀慮，而後考之於蓍龜。白屋之士，皆關其謀。芻蕘之役，咸盡其心。故《洪範》先謀卿士、庶人，後卜筮也。」《白虎通·蓍龜》篇曰：「所以先謀及卿士何？先盡人事。念而不能得，思而不能知，然後問于蓍龜。聖人獨見先睹，必問蓍龜何？示不自專也。或曰：清微無端緒，非聖人所及，聖人亦疑之。《尚書》曰『女則有疑』，謂武王也。」

金縢

陳壽祺曰：「葉夢得云：伏生《大傳》以天、地、四時爲七政，以《金縢》作於周公歿後。」

武王殺紂，立武庚，《毛詩·邶鄘衛譜》正義引有「立武庚」三字。**而繼公子禄父，**注 繼者，以武庚爲商後也。

疏證曰：《論衡·恢國》篇曰：「隱彊，異姓也，尊重父祖，復存其祀。立武庚之義，繼禄父之恩，方斯羸矣。」王仲任習《歐陽尚書》，此引「立武庚、繼禄父」，與《大傳》文合，蓋所引即《大傳》。今文家説以武庚、禄父爲二人，立武庚、繼禄父爲二事。鄭注以武庚即禄父，此古文義，與今文不同。依今文，當從《詩譜》正義所引《大傳》，有「立武庚」三字。吴中本亦有之。

陳本無，今增入。武王立武庚而繼公子禄父者，武庚王子，禄父公子，誅君之子不立，故以公子禄父繼殷後，别立武庚，以備三監。下文云管、蔡監禄父，不及武庚者，據周人之監者言之。

使管叔、蔡叔監禄父。 注 不及霍叔者，蓋赦之也。

疏證曰：《史記·周本紀》、《管蔡》《魯》《衛世家》，皆言管叔、蔡叔，不及霍叔。王引之歷引古書，以證三監當數管、蔡、武庚，不數霍叔。其説甚塙。然則《大傳》之義，本不及霍叔。鄭注謂「赦之」，故不及，非《大傳》義也。

武王死，成王幼。周公盛養成王， 注 盛，猶長也。**使召公奭爲傅。周公身居位，聽天下爲政。** 《通鑑前編》引「爲」作「之」。**管叔疑周公，** 《毛詩·邶鄘衛譜》、《豳風·破斧》正義，《左傳》定四年正義，並引此傳「管蔡流言」，是「管叔」下當有「蔡叔」二字。《御覽》無之，宜據《詩疏》增。**流言於國曰：「公將不利於王。」奄君薄姑，** 注 玄或疑焉。薄姑，齊地，非奄君名也。

疏證曰：《書序》：「成王既踐奄，將遷其君於薄姑，周公告召公，作《將薄姑》。」釋文：「蒲，如字。徐又扶各反。馬本作『薄』。」《史記·周本紀》：「東伐淮夷，殘奄，遷其君溥姑。」馬融曰：「齊地。」然則「蒲」、「薄」古通用。鄭蓋用其師説，以蒲姑爲地名，非人名也。江聲曰：「據伏生《大傳》云『奄君蒲姑謂禄父曰』，《周本紀》云『遷其君蒲姑』，然則蒲姑，奄君之名，此《敘》當言『將遷其君薄姑』，『於』乃衍字也。成王遷奄君，其地遂爲齊所有，故《左傳》云：『蒲姑氏因之，而後太公因之。』蒲姑氏即奄君也。」案：江説雖通，然《書序》、《史記》所云「踐奄」，與《大傳》「踐奄」實非一事，不得混而爲一。《大傳》周公踐奄，是攝政三年。《書序》、《史記》成王踐奄，是即政之後，周公伐奄，成王不親行，而《多方》云「王來自奄」。此異人、異時之證。《大傳》云「踐之者，謂殺其身，執其家，瀦其宫」，是周公殺奄君。而成王踐奄，則遷其君而不殺。又異人、異事之證。《書序》：「成王東伐淮夷，遂踐奄。」僞孔傳云：「成王即政，淮夷、奄國又叛。王親征之，遂滅奄而徙之，以其數反覆。」正義曰：「周公攝政之初，奄與淮夷從管、蔡作亂，周公征而定之。成王即政之初，淮夷與奄又叛，成王親往征之。」傳、疏此説，按之經文、《書序》、《大傳》、《史記》，皆不相背，其義必有所受。蓋本於今文家，不得以其異於鄭義而疑之。然則周公踐奄，誅其君而未滅其國；成王踐奄，滅其國而遷其君，兩事各不相蒙。《大傳》云「奄君薄姑」，必是人名。《書序》云「將遷其君於蒲姑」，當是地名。奄君名薄姑，不妨齊地亦名薄姑。如晉悼公名周，魯定公名宋，皆違「名子不以國」之義，解者必欲合爲一事。鄭君以地名疑人名，江氏又以人名疑地名，胥失之矣。

謂禄父曰：「武王既死矣，成王尚幼矣，《毛詩》《左傳正義》引此句，作「成王尚幼矣」。

疏證曰：作「成王」者是也。《酒誥》「王若曰」，釋文曰：「馬本作『成王若曰』。」注云：「俗儒以爲成王骨節始成，故曰成王。或曰：以成王爲少成二聖之功，生號曰成王，没因爲謚。」正義曰：「馬、鄭、王本以文涉三家而有『成』字。三家云：王年長，骨節成立。」是三家今文與馬、鄭、王古文皆作「成王」。三家直以「成王」爲生時之號。《大傳》：「周公疾，曰：『吾死，必葬我成周，示天下臣於成王。』」《史記·魯世家》文畧同。又周公誡伯禽曰：「我，文王之子、武王之弟、成王之叔父。」《荀子·堯問》篇、《韓詩外傳》文畧同。此皆生號「成王」，如湯生號「武王」之例。《周頌》作於成王、周公時，《昊天有成命》云「成王不敢康」，《國語》以爲「道成王之德」，亦其明證。自馬、鄭不從今文之説，世遂不知「成王」是生號，並《大傳》之文亦妄改之，云「今王尚幼矣」，蓋疑成王在，不得稱謚也。此當從《詩》《左傳疏》，作「成王」。陳本作「今王」，今更正。

周公見疑矣。此世之將亂也，《毛詩》《左傳正義》引此句，作「百世之時也」。**請舉事。」**注言周弱，且不和，欲伐之而復政也。**然後禄父及三監叛也。周公以成王之命，殺禄父。**自「武王殺紂」下，見《御覽》六百四十七《刑法部》十三。又《御覽·封建部》四、《四夷部》一、《刑法部》七、《毛詩·邶鄘衛譜》、《豳風·破斧》、《齊譜》、《左傳》定四年諸正義，《通鑑前編》「成王二年」，《繹史》二十二。

疏證曰：《大傳》止言管、蔡，不言霍叔，是止有二監，並禄父爲三監。此「三監」，當作「二監」，淺人誤改之耳。傳言「周公身居位，聽天下爲政」，此又言「以成王之命」者，蓋言「居攝踐阼」者，紀事之實；言「以成王之命」者，推公之心。《史記》亦云「周公奉成王命」。此與攝政、稱王之説兩義，當互相證，初不相背。世有據此文以駁攝王者，非也。

遂踐奄。踐之云者，謂殺其身，執其家，豬其宮。《毛詩・豳風・破斧》正義、《經典釋文・成王政序》下。

疏證曰：陳壽祺曰：「曲阜孔氏廣林本以『遂踐奄』云云入《成王政》篇，恐非。」錫瑞案：陳説是也。《成王政》下爲《將蒲姑》，云「將遷其君」，與此傳云「殺其身」不合。《禮記・檀弓》曰：「邾婁定公時，有殺其父者。公曰：『寡人嘗學斷斯獄矣。臣弑君，凡在官者，殺無赦；子弑父，凡在宮者，殺無赦。殺其人，壞其室，洿其宮而豬焉。』」鄭注：「明其大逆，不欲人復之也。」

成王幼，在襁褓。《毛詩・斯干》正義引：「《書傳》説成王之幼云：『在襁褓。』襁，小兒被也（一）。」

疏證曰：陳壽祺曰：「『在襁褓』三字，當在上傳『成王幼』之下。」錫瑞案：《史記・魯世家》云：「成王少，在强葆之中。」《蒙恬列傳》曰：「昔周成王初立，未離襁緥。」賈子《新書》曰：「昔者周成王幼，在襁褓之中。」《春秋繁露》曰：「武王崩，成王幼而在襁褓之中。」《淮南・要畧》篇云：「武王崩，成王在襁褓之中。」《大戴禮・保傅》曰：「昔者周成王幼，在襁褓之中。」盧辨注曰：「武王崩，成王十有三也，而云『在襁褓之中』，言其小。」錫瑞謂：盧注是也。

古書多形容已甚之詞，非可執爲事實。《異義》古《尚書》説：「武王崩，成王年十三。」鄭康成以爲武王崩時，成王年十歲。今文雖無明文可據，然《史記》既云「成王少，在强葆之中」，後又云「成王七年，成王長，能聽政，於是周公乃還政於成王」，若誠立在强葆，加以七年，不過十歲上下，何得遂云「長，能聽政」乎？公既攝政，何不再攝數年，而輕授之十歲孺子乎？且《鴟鴞》貽王在居攝三年，若成王止六、七歲，何以云「王未敢誚公」？《洛誥》載成王與周公往復之辭，亦非十齡幼子可辦。《大傳》「七年致政」，與《史記》同，則所云「在襁褓」，亦當與《史記》同，皆甚言之耳。成王初立之年，當如古《尚書》説年十三，加以七年爲二十歲，故曰「長，能聽政」。今文之義，當與古文無大異。近人有執襁褓爲事實，謂今文必與古文不同，蓋未證以《史記》之文，亦未知其與經文不合也。

周公致政，封魯，老於周，心不敢遠成王，欲事文、武之廟。公疾，曰：「吾死，必葬成周，示天下臣於成王。」及死，成王葬之畢，而云「示天下不敢臣」。故公封於魯，身未嘗居魯。《路史·後紀》十《高辛紀下》注。又《詩地理考》五引「周公封於魯，未嘗居魯也」。

疏證曰：陳壽祺曰：「《荀子·儒效》篇：『周公歸周，反籍於成王，而天下不輟事周。』楊倞注：『周公所封畿内之國亦名周，《春秋》周公黑肩蓋其後也。言周公自歸其國也。』此周公『老於周』之事。」錫瑞案：《公羊》文十三年傳曰：「然則周公之魯乎？曰：不之魯也。封魯公，以爲周公主。王念孫云：「主，衍字。」然則周公曷爲不之魯？欲天下之一乎周也。」注：「周公聖人，德至重，功至大，東征則西國怨，西征則東國怨。嫌之魯，恐天下迴心趣鄉之，故封伯禽，命使遥供養，死則奔喪爲主，所以一天下之心於周室。」《白虎通·封公侯》篇曰：「周公不之魯何？爲周公繼武王之業也。」

三年之後，此句上，當依《路史》所引，增「周公致政，封魯」六字。**周公老於豐，心不敢遠成王，而欲事文、武之廟。然後周公疾，曰：「吾死，必葬於成周，示天下臣於成王。」成王曰：「周公生欲事宗廟，死欲聚骨於畢。」畢者，文王之墓也。故周公薨，成王不葬於成周，而葬之於畢，示天下不敢臣也，所以明有功，尊有德。故忠孝之道，咸在成王、周公之間。故魯郊，成王所以禮周公也。**《通鑑前編》「成王十一年」。又《儀禮經傳通解續》卷五《喪大記上》注節引。

疏證曰：公本欲葬文、武之墓，而以遠成王爲嫌，故遺命云必葬成周，然非公之本意。故天動威，以戒成王。王知公意，乃葬之於畢也。公不敢遠成王，是忠；欲葬於文、武墓，是孝。

周公疾，曰：「吾死，必葬於成周，示天下臣於成王也。」周公死，陳壽祺曰：「此下當依《儒林傳》注，增『成王欲葬之於成周』八字。」**天乃雷雨以風，禾盡偃，大木斯拔。國恐。**陳壽祺曰：「當依

《漢書・儒林傳》注引作『國人大恐』。」**王與大夫開金縢之書，執書以泣曰：「周公勤勞王家，予幼人弗及知。」乃不葬於成周，而葬之於畢，示天下不敢臣。**《漢書・梅福傳》注。

疏證曰：《史記・魯世家》曰：「周公在豐，病，將没，曰：『必葬我成周，以明吾不敢離成王。』周公既卒，成王亦讓，葬周公於畢，從文王，以明予小子不敢臣周公也。周公卒後，秋，未穫。暴風雷雨，禾盡偃，大木盡拔。周國大恐。成王與大夫朝服，以開金縢書，王乃得周公所自以爲功代武王之説。二公及王乃問史、百執事，史、百執事曰：『信有！昔周公命我勿敢言。』成王執書以泣曰：『自今後，其無繆卜乎！昔周公勤勞王家，惟予幼人弗及知。今天動威以彰周公之德，惟朕小子其迎，我國家禮亦宜之。』王出郊，天乃雨，反風，禾盡起。二公命國人，凡大木所偃，盡起而築之。歲則大孰。於是成王乃命魯得郊祭文王。魯有天子禮樂者，以褒周公之德也。」今文家言《金縢》惟此最詳，義蓋本於《大傳》。《漢書・梅福傳》福上書曰：「昔成王以諸侯禮葬周公，而皇天動威，雷雨著災。」又《儒林傳》谷永上疏曰：「昔周公薨，成王葬以變禮，而當天心。」《白虎通・封公侯》篇曰：「周公身薨，天爲之變。成王以天子之禮葬之，命魯郊，以明至孝，天所與也。」又《喪服》篇曰：「養從生，葬從死。周公以王禮葬何？以爲周公踐阼理政，與天同志，展興周道，顯天度數，萬物咸得，休氣充塞，原天之意，子愛周公，與文、武無異，故以王禮葬，使得郊祭。《尚書》曰『今天動威以彰周公之德』，下言『禮亦宜之』。」《論衡·順鼓》篇曰：「周成王之時，天下雷雨，偃禾拔木，爲害大矣。成王開金縢之書，求索行事，得周公之功，執書以泣，遏雨止風，反禾、大木復起。」又《感類》篇：「《金縢》曰：『秋，大孰，未獲。天大雷電當作「雨」以風〔二〕，禾盡偃，大木斯拔。邦人大恐。』當此之時，周公死。儒者説之，以爲成王狐疑於周公：欲以天子禮葬公，公人臣也；欲以人臣禮葬公，公有王功。狐疑於葬周公之間，天大雷雨，動怒示變，以彰聖功。」《後漢書·周舉傳》詔問曰：「昔者周公攝天子事，及薨，成王欲以公禮葬之，天爲動變。及更葬以天子之禮，即有反風之應。」舉對曰：「昔周公有請命之應，隆太平之功，故皇天動威，以章聖德。」李賢注引《尚書·洪範五行傳》曰：「周公死，成王不圖大禮，故天大雷雨，禾偃，木拔〔三〕。及成王寤金縢之策，改周公之葬，尊以王禮，申命魯郊，而天立復風雨，禾稼盡起。」又《張奐傳》奐上疏曰：「昔周公葬不如禮，天乃動威。」何休僖三十一年《公羊解詁》曰：「昔武王既没，成王幼少，周公居攝，行天子事，制禮作樂，致太平，有王功。周公薨，成王以王禮葬之，命魯使郊，以彰周公之德。」兩漢人引今文家説，大旨相同。自馬、鄭古文剏爲異義，習聞其説者，乃疑今文爲誤，謂「秋，大孰」以上前無所承，首尾不相聯貫。不知據《魯世家》「王亦未敢訓周公」之下，「周公在豐」之上，事隔多年，書隔數篇，則今文《尚書》之文當與古文不同。孫星衍以「秋，大孰」以下爲《亳姑》篇文，似亦近之。不得據後出之古文，而疑《大傳》最初之義也。

周公死，成王欲葬之於成周。天乃雷雨以風，禾盡偃，大木斯拔。國人大恐。王乃葬周公於畢，示不敢臣也。《漢書·儒林傳》注。又《後漢書·張奂傳》注「雨」作「電」，誤。

嘉禾

陳壽祺曰：「《漢藝文志考證》云《大傳序》有《嘉禾》、《揜誥》，今本闕。」

疏證曰：《尚書中候》曰：「嘉禾長五尺，三十五穗。」《禮斗威儀》曰：「人君乘土而王，其政昇平，則嘉穀並生。」《孝經援神契》曰：「德下至地，則嘉禾生。」《春秋運斗樞》曰：「旋星明則嘉禾液。」《感精符》曰：「日下淪於地，則嘉禾興。」《説題辭》曰：「天文以七，列精以五。故嘉禾之滋，莖長五尺，五七三十五，神盛，故連莖三十五穗，以成盛德，禾之極也。」《白虎通·封禪》篇曰：「德至地，則嘉禾生。嘉禾者，大禾之爲美瑞者也。」

成王之時，有三苗貫桑葉而生，同爲一穗，其大盈車，長幾充箱。民得而上諸成王。《尚書·歸禾序》正義。

疏證曰：《韓詩外傳》五云：「成王之時，有三苗貫桑而生，同爲一秀，大幾滿車，長幾充箱。武王問周公曰：『此何物也？』周公曰：『三苗同一秀，意者天下殆同一也。』比期三年，果有越裳氏重九譯而至，獻白雉於周公。」《説苑》、《白虎通》所載畧同，蓋皆本《大傳》。

成王時，有苗異莖而生，同爲一穟。人有上之者，王召周公而問之。公曰：「三苗爲一穗，抑天下共和爲一乎？」果有越裳氏重譯而來。《御覽》八百三十九《百穀部》三。又《初學記》二十七《草部》、又《記纂淵海》卷四引，並無末九字。《記纂》作「異畝同穗」，《初學記》「穟」並作「穗」。

疏證曰：《書序》云：「唐叔得禾，異畝同穎。」《魯世家》云：「唐叔得禾，異母同穎。」據此傳云「異莖」，則今文當作「異母」，與古文《序》作「畝」不同。陳喬樅謂「母」疑是「晦」之壞字，非也。

拔而貢之。《尚書·歸禾序》正義。

陳壽祺曰：「《尚書正義》引『成王之時』云云，又引下傳云『拔而貢之』，其文不備。今盧本《大傳》『越裳氏』上，有『拔而貢之文王之廟』八字。《記纂淵海》卷四引孫氏《瑞應圖》曰：『周時，嘉禾三本同穗，貫桑而生，其穗盈箱，生於唐叔之國，以獻。周公曰：此嘉禾也，太和氣之所生焉。此文王之德。乃獻文王之廟。』據此，則《大傳》當有『拔而貢之文王之廟』之語，而《書疏》僅存上四字，餘無所徵，因録《瑞應圖》之文以備考。《記纂淵海》又引《大傳》『嘉禾莖長五尺，三十五穗』，恐非《大傳》文，不録。」

交阯之南，有越裳國。周公居攝六年，制禮作樂，天下和平。越裳以三象重譯而獻白

雉，曰：「道路悠遠，山川阻深，音使不通，故重譯而朝。」成王以歸周公。公曰：「德不加焉，則君子不饗其質；【注】質，亦贄也。政不施焉，則君子不臣其人。吾何以獲此賜也？」其使請曰：「吾受命吾國之黃耇曰：『久矣，天之無別風淮雨。【注】淮，暴雨之名也。意者中國有聖人乎？有，則盍往朝之？』」周公乃歸之於王，稱先王之神致，以薦於宗廟。周德既衰，於是稍絶。《御覽》七百八十五《四夷部》六。「別風淮雨」及注從吳中本。又《御覽·天部》九、《後漢書·馬融傳》注、王元長《曲水詩序》注、《事類賦》二。又《文選·應吉甫華林園詩集》注引作「恐使之不通，故重三譯而朝也」，注：「鄭玄曰：欲其轉相曉也。」王元長文注引作「重九譯」。《毛詩·臣工》正義引「德」下多「澤」字，「政」下多「令」字。《白虎通》、《通典》引「政」作「正朔」。

周成時，越裳氏來獻白雉，曰：「吾聞國之黃耇曰：『天無烈風淫雨，江海不波溢，於茲久矣。意中國有聖人，盍往朝之？』故重三譯而至。」《稽瑞》引《尚書大傳》。

疏證曰：陳壽祺曰：「《御覽·天部》一本引作『天之無烈風東西南北來也』，下六字當是注文，誤入傳。」又曰：「劉勰《文心雕龍》云：《尚書大傳》『別風淮雨』，《帝王世紀》作『列風淫雨』。列、淫義當而不奇，別、淮理違而新異，乃謂《大傳》字作別、淮。考《御覽》先引《尚書説》曰『淮雨』，注『淮，暴雨之名也』，下又引《尚書大傳》曰『久矣，天之無烈風澍雨』，注『暴雨也』。兩書兩注，各不同，則《尚書説》非伏氏《大傳》，而《大傳》作『澍』，不作『淮』，明矣。《御覽·四夷部》六又引作『注』字，此寫誤也。《蓺文類聚·天部》引作『烈風迅雨』，亦非。而『烈』字，諸書不異，鄭君亦無注，則《大傳》作『烈』，不作『别』，又明矣。恐彦和適見誤本《大傳》，執以爲説，未可據也。《尚書·舜典》正義，《毛詩·蓼蕭序》、《周頌譜》正義，並引作『烈風淫雨』，則唐人因彦和之語，改從《帝王世紀》，並易『澍』爲『淫』耳。《毛詩·周頌譜》正義引『越裳』作『越常』。『裳』、『常』古通，疑《大傳》舊本如此。」錫瑞案：《御覽》九《天部·風》引《大傳》曰：「成王時，越裳重譯而來朝，曰：久矣，天之無烈風淮雨。意中國有聖人乎？」又卷十《天部·雨》引《大傳》曰：「成王時，有越裳氏來朝，曰：久矣，天之無烈風東西南北來也，無淫雨，注：暴雨也。意中國有聖人乎？」又引《尚書説》曰「淮雨」，注：「淮，暴雨之名也。」《御覽》九引《大傳》作「淮雨」，卷十引《大傳》亦必作「淮雨」，注云「暴雨」，與《尚書》説注「淮，暴雨之名」正同。是卷十作「淫雨」，塙是「淮雨」之譌，且「淫雨」不須注，「淮雨」乃須注。鄭注云「暴雨」，鄭所據《大傳》必作「淮」，《世紀》妄改爲「淫」，後人又據《世紀》以改《大傳》。故《御覽》所據之本，或作「淮」，或作「淫」，參差不合。又，作「澍」，或作「迅」，蓋皆後人所改。《稽瑞》作「烈」與「淫」，亦後人改也。又案：「東西南北來也」塙是「烈風」之注，陳説不誤。依注義，則《大傳》文當作「别風」，不作「烈風」，謂風從東西南北來，四方可分別，故云「別風」。若傳作「烈」，與注「從東西南北來」之義不合。且「烈風」不須注，「別風」乃須注。「淮」、「淫」，「別」、「列」，皆形似。後人多見「烈風淫雨」，少見「別風淮雨」，故致誤，而「列」又變作「烈」。據《御覽》所引與《文心雕龍》正合，彥和所見，並非誤本。謂彥和誤，豈傅武仲、王元長皆誤乎！陳氏說不足據，今改從吳中本。盧文弨曰：「陸雲《九愍》有『振袂於別風』之句，此亦一證。鄭康成注《大傳》云：『淮，急雨之名也。』是不以爲字誤。而《詩正義》引《大傳》竟改作『列風淫雨』，蓋義僻則人多不曉也。」案：盧說是，而所引鄭注與《御覽》所引不同，未知何據。又案：《琴操》曰：「《越裳操》者，周公之所作也。周公輔相成王，成就文、武之道，天下太平，萬國和會，江黃納貢。越裳重九譯而來獻白雉，執贄曰：『吾君在外國也，頃無迅風暴雨，意者中國有聖人乎？故遣臣來。』周公於是仰天而歎之，援琴作歌。」蓋本傳義。傳云「君子不臣其人」者，《鉤命決》曰：「不臣夷狄之君者，政教所不加，謙不臣也。」《白虎通·王者不臣》篇曰：「王者所不臣者三，何也？謂二王之後、妻之父母、夷狄也。夷狄者，與中國絕域異俗，非中和氣所生，非禮義所能化，故不臣也。」下引此傳文。漢宣帝時，呼韓邪單于來朝，蕭望之議曰：「戎狄荒服，言其荒忽無常至，亦宜待以客禮，讓而不臣。」班固《漢書》傳論云：「《春秋》內諸夏而外四夷。夷狄之人，貪而好利，披髮左衽，人面獸心，其與中國殊章服，異習俗，飲食不同，言語不通。是以聖人外而不內，疏而不戚，政教不及其人，正朔不加其國也。」皆同傳義。《論衡》曰：「周公時，雨不破塊，風不鳴條，旬而一雨，雨必以夜，丘陵高下皆然。」可證周公時無别風淮雨之義。白雉者，《典畧》曰：「白雉者，岱宗之精也，出於盂山。」《抱朴子》曰：「九真、越裳有之。」《東觀漢記》曰：「光武建武二年，南越獻白雉。」

康誥

周公將作禮樂，優游之，三年不能作。君子恥其言而不見從，恥其行而不見隨，將大作，恐天下莫我知也；將小作，恐不能揚父祖功業德澤。然後營洛，以觀天下之心。於是四方諸侯率其羣黨，各攻位於其庭。周公曰：「示之以力役，且猶至，况導之以禮樂乎！」然後敢作禮樂。《書》曰：「作新大邑于東國洛，四方民大和會。」此之謂也。《毛詩·周頌譜》正義。又《禮記·明堂位》正義、《尚書·康誥》正義、《文選·聖主得賢臣頌》注並節引。

疏證曰：《白虎通·禮樂》篇曰：「太平乃制禮作樂何？夫禮樂，所以防奢淫。天下人民飢寒，何樂之乎？」傳所言，即太平作禮樂之義。公所以優游者，後世如漢董仲舒、賈誼、王吉、劉向，皆議作禮樂而未能作，曹褒作而不行；唐《開元》、《顯慶禮》，宋《政和禮》，皆不過存其書，當時並未行用。公蓋早慮及此，踐奄歸後，已有制作之意，至六年營洛有成，乃敢制作，則其所作，必實見之施行。今《儀禮》十七篇近之。若《周官》六篇，周時並未見之施行，疑非公作。

《書》曰：「惟乃丕顯考文王，克明俊德。」《困學紀聞》卷二。

疏證曰：據此，今文《尚書》多一「俊」字，與《堯典》文同。

天之命文王，非啍啍然有聲音也。文王在位而天下大服，施政而物皆聽，命則行，禁則止，動搖而不逆天之道。故曰：「天乃大命文王。」文王受命一年，斷虞、芮之質；二年，伐于；三年，伐密須；四年，伐畎夷；五年，伐耆；六年，伐崇；七年而崩。《通鑑外紀》卷二。又《毛詩·文王序》正義引「文王受命」至末，云《尚書·周傳》。又《尚書·戡黎》正義。又《通鑑前編》「紂十七祀」引「文王受命」至「伐崇」。又《文選·褚淵碑文》注、《毛詩·緜》《皇矣》《二雅譜》正義、《左傳》襄三十一年正義、《禮記·文王世子》正義並節引。「畎」，從《皇矣》正義〔四〕。《禮記正義》「邘」作「鬼方」，誤。注 畎夷，混夷也。《詩》云「混夷駾矣」，四年伐之，南仲一行，并平二寇。《毛詩·采薇序》正義。

疏證曰：陳壽祺曰：「《毛詩·皇矣》正義云『混夷』，《書傳》作『畎夷』，蓋『畎』、『混』聲相近。或作『犬夷』，則『畎』字之省也。《二雅譜》正義引作『昆夷』，《禮記·文王世子》正義引作『鬼方』並誤。」又曰：「《通鑑前編》『紂十有八祀，西伯伐邘』，注引徐廣曰：『邘城，在野王縣西北。』《史記》本作『邘』，不作『邘』。諸家引作『邘』，非。」錫瑞案：《論衡・初禀》篇曰：「《康王王，當作「叔」。之誥》曰：『冒聞于上帝。帝休，天乃大命文王。』所謂『大命』者，非天乃命文王也。聖人動作，天命之意也，與天合同，若天使之矣。書方激勸康叔，勉使爲善，故言文王行道，上聞于天，天乃大命之矣。」《論衡》與傳義合。據傳義，疑緯候所云「赤雀丹書」之命非古義也。又案：鄭注「南仲」云云，與伏生義不合。三家以《采薇》、《杕杜》、《出車》皆宣王詩。《古今人表》以南仲列宣王之下，方叔、召虎、仲南甫、申伯、吉甫之間。然則南仲是宣王時人，《出車》之「王命南仲」，即《常武》之「王命卿士，南仲太祖」。三家之義，遠勝於毛。今、古文各自名家，伏生多與三家《詩》合。鄭以毛《傳》注伏《傳》，以爲即文王伐昳夷，失之。

子夏曰：「昔者三王慤然欲錯刑遂罰，注錯，處也。遂，行也。**平心而應之，和然後行之。然且曰：『吾意者以不平，慮之乎？吾意者以不和，平之乎？』如此者三，然後行之。此之謂慎罰。」**《御覽》六百三十五《刑法部》一。

酒誥

天子有事，諸侯皆侍，尊卑之義。注事，謂祭祀。《儀禮·特牲饋食》疏引《書傳·康誥》云。孔廣林曰：「《儀禮疏》『康』當爲『酒』之誤。」**宗室有事，族人皆侍終日。大宗已侍於賓奠，然後燕私。**

陳壽祺曰：「《儀禮·特牲》疏云『大宗已侍於賓奠』者，或有作『養』，或有作『餕』，皆誤，以『奠』爲正也。」注謂卿、大夫以下。宗室，大宗子之家也。《禮志》云：「別子爲祖，繼別爲大宗，繼禰爲小宗。」賓，僚友助祭者。**燕私者何也？祭已而與族人飲也。**《儀禮經傳通解》卷五《五宗》第七引傳及注。又《儀禮·特牲》鄭注、《毛詩·湛露》正義、《尚書·酒誥》正義並引傳。《儀禮·特牲》疏亦引傳及注。

宗子燕族人於堂，宗婦燕族人於房，序之以昭穆。《儀禮·喪服·不杖章》疏。

疏證曰：《儀禮·特牲饋食禮》：「徹庶羞，設於西序下。」鄭注引此傳云云，曰：「此徹庶羞置西序下者，爲將以燕飲與？」然則自尸祝至於兄弟之庶羞，宗子以與族人燕飲於堂，内賓宗婦之庶羞，主婦以燕飲於房。《詩·楚茨》：「諸父兄弟，備言燕私。」傳云：「燕而盡其私恩。」箋云：「祭祀畢，歸賓客豆俎，同姓則留與之燕，所以尊賓客，親骨肉也。」《白虎通·宗族》篇引「《禮》曰：宗人將有事，族人皆侍」，與此傳合。《儀禮疏》引傳作《康誥》者，《韓非

子》引《酒誥》「毋彝酒」亦作《康誥》，段玉裁云周時通以《酒誥》爲《康誥》，疏或亦有據，非誤也

不醉而出，是不親也。注出，猶去也。**醉而不出，是媟宗也。出而不止，是不忠也。**注忠，厚。**親而甚敬，忠而不倦，若是，則兄弟之道備。備者，成也。成者，成於宗室也。故曰：飲而醉者，宗室之意也；德將無醉，族人之意也。是故祀禮有讓，德施有復，義之至也。**注復，反也。《儀禮經傳通解》卷五《五宗》第七引傳、注，連上「宗室有事」至「族人飲也」爲一條。

疏證曰：《詩·湛露》：「厭厭夜飲，不醉無歸。」傳云：「厭厭，安也。夜飲，私燕也。宗子將有事，則族人皆侍。不醉而出，是不親也；醉而不出，是渫宗也。」箋云：「天子燕諸侯之禮亡，此假宗子與族人爲説爾。」正義曰：「言宗子將有事，族人皆入侍。宗子或與之圖事，則當飲之酒。若宗子不飲之酒，使不醉而出，是不親族人也。若族人飲宗子酒，至醉仍不出，是渫慢宗子也。言此者，明宗子之義，族人雖醉，尚留之飲；族人之義，雖不至醉，亦當辭出，不得盡宗子之意。是主法自當留賓，賓則可以辭主去。天子於諸侯，義亦當然。」引《書傳》云云，曰：「與此傳同。毛、伏俱大儒，當各有所據而言也。」案：鄭注《大傳》云「事，謂祭祀」，

故以毛傳引「宗子將有事」爲「假宗子與族人爲説」也。孔疏以《詩》非言祭祀,乃謂「有事」爲「圖事」,與《大傳》義不合,亦非毛傳之義。

古者聖帝之治天下也,五十以下,非烝、社,不敢遊飲,在六十以上遊飲也。《大戴禮》四《曾子立事》篇盧注。

疏證曰:此傳解經「羞耇」之義。《禮記·鄉飲酒義》曰:「鄉飲酒之禮,六十者坐,五十者立侍,以聽政役,所以明尊長也。六十者三豆,七十者四豆,八十者五豆,九十者六豆,所以明養老也。」烝、社者,《禮記·月令·仲春之月》「擇元日,命民社」,《孟冬之月》「是月也,大飲烝」,注云:「十月農功畢,天子、諸侯與其羣臣飲酒於大學,以正齒位。謂之大飲,别之於他。其禮亡。今天子以燕禮、郡國以鄉飲酒禮代之。烝,謂有牲體爲俎也。《黨正職》曰:『國索鬼神而祭祀,則以禮屬民,而飲酒於序,以正齒位。』亦謂此時也。」正義曰:「云『烝,謂有牲體爲俎』者,按《國語》云:『王公立飫,則有房烝。』此既大飲饗禮,當用房烝半體之俎。若《黨正》飲酒,雖饗,而用餚烝,故宣十六年《左氏》云『王享有體薦,宴有折俎,公當饗,卿當宴』是也。」傳言烝、社,當即《月令》之烝、社。

王曰:「封!惟曰若圭璧。」《困學紀聞》卷二、《漢藝文志考證》一。

陳壽祺曰:「王伯厚以此傳八字爲《尚書》之逸文。考今文與古文章句多寡、異同非止一二。

《酒誥》篇有『王曰：封！我聞惟曰：在昔殷先哲王』之語。《大傳》所引，疑或此句之異文，未必爲逸句也。」

梓材

陳壽祺曰：「金履祥《尚書表注》：『案：《大傳》今文，當有「周公曰」而無「封」字。』又云：『《梓材》，伏生今文作周公教伯禽之書。』《通鑑前編》『成王七年』載《梓材》，云：『按：伏生今文當作「周公曰」而無「封」字。』又云：『按：《梓材》之書，伏生《大傳》以爲周公命伯禽之書。』又云：『《梓材》之事，伏生誤以爲周公命伯禽之書。』《大傳》所説喬梓之事，固非《梓材》之本意。然以爲周公命伯禽之書，則篇首當有『周公曰』之語，無『王曰封』之語矣。」案：陳説誤，説見後。

伯禽與康叔見周公，三見而三笞之。康叔有駭色，謂伯禽曰：「有商子者，賢人也，與子見之。」乃見商子而問焉。商子曰：「南山之陽有木焉，名喬。」二三子往觀之，見喬實高高然而上，反以告商子。商子曰：「喬者，父道也。南山之陰有木焉，名梓。」二三子復往觀之，見梓實晉晉然而俯，反以告商子。商子曰：「梓者，子道也。」二三子明日見周公，入門而趨，登堂而跪。周公迎，拂其首，勞而食之，曰：「爾安見君子乎？」《世説新語注》卷七《排調》。

伯禽與康叔朝於成王，見乎周公，三見而三笞之。二子有駭色，乃問於商子曰：「吾二子見於周公，三見而三笞之。何也？」商子曰：「南山之陽有木，名橋。南山之陰有木，名梓。二子盍往觀焉？」於是二子如其言而往觀之，見橋木高而仰，梓木晉而俯。注 晉，肅貌。此注惟見《蓺文類聚》。反以告商子。商子曰：「橋者，父道也。梓者，子道也。」二子明日復見，入門而趨，登堂而跪。周公迎，拂其首而勞之曰：「汝安見君子乎？」二子以實告。公曰：「君子哉！商子也。」《文選·王文憲集序》注。又《左太沖招隱詩》、《謝靈運經湖中瞻眺詩》注引「相與觀乎南山之陽」。又《長笛賦》注引「觀乎南山之陰」。又《蓺文類聚》八十九節引，「晉而俯」句作「晉然實而俯」，「拂其首而勞之」作「拂其首，勞而食之」。他書引「實而俯」，無「晉然」二字。又《錦繡萬花谷》前集卷十六、《記纂淵海》卷九十、《六蓺流別》、《繹史》二十一並節引。《六蓺流別》「南山之陰」作「北山之陰」，非。

疏證曰：陳壽祺曰：「《太平御覽》五百十八《宗親》引《周書》、《説苑·建本》篇皆與此文畧同。」錫瑞案：金履祥引《大傳》，謂「《梓材》，伏生作周公教伯禽之書」。近人治今文《尚書》

者，如鄒漢勛、魏源，皆從其説。鄒又謂：「梓材」古本作「子才」，「封」字古作「圭」，「子」，古文或借「㞢」爲之，「土」字與「才」形近，故「子才」二字誤作「圭」。此皆穿鑿傅會之説，非伏生之意也。知伏生不以《梓材》爲命伯禽之書者，《史記·衛康叔世家》曰：「周公旦以成王命，封康叔爲衛君，懼康叔齒少，乃申告康叔，爲梓材，示君子可法則，故謂之《梓材》以命之。」又《自序》曰：「收殷餘民，叔封始邑。申以商亂，《梓材》是告。」太史公去伏生甚近，治《歐陽尚書》，亦以《梓材》爲命康叔。《衛世家》云「示君子可法則」，即《大傳》云商子君子以喬梓示法之義。是史公解《梓材》義，實本於《大傳》，則《大傳》亦必以《梓材》爲命康叔，非命伯禽矣。其兼載伯禽事者，《大傳》一書本别撰大義，非必字字與經比坿。且此事原有康叔在内，故坿見。周公命康叔書中「喬梓」之「梓」，與《梓材》之「梓」其字偶同，本不相涉。伏生並非以「喬梓」之「梓」釋《梓材》之義也。《梓材》一書，周公誥康叔，並戒成王。《文王世子》云：「周公抗世子法於伯禽，使之與成王居，成王有過，則撻伯禽。」然則此之三笞，亦即抗法之意。康叔齒少，與伯禽年蓋相若，故同在子弟之列。且此時周公攝位踐阼，康叔亦在臣列。臣子一體，故公得笞康叔。《論衡·譴告》篇曰：「康叔、伯禽失子弟之道，見於周公，拜起驕悖，三見三笞。往見商子，商子令觀橋梓之樹。二子心感覺悟〔五〕，以知父子之禮。」此其明證。後人不知此義，又忘卻此傳本有康叔在内，乃謂周公專教伯禽，《梓材》一書即《左氏傳》所云「命以伯禽」;或又謂傳云「康叔」乃「唐叔」之譌,引《文選》「陰康氏」誤作「陶唐氏」爲證,重性貤繆,愈巧愈鑿。而詆其誤者,又並詆伏生今文爲誤。不知此篇今文與古文並無異説,伏生初不以《梓材》爲命伯禽之書,乃説者自誤耳。陳氏案語亦不了了,下引「伯禽封魯」爲此篇之傳,蓋亦誤信金仁山説,以《梓材》爲封伯禽。今以「伯禽封魯」依吴中本入《洛誥傳》,而辨諸説之誤於此。

召誥

成王在豐,欲宅洛邑,使召公先相宅。六日乙未,孔廣林曰:「『六日』上當有脱文。」**王朝步自周,則至于豐。惟太保先周公相宅。**注 太保召公先周公視洛邑也。《御覽》二百六《職官部》四。

疏證曰:《史記·魯世家》曰:「成王七年二月乙未,王朝步自周,至豐,使太保召公先之洛相土。」集解:「馬融曰:『周,鎬京也。豐,文王廟所在。朝者,舉事上朝,將即土中易都,大事,故告文王、武王廟。』鄭玄曰:『步,行也。堂下謂之步。豐、鎬異邑,而言步者,告武王廟即行,出廟、入廟,不以爲遠,爲父恭也。』」索隱曰:「豐,文王所作邑。在鄠縣東,臨豐水,東去鎬二十五里。後武王都鎬，於豐立文王廟。」是也。陳喬樅曰：「伏生《大傳》云：『周公攝政五年，營成周。』《周禮·大司徒》疏引鄭《召誥》注云：『是時，周公居攝五年。二月、三月，當爲一月、二月。不云正月者，蓋待治定制禮乃正言正月故也。』鄭以營雒爲居攝五年，是本伏生爲說。《史記·魯世家》作七年，與伏生《大傳》不同，蓋所傳聞異辭也。劉歆《三統曆》以《召誥》、《雒誥》爲一年内事，《雒誥》是七年致政時事，故亦以《召誥》爲七年也。」案：陳氏之説分明可據。《周本紀》云「作《召誥》、《洛誥》」，是史公亦以《召誥》、《洛誥》爲一時作，與劉歆説同，或參用孔安國古文説與？《大傳》云：「營洛，以觀天下之心，然後敢作禮樂。」是營成周壖在制禮樂之先，但建都大事，非一時能辦。封康叔爲「四年建侯衛」事，而《康誥》篇首已有「作新大邑于東國洛」之文，鄭注《尚書》訓「基」爲「謀」，是四年已謀作成周，五年始經營，至七年乃告成。《召誥》、《洛誥》二篇，或是七年同時所作。《史記》之文亦未必誤，惟太保相宅之年當作五年，不當作七年，史公誤以告成之年爲即經始之年耳。

洛誥

《書》曰：「乃女其悉自學功。」悉，盡也。學，效也。傳曰：當其效功也，於卜洛邑，營成周，改正朔，立宗廟，序祭祀，易犧牲，制禮樂，一統天下，合和四海，二句又見《文選·

求自試表》注。而致諸侯，皆莫不依紳端冕以奉祭祀者，注紳，大帶也。其下莫不自悉以奉其上者，莫不自悉以奉其祭祀者。此之謂也。盡其天下諸侯之志，而效天下諸侯之功也。廟者，貌也，以其貌言之也。二句又見《蓺文類聚》三十八《禮部》上。原本《玉篇·廣部》引「廟者，皃也，以其皃言之也」。宫室中度，衣服中制，犧牲中辟，注辟，法也。殺者中死，割者中理，搙弁者爲文，注搙弁，或作「振」，非，當言「拚帚」。爨竈者有容，椓杙者有數，注杙者，繫牲者也。太廟之中，繽乎其猶模繡也。注言文章之可觀也。模，所椓文章之範。天下諸侯之悉來，進受命於周而退見文、武之尸者，千七百七十三諸侯，注八州，州二百一十國。畿内九十三國。此周所因於殷九州諸侯之數。「天下諸侯」以下，又見《周禮·大司徒》疏、《禮記·王制》正義，並引作《洛誥傳》。又見《通鑑地理通釋》一、《詩考·補遺》。皆莫不磬折玉音，金聲玉色，注玉音、金聲，言弘殺之調也。二句又見《文選·西都賦》、《詠懷詩》、《箜篌引》、《七啟》、《四子講德論》等注。然後周公與升歌而弦文、武。注與諸侯升歌文王、武王之德，又以琴瑟播之。諸侯在廟中者，伋然淵其志，和其情〔六〕，注伋，讀曰「播」，播然變動貌。陳壽祺曰：「注『播』當爲『憣』字之誤。」愀然若復見文、武之身，然後曰：「嗟子乎！此蓋吾先君文、武之風也

夫！」注子，成王也。陳壽祺曰：「王侍郎伯申《經義述聞》云：『嗟子』，猶『嗟咨』。注釋『子』爲『成王』，非其義也。」**及執俎、抗鼎、執刀、執匕者負牆而歌，憤於其情發於中而樂節文，**注卑賤者尚然，而況尊貴者乎！**故周人追祖文王而宗武王也。是故《周書》自《大誓》，就《召誥》，而盛於《洛誥》也。故其《書》曰：「揚文、武之德烈，奉對天命，和恒萬邦四方民。」是以見之也。孔子曰：「吾於《洛誥》，見周公之德，光明于上下，勤施四方，旁作穆穆，至于海表，莫敢不來服，莫敢不來享，以勤文王之鮮光，以揚武王之大訓，而天下大治。故曰：聖之與聖也，猶規之相周，矩之相襲也。」**注聖，言太祖。《儀禮經傳通解續》二十九《祭義》全引傳、注。末三句又見《文選·皇太子釋奠詩》注。

疏證曰：犧牲殺割之法，詳見《儀禮》。「搙」當作「槈」，去草也。「弁」即「拚」字。陳喬樅曰：「韋昭《魯語注》云：『周公初時，祖后稷而宗文王。至武王，雖承文王之業，有伐紂定天下之功，其廟不可以毁。故先推后稷以配天，而後更祖文王而宗武王。』韋昭所述，亦本今文家《尚書》説，故與《大傳》合。據《大傳》言『周人追祖文王而宗武王』，引此經『揚文、武之德烈』者，即謂『祖文王而宗武王』也。周公此時功成治定，制禮作樂，故成王稱公德以贊美之，言公保予沖子安受其成，予沖子惟夙夜毖慎其祭祀而已。」又引《漢書·王莽傳》「周公居攝，郊祀后稷，以配天；宗祀文王於明堂，以配上帝。是以四海之內，各以其職來助祭，蓋諸侯千八百矣」，曰：「周公治定制禮，追祖文王而宗武王，而《王莽傳》仍言宗文王者，蓋公雖已制禮，於時未用，俟成王即政，而後始行之。觀此經下文『王曰：四方迪亂，未定于宗禮』，謂四方雖進於治，而尚未定宗祀之禮也。篇末云『王在新邑，烝祭歲，文王騂牛一，武王騂牛一』，乃是改殷禮而行周禮。周尚赤，故用騂牛。此與《召誥》『用牲于郊，牛二』，『社于新邑，牛一、羊一、豕一』，牛不言騂者文異。然則祖文王而宗武王，在成王即政後舉行此禮，益明矣。」又引《大戴禮·公符》篇迎日東郊辭曰「明光於上下，勤施於四方，旁作穆穆」，曰：「據《大戴禮》，則知此三句古有是語，而成王以之贊美周公，謂公德如日月之照臨也。《書傳·畧説》載迎日之辭，文與《大戴禮》同。」案：陳氏申傳説，詳明可據。傳云「改正朔」，見前引《召誥》「二月」鄭注。「立宗廟」，即《周書·作雒解》宗宮、考宮。洛邑雖不備七廟之制，當别立文、武廟。或謂洛邑止有明堂，無文、武廟，傳云「宗廟」即是明堂宗廟，不得與明堂爲一。其説非也。「序祭祀」，即祖文宗武事。此經所云「宗禮」、「易犧牲」，即陳氏所云騂牛尚赤之義也。注以千七百七十三諸侯爲周因於殷者，《王制》「凡九州，千七百七十三國」，注曰：「《春秋傳》云：『禹會諸侯於塗山，執玉帛者萬國。』言執玉帛，則是惟謂中國耳。中國而言萬國，則是諸侯之地有方百里、有方七十里、有方五十里者，禹承堯、舜而然矣。要服之内，地方七千里，乃能容之。夏末既衰，夷狄内侵，諸侯相并，土地減，國數少。殷湯承之，更制中國方三千里之界，亦分爲九州，而建此千七百七十三國焉。周公復唐、虞之舊域，分其五服爲九，其要服之内，亦方七千里，而因殷諸侯之數，廣其土，增其爵耳。《孝經説》曰：『周千八百諸侯，布列五千里内。』此文改周之法，關盛衰之中，三七之間，以爲説也。」正義引此傳云云，曰：「其數與此同，是周因殷諸侯之數也。按：《大司徒》公五百里，侯四百里，與此公、侯百里不同〔七〕，是廣其土也。殷爵三等，周爵五等，是增其爵耳。云《孝經説》者，此《孝經緯》文。云『千八百』者，舉成數，其實亦千七百七十三諸侯也。云『此文改周之法，關盛衰之中，三七之間，以爲説也』者，『此文』謂此《孝經緯》文，『改周之法』謂改周公盛時之法，『盛』謂地方七千里，『衰』謂地方三千里，故云『關盛衰之中，三七之間』。若指文言之，『盛』謂周公制禮太平時也，『衰』謂夏末殷初之時也，『盛衰之中』謂武王時也。若以當代言之，『衰』謂周末幽、厲之時，與夏末同；『盛衰之中』謂昭王、恭王之時，與武王同。又引《異義》『《公羊》説周千八百諸侯』，準《王制》『千七百七十三國』，而言『周千八百』者，舉其全數。」按：《王制》注、疏極詳明。《王制》、《孝經》、《公羊》皆今文，故皆與《大傳》義合。

祭者，察也，至也，言人事至於神也。唐王涇《大唐郊祀録》卷一注。

祭之爲言察也。察者，至也。至者，人事至也。人事至，然後祭。祭者，薦也。薦之爲言在也。在也者，在其道也。注《禮志》曰：「齋之日，思其居處，思其笑語，思其志意，思其所樂，思其所耆。齋三日，乃見其所爲齋者。祭之日，入室，僾然必有見乎其位；周旋出户，肅然必有聞乎其容聲；出户而聽，愾然必有聞乎其歎息之聲。」是之謂「至」。《禮志》曰：「君子生則敬養，死則敬饗，思終身不忘。」是之謂「在其道」。《御覽》五百二十四《禮儀部》二引《尚書大傳·周傳》，全。又《儀禮經傳通解續·祭義》全引傳、注。又《蓺文類聚·禮部》上。

疏證曰：《穀梁傳》曰：「祭者，薦其時也，薦其敬也，薦其美也，非享味也。」《春秋繁露》曰：「祭之爲言際也與，察也。」與傳義近。《廣雅·釋詁一》：「察，至也。」是「察」有「至」義。「在」亦訓「察」，《爾雅·釋詁》、《書·舜典》「在璿璣玉衡」傳、《詩·文王》「在帝左右」箋、《周書·大聚》「王親在之」注、《漢書·郊祀志上》《司馬相如傳下》集注、《文選·謝靈運戲馬臺集詩》注引《莊子》司馬注，皆云：「在，察也。」

夏后氏逆於廟庭，殷人逆於堂，周人逆於户。《公羊傳》隱二年疏。

疏證曰：《公羊》隱二年傳「譏始不親迎也」，何氏解詁曰：「禮所以必親迎者，所以示男先女也。於廟者，告本也。夏后氏逆於庭，殷人逆於堂，周人逆於户。」疏引此傳云云，蓋何氏即本此傳。《春秋繁露·三代改制質文》篇曰：「三正以黑統，昏禮逆于庭。正白統者，昏禮逆於堂。正赤統者，昏禮逆於户。」與此傳義合，亦何氏所本也。《通典·嘉禮三》曰：「遂皇始有夫婦之道。伏義制嫁娶，以儷皮爲禮。五帝馭時，娶必告父母。夏后氏親迎於庭，殷於堂。周制男女之歲，定婚姻之時，親迎于户。」注引何休曰：「後代漸文，而迎於户，示其親。」《白虎通·嫁娶》篇引《昏禮經》曰：「賓升，北面，奠雁，再拜稽首，降，出。婦從房中，降自西階。壻御婦車，授綏。」較今本《士昏禮》多「房中」二字，蓋此時奠雁在房户之外，當楣北面也。《説苑·修文》篇曰：「女拜，乃親引其手，授夫乎户，夫引手出户。夫行，女從，拜辭父於堂，拜諸母於大門。」此「逆於户」之明證。陳本三「逆」字皆作「迎」，誤，今據《公羊疏》更正。吴中本作「逆」，不誤。

周公攝政，一年救亂，二年克殷，注誅管、蔡及禄父等也。《毛詩·邶鄘衛譜》正義。**三年踐奄，四年建侯衛，五年營成周，六年制禮作樂，七年致政成王。**《隋書·李德林傳》。又《通鑑外紀》卷三。又《尚書·康誥》正義、《毛詩·邶鄘衛譜》《豳風·王城》《周頌譜》《清廟序》等正義、《周禮·序官》疏、《禮記·明堂位》正義、《通鑑前編》「成王五年」、《通志》、《詩地理考》並分引。

疏證曰：傳云「二年克殷」者，即《金縢》所云「居東二年，罪人斯得」也。鄭不以「居東」爲東征，與傳異義。而此注循文爲解，不復置辨者，蓋傳以爲武王崩，周公即攝政，攝政二年克殷；鄭則以爲周公避居東都三年，歸乃攝政，攝政二年克殷。説似同而實異，故鄭亦依違其詞。鄭義本於《異義》所引古《尚書》説，蓋出自衛、賈諸人。西漢以前，初無此説。《逸周書》、《史記·周本紀》《魯世家》敘述皆甚明，未有避居之事。毛《傳》是古文説，亦不言避居，皆與伏生義同，東漢古文説非也。《大傳》不言周公踐阼稱王，而前《金縢》篇云「周公身居位，聽天下爲政」，「居位」即攝王位。魏源力辨公無攝王之事，謂《大傳》但言攝政，未嘗言踐阼，則亦未攷《金縢》「身居位」之文耳。

伯禽封於魯，周公曰：「於乎！吾與女族倫。吾，文王之爲子也，武王之爲弟也，今王之爲叔父也。吾於天下，豈卑賤也？豈乏之士也？所執質而見者十二，委質而相見者三十，其未執質之士百。我欲盡智得情者千人，而吾僅得三人焉，案：千，一本作「十」。**以正吾身，以定天下。是以敬其見者，則隱者出矣。謹諸！乃以魯而驕人，可哉？尸祿之士，猶可驕也。正身之士，去貴而爲賤，去富而爲貧，面目驟黑，而不失其所，是以文不滅而章不敗也。慎諸！女乃以魯國而驕，豈可哉！」**《通鑑前編》「成王元年」，又《外紀》。

注 贄者，所執以至也。君子見於所尊敬，必執贄以將其厚意也。十人，公卿之中也。三十人，羣大夫之中也。百人，羣士之中也。《荀子·堯問》篇楊倞注引「鄭注云」〔八〕。

疏證曰：陳壽祺曰：「《荀子注》引鄭注作『十人』，則《前編》引傳作『十二』，誤。」錫瑞案：盧本以此入《洛誥》，蓋以爲「王命周公後」之傳也。陳本移入《梓材》，則誤信金仁山，以《梓材》爲周公教伯禽之書。辨見《梓材》篇。此文從盧本，仍入《洛誥》。又案：「今王」，當從《荀子》作「成王」。楊倞注《荀子》云：「周公先成王薨，未宜知成王之謚。此云『成王』，乃後人所加。」楊倞不知「成王」是生號，故有此疑。淺人惑於其説，並妄改此傳耳。傳與《荀子》大同，蓋即本之《荀子》。《韓詩外傳》曰：「成王封伯禽於魯，周公誡之曰：『往矣，子無以魯國驕士。吾，文王之子、武王之弟、成王之叔父也。』」亦稱「成王」。《説苑·敬慎》篇作「今王」，亦淺人改。

是其好自用也，以斂益之也。《荀子·堯問》篇注。曲阜孔廣林曰：「楊倞注《荀子·堯問》篇『彼其好自用』句，云《大傳》作『是其好自用也』云云，而《通鑑前編》所載無之。蓋《前編》止取後文，未經全載，當以《荀子》文參攷。」

附《荀子·堯問》篇：伯禽將歸於魯，周公謂伯禽之傅曰：「女將行，盍志而子美德乎？」對曰：「其爲人寬，好自用，以慎。此三者，其美德已。」周公曰：「嗚乎！以人惡爲美德乎！君子好以道德，故其民歸道。彼其寬也，出無辨矣，女又美之。彼其好自用也，是所以窶小也。君子力如牛，不與牛争力；走如馬，不與馬争走；知如士，不與士争知。彼争者，均者之氣也，女又美之。彼其慎也，是其所以淺也。聞之曰：無越踰不見士，見士問曰：無乃不察乎？不聞，即物少至，少至則淺。彼淺者，賤人之道也，女又美之。吾語女：我，文王之爲子，武王之爲弟，成王之爲叔父。吾於天下不賤矣，然而吾所執贄而見者十人，還贄而相見者三十人，貌執之士百有餘人，欲言而請畢事者千有餘人。於是，吾僅得三士焉，以正吾身，以定天下。吾所以得三士者，亡於十人與三十人中，乃在百人與千人之中。故上士，吾薄爲之貌；下士，吾厚爲之貌。人人皆以我爲越踰好士，然故士至。士至而後見物，見物然後知是非之所在。戒之哉！女以魯國驕人，幾矣！夫仰禄之士，猶可驕也；正身之士，不可驕也。彼正身之士，舍貴而爲賤，舍富而爲貧，舍佚而爲勞，顔色黎黑而不失其所以。是以天下之紀不息，文章不廢也。」

【校勘記】

〔一〕「襁，小兒被」，《毛詩正義》本作「褓，縛兒被」。

〔二〕「大」，原誤作「乃」，據《論衡·順類》及《尚書·金縢》改。

〔三〕「木」上，《後漢書·周舉傳》李賢注本有「大」字。

〔四〕「正義」下，陳壽祺輯校本已衍「作」，據文義删。

〔五〕「悟」，原脱，據《論衡·譴告》改。

〔六〕「情」，原誤作「清」，據陳壽祺輯校本及皮錫瑞《今文尚書考證》改。

〔七〕「不同」，原脱，據《禮記正義》補。

〔八〕「篇」，原誤作「編」，據陳壽祺輯校本改。

尚書大傳疏證卷六

多士

古者百里之國，三十里之遂，二十里之郊，九里之城，三里之宫；七十里之國，二十里之遂，九里之郊，三里之城，一里之宫；五十里之國，九里之遂，三里之郊，一里之城，以城爲宫。遂、郊之門執禁，以譏異服，譏異言。注玄或疑焉。《周禮·匠人》「營國方九里」，謂天子城也。今大國九里，則與天子同。《春秋傳》曰：「中五之一，小九之一。」以此推説，小國大都之城方百步，中都之城六十步，小都之城三十二步，三分之一，非也。然則大國七里之城，次國五里之城，小國三里之城焉，爲近可也。或者天子實十二里之城，諸侯大國九里，次國七里，小國五里。《儀禮經傳通解·王制之己集傳集注》三十三全引傳、注，傳末十三字或誤入注，非。又《禮書》二十四引傳至「以城爲宫」止，引注至末，中有脱文。又《禮記·王制》正義節引，云「伏生《多士傳》文」。又《毛詩·文王有聲》正義、《周禮·典命》疏、《左傳》隱元年正義並節引傳、注，《周禮疏》引作《無逸傳》，誤。

又見《通典》五十三。

疏證曰：《禮記·王制》鄭注引此傳文，正義曰：「所引《書傳》者，伏生《多士傳》文。假令百里之國，國城居中，面有五十里，二十里置郊，郊外仍有三十里；七十里之國，國城居中，面有三十五里，九里置郊，郊外仍有二十六里；五十里之國，國城居中，面有二十五里，三里置郊，郊外仍有二十二里。此皆以四里爲差。此經『小學在公宫南之左，大學在郊』，既是殷制，故引《書傳》郊之所在以明之。若周制，則《司馬法》云：『百里郊，天子畿内方千里。』百里爲郊，則諸侯之郊，皆計竟大小，故《聘禮》注云：『遠郊，上公五十里，侯、伯三十里，子、男十里。近郊，各半之。』鄭必知近郊半遠郊者，按《書序》云『命君陳分正東郊成周』，注云：『東郊，周之近郊也。』蓋五十里。今河南洛陽相去則然，以天子近郊半遠郊，則知諸侯近郊皆半遠郊也。」案：孔疏分别甚明，然此是《周傳》，非必殷制，蓋伏生之義與鄭君不必盡同也。又案：《周官·典命》：「上公九命，侯、伯七命，子、男五命。其國家、宫室以九、以七、以五爲節。」注云：「公之城蓋方九里，宫方九百步。侯、伯之城蓋方七里，宫方七百步。子、男之城蓋方五里，宫方五百步。」《詩·文王有聲》箋、《禮·坊記》注義與此同。鄭又云：「鄭伯之城方七里，大都三之一，方七百步，實過百雉矣。而云都城不過百雉，舉子、男小國之大都，以駮京城之大，其實鄭之大都過百雉矣。」皆主天子城十二里而言，而《駮異義》則云「公七里，侯五里，子、男三里」，準此，天子之城九里也。孔疏、賈疏皆謂鄭兩解不定。今按：《周書·作雒解》曰：「作大邑成周於土中，立城方千七百二十丈。」計每五步得三丈，每百八十丈得一里，以九乘之，千六百二十丈，與天子之城九里合。《左氏傳》曰：「都城過百雉，國之害也。」百雉方一里三分里之二，五百步。三乘之，爲方五里。鄭爲伯爵，與侯、伯之城五里合，則鄭兩説，當以前説爲是。而《大傳》之義與鄭兩説不同者，《周官》、《左氏傳》皆古文，若今文別有師承，其言城制必有所據，不能與古文强合。陳奂《毛詩傳疏》引《周禮·典命》鄭注，謂「以開方計之，與《書大傳》同」。今不知其開方之法若何，未得其説，不敢傅會。陳氏又謂：「一里之城，以城爲宫，其宫四面皆屬城；三里之城，其宫南面屬城，三面不屬城；九里之城，其宫室四面有牆，四面不屬城。《説文》『古者城缺其南方，謂之𩏂』，《公羊傳》所謂『諸侯軒城』也。」案：陳氏推傳文，以城爲宫之制，近是，而傅會皋門、郭門，則失之。

天子之堂廣九雉，三分其廣，以二爲内，五分内，以一爲高，東房、西房、北堂各三雉。

以上又見《禮記·明堂位》正義，引作《多士傳》。**公、侯七雉，三分其廣，以二爲内，五分内，以一爲高，東房、西房、北堂各二雉。伯、子、男五雉，三分其廣，以二爲内，五分内，以一爲高，東房、西房、北堂各一雉。士三雉，三分其廣，以二爲内，五分内，以一爲高，有室，**

無房、堂。自首至此又見《儀禮釋宮》注。注廣，榮間相去也，雉長三丈。內，堂東、西序之內也。高，穹高也。今士禮有房，此云無房、堂也。**其桷，天子斵其材而礱之，加密石焉；**二句又見《毛詩·閟宮》正義。《禮記》本脫「其材而礱加密石焉」八字，今補。**大夫達稜；士首本；庶人到加。**注礱，礪之也。密石，砥之也。稜，菱也。**天子賁庸，**注賁，大也。牆謂之庸。大牆，正直之牆。「天子賁庸」至此傳、注，又見《初學記》二十四《居處部》、《太平御覽》百八十七《居處部》十五節引，注末句並作「大牆，正直也」。**諸侯疏杼，**注疏，猶衰也。杼，亦牆也。言衰殺其上下，不得正直。**大夫有石材，**注柱下礩也。《御覽》百八十八《居處部》十六引注，「柱」上多「石材」二字，應補。**庶人有石承。**注當柱下而已，不外出爲飾也。《御覽·居處部》十六引注，「當」上多「石承」二字，應補。自首「天子之堂」至末傳、注，《禮書》四十三全引。又《朱子文集》亦引《多士傳》。錫瑞案：陸佃《陶山集》引「《尚書大傳》曰：天子之桷，斵之礱之，加密石焉」，注謂「礱，礪也」，又「《大傳》曰：天子賁墉」，注謂「賁，大也。牆謂之墉。大牆，正直之牆。不衰殺其上」，又「《大傳》曰：諸侯疏序」，注謂「序，牆也。於上爲疏。疏，牕也」，又「《大傳》曰：士、大夫有石材，庶人有石承」，注謂「石材，柱下礩也。石承，當柱下而已，不外出爲飾」，傳、注文皆畧異。

疏證曰：陳壽祺曰：「《漢書·晁錯傳》『家有一堂二內』，張晏注：『二內，二房也。』《論衡·別通》篇：『富人之宅，以一丈之地爲內。貧人之宅，亦以一丈爲內。』此與《大傳》說

『内』之義甚明。王伯申侍郎《經義述聞》曰：《詩·唐風·山有樞》篇『子有廷内』，《大雅·抑》篇『灑埽廷内』，廷謂中廷，内謂堂與室也。《周官·寺人》：『王之正内五人。』《夏小正》傳曰：『燕操泥而就家，入人内。』此皆兼堂、室而言之者也。《尚書大傳》：『天子堂廣九雉，三分其廣，以二爲内，五分其内，以一爲高。』《漢書·鼂錯傳》：『家有一堂二内。』《史記·封禪書》：『有芝生殿房内中。』《續外戚世家》：『女亡匿内中牀下。』《論衡》『以一丈之地爲内』，《吉驗》篇曰：『光武帝生於濟陽宫後殿第二内中。』此皆專指室而言之者也。」又曰：「《禮記·禮器》鄭注：『宫室之飾，士首本，大夫達稜，諸侯斲而礱之，天子加密石焉。』正義引《禮緯·含文嘉》云：『大夫達稜，謂斲爲四稜以達兩端。士首本者，士斲去木之首本，令細與尾頭相應。』《尚書大傳》所言『天子斲其材而礱之』云云，本之《國語·晉語》，又與《禮緯》合也。然鄭君注《大傳》，以『菱』訓『棱』，與孔異義。案：《大傳》『庶人到加』，『到』，古『倒』字，『加』，當爲『茄』。《爾雅》：『荷，芙蕖，其莖茄，其本蔤。』《文選·西京賦》曰：『蒂倒茄於藻井，披紅葩之狎獵。』《魯靈光殿賦》曰：『圓淵方井，反植荷蕖。』《景福殿賦》曰：『茄蔤倒植，吐彼芙蕖。』《魏都賦》曰：『綺井列疏以懸蒂，華蓮垂葩而倒披。』李善引薛綜《西京賦》舊注曰：『以其莖倒植於藻井，其華下向倒披。』又引《風俗通》曰：『今殿作天井。井者，東井之象也。』《淮南子·本經訓》：『木巧之飾，菱杼紾抱。』高誘注：『菱杼，采實紾戾也。抱，轉也。皆壯采相銜貌也。』案：『抱』當爲『軳』。《廣雅》：『軫、軳，轉戾也。』《淮南子》又曰：『檫檐榱題，雕琢刻鏤，喬枝菱阿，夫容芰荷，五采争勝，流漫陸離。』高誘注：『阿，曲屋。夫容，藕華也。芰，菱角交菡也。荷，芙蕖也。』據此，達、菱、倒、茄爲一類，皆宫室之飾。殿作天井，以象東井。菱、茄，水中之物，所以示厭火。天子宫殿施於藻井，大夫以下惟施於桷而已，庶人無垂葩之飾也。《書傳》注義自可通。又案：《漢書·楊雄傳》『反離騷』注，師古曰：『茄，亦荷字，見張揖《古今字詁》。』錫瑞案：王伯申解《詩》『廷内』之『内』爲堂、室，甚塙；解此傳文之『内』爲室，似未必然。傳云『天子之堂廣九雉，三分其廣，以二爲内』，又云『東房、西房、北堂各三雉』，三者各三雉，與『廣九雉』之文正合。蓋雖不言室，而室在内，室亦當爲三雉。若『内』即是室，三分堂之廣，以二爲室，室當有六雉，東、西房各止一雉半，與『東房、西房、北堂各三雉』之文不合矣。凡言尺度者，皆廣、高、深三者並舉。此言廣、高而不及深，蓋内即是深。三分九雉之廣以爲深，則堂深六雉；五分六雉之深，以一爲高，則堂高一雉又六尺也。張惠言《儀禮圖》引《大傳》文，作東房、西房、北堂圖，以東、西序之内爲内，云内六雉，序外各一雉半。其解『内』字用鄭注文，似亦未塙。張圖又據《大傳》『南北七雉』之文，謂堂深四雉，室三雉，東、西室亦三雉，兼北堂在内。案：《大傳》云『路寢東西九雉，南北七雉』，東西、南北文義一律，則九雉、七雉專言路寢之堂廣、深之度，不應七雉兼房、室言之。且傳明云「東房、西房、北堂各三雉」，今張圖既變廣爲深，亦應東西房、北堂各深三雉，乃與傳文比坿，圖乃截東、西房之半以爲北堂，則東西房、北堂各止一雉半，合之乃深三雉，與傳文「各三雉」大相背戾矣。張氏引《大傳》云云，曰：「天子、諸侯東房、西房、北堂，蓋人君東、西房皆有北堂。唯有北堂，故夫人得由北階而入房中。房雖有二，其下北階止一，故夫人奔喪入自闈門，升自側階。」案：張圖東房、西房之後皆有北堂，惟東房、北堂有側階，西房無之，與《大傳》之文亦未合。《大傳》云「堂廣九雉，東房、西房、北堂各三雉」，明是三者並列，各得三雉。北堂當在室後，不在東、西房後。堂之後爲室，室之後爲北堂，如後世所謂後堂與前堂之向南者，南北相對，故有北堂之稱。《大傳》以東西房、北堂三者並舉，各廣三雉，則九雉之數已合，故言北堂而畧室也。北堂止有一，非有二，側階亦止有一。側猶特也，無偶曰特，當如《士冠禮》「側尊」、《曲禮》「側席」之義。前堂有東階、西階，而北堂止一階，故曰側階。《襍記》注云：「側階，亦旁階也。」其説蓋誤。張圖有二北堂。夫前堂止一，而後堂乃有二，殊非制度，與《大傳》尤不相符。且有二北堂，止一側階，西房之北堂無階，則堂無以升矣，虚設北堂，將何爲乎？鄒漢勛云：「廣，兩序相出；脩，序内端至堂；廉、基正方，四堂如一，三分堂之都廣，以二爲兩序間。《尚書大傳》宫室之率悉如此。」今攷其圖，雖知以北堂正置室後，而誤信路寢、明堂同制之説，以室爲大室，非是。其據《大傳》推公、侯以下之制，以雉爲五丈，圖皆未可據也。傳云「公、侯七雉，東房、西房、北堂各二雉；子、男五雉，東房、西房、北堂各一雉」，蓋皆舉其大凡而畧其細數，實當云公、侯東西房、北堂各二雉又一丈，子、男東西房、北堂各一雉又二丈也。士「有室，無房、堂」，張皋文據傳作圖，有三室，云：「士於堂後爲三室，不爲房、堂，非止有一室也。禮文殘缺，所傳不與經合，或當云『無右房、堂』。鄭不知右房有堂，故不能定其脱字也。」案：右房本無堂，張氏説亦非是。傳文「有室」之「有」字，或當爲「右」。右室無房，即鄭君「大夫東房、西室」之義，「堂」字或是衍文。傳自天子至士，九、七、五、三，堂之廣降殺以兩，獨不言大夫者，蓋舉下以爲稱大夫之制與士等也。傳文「其桷」云云者，《國語・晉語》曰：「天子之室，斲其椽而礱之，加密石焉」，注：「密，細密文理。石，謂砥也。先粗礱之，加以密砥。」又曰：「諸侯礱之」，注：「無密石也。」又曰：「大夫斲之」，注：「不礱。」「士首之」，注：「斲其首也。」《穀梁》莊二十四年傳曰：「禮，天子之桷，斲之礱之，加密石焉；諸侯之桷，斲之礱之；大夫斲之；士首本。」《公羊》何氏解詁曰：「禮，天子斲而礱之，加密石焉；諸侯斲而礱之，不加密石；大夫斲之；士首本。」《説文・石部》「礱」云：「天子之桷，椓而礱之。」段注：「椓，當作『斲』。」《鹽鐵論・散不足》篇曰：「及其後世，采椽不斲，茅茨不翦，無斲削之事，磨礱之功。大夫達稜楹。士穎首。庶人斧成木構而已。」皆與傳文義合。

周人路寢，東西九雉，南北七雉，室居二雉。《考工記·匠人》疏引「《書傳》云」。

疏證曰：《匠人》疏引《書傳》云云，曰：「則三室之外，南北各有半雉，雉長三丈，則各有一丈五尺，足容殯矣。」張惠言《儀禮圖》引《大傳》「天子之堂廣九雉」云云及此傳文，謂「蓋互相備，特以三雉爲二雉耳」。案：傳云「三分其廣，以二爲内」，南北當深六雉，與此云七雉不合者，蓋「三分其廣，以二爲内」，亦舉其大凡，而未詳細數也。「室居二雉」當承七雉之文言之，是言其深，非言其廣，與東西房、北堂三雉之言廣者初不相背。焦循《羣經宫室圖·宫圖一》曰：「自應門至路門，自路門至路寢之階，各百步。可見是三朝，各方一夫之地也。伏生《書大傳》云路寢之制，南北七雉，東西九雉。七雉得三十五步，田曹云六尺爲步。廷深三倍，《聘禮》注云：『中廷者，南北之中也。設碑近如堂深。』《士昏禮》疏云：『碑在堂下，三分庭之一，在北。』當得百五步，亦合也。」又《宫圖六》曰：「依《書大傳》路寢之制言之，堂脩七雉，則門堂修二十三步二尺，堂廣九雉，則門堂廣三十步也。」《匠人》疏引《書傳》塙實可據，張惠言、焦循皆依以攷經。陳氏輯本遺此條，今從吳中本增入。《匠人》疏不言何篇之傳，吳中本列補遺。今以此傳與《多士傳》相類，故坿之於後。

古者后夫人將侍君，前息燭，後舉燭。至於房中，釋朝服，襲燕服，然後入御。史奏鷄鳴於階下，然後夫人鳴佩玉於房中，告去也；然後應門擊柝，告闢也；然後少師奏質

明於陛下，然後夫人入庭立〔一〕**，君出朝。** 注 奏，猶白也。階，陛也。應門，朝門也。闢，啟也。質，正也。《太平御覽·皇親部》一引《尚書大傳》。又《毛詩·雞鳴》正義節引。

疏證曰：《毛詩·雞鳴》正義曰：「《書傳》說夫人御於君所之禮云：『太師奏雞鳴於階下，夫人鳴佩玉於房中，告去。』則雞鳴以告，當待太師告之〔二〕。然此夫人自聽雞鳴者，彼言告御之正法，有司當以時告君。此說夫人相警戒，不必待告方起，故自聽之也。」錫瑞案：孔疏所引《書傳》，與《御覽》所引，塙是伏書，而不言是何篇之傳，吳中本列《多士傳》。陳壽祺《尚書大傳定本序》有「后夫人入御」之語，輯本遺之。今從吳中本補入。《列女·周宣姜后傳》曰：「夫禮，后夫人御於君，以燭進；至於君所，滅燭。適房中，脫朝服，衣褻服，然後進御於君。雞鳴，樂師擊鼓以告旦，后夫人鳴佩而去。」亦與傳合。傳云「釋朝服，襲燕服」者，《周禮·天官·內司服》鄭注差次服之所用云：「展衣，以禮見王及賓客之服；褖衣，御於王之服。」又《追師》「掌王后之首服，爲副、編、次」，注云：「次，次第髮長短爲之，服之以見王。王后之燕居，亦纚笄總而已。」據鄭義推之，則朝服當爲展衣，燕服當爲褖衣，其首服皆當服次矣。展衣色白，與皮弁素積之色相應。天子朝服皮弁，故后朝服當爲展衣也。云「應門擊柝」者，《後漢書·顯宗紀》永平八年詔曰：「昔應門失守，《關雎》刺世。」注云：「《春秋說題辭》曰：『人主不正，應門失守，故歌《關雎》以感之。』宋均注曰：『應門，聽政之處也。』」又引薛君《韓詩章句》：『人君退朝〔三〕，入於私宮，后妃御見有度，應門擊柝，鼓人上堂，退反宴處，體安志明。』」《韓詩》説用此傳義也。「夫人入庭立，君出朝」者，夫人朝禮有二説。《毛詩・鷄鳴》傳曰：「東方明，則夫人纚笄而朝，朝已昌盛，則君聽朝。」箋云：「東方明，朝既昌，亦夫人也，君也，可以朝之常禮。君日出視朝。」正義曰：「《列女傳》：『魯師氏之母齊姜戒其女云：平旦纚笄而朝，則有君臣之嚴。』莊二十四年《公羊傳》何休注，其言與《列女傳》亦同。然則古之《書傳》有言夫人纚笄而朝君者，毛當有所依據而言，未必與鄭同也。或以爲夫人纚笄而朝，謂聽治内政。案：《列女傳》稱『纚笄而朝，則有君臣之嚴』，謂朝於夫，非自聽朝也。此傳亦云『纚笄而朝』，文與彼同，安得聽内政乎？宮内之政，蓋應寡耳。君於外政尚日出而朝，夫人何當先君之朝而聽内政？且東方始明，君時初起，衆妾皆當朝君。夫人有何可治，而以東方既明便即聽之？傳又言『朝已昌盛，則君聽朝』，於君言『聽朝』，夫人言『而朝』，足知纚笄而朝君矣。」案：孔疏以爲夫人朝君，非聽朝。此傳言「夫人入庭立」，不言朝，亦當以爲朝君也。

毋逸

陳壽祺曰：「《困學紀聞》卷二云：『高宗亮陰』，《大傳》作『梁闇』。」

《書》曰：「高宗梁闇，三年不言。」何謂梁闇也？傳曰：「高宗居倚廬，三年不言，百官總己以聽於冢宰，而莫之違。此之謂梁闇。」子張曰：「何謂也？」孔子曰：「古者君薨，王世子聽於冢宰三年，不敢服先王之服、履先王之位而聽焉，以民臣之義，則不可一日無君矣。不可一日無君，猶不可一日無天也。以孝子之隱乎？則孝子三年弗居矣。」注隱，痛也。字或爲「殷」。故曰：義者，彼也；隱者，此也。遠彼而近此，則孝子之道備矣。《儀禮經傳通解續》十五《喪禮義》引傳，又卷五《喪大記上》引注。

疏證曰：陳壽祺曰：「《晉書》二十《禮志》杜預等議喪服云：『至周公旦，乃稱殷之高宗諒闇，三年不言。其傳曰：諒，信也；闇，默也。』預所引《書》字作『諒闇』，則古文《尚書》也。所引傳解『諒闇』與《大傳》異，則古文家説也。《論語》作『諒陰』，集解引孔安國注與預正同。今僞孔《書傳》乃與之合，豈僞孔襲用古文家説與？《禮記》作『諒闇』，鄭注以爲『凶廬』，從《大傳》義。」丁晏《尚書餘論》曰：「今《晉書·禮志》：泰始十年，武元楊皇后崩，尚書杜預建議：『古者天子、諸侯三年之喪，始服齊斬，既葬，除喪服，諒闇以居心喪。』杜議引：『高宗諒闇，三年不言。其傳曰：諒，信也；闇，默也。稱高宗不云服喪三年，而云諒闇三年，此釋服心喪之文也。』杜所引傳，即古文孔《傳》也。《左傳》隱元年杜注：『諸侯以上，既葬則縗麻除，無哭位，諒闇終喪。』正義引：『《晉書·杜預傳》曰：太始十年，元皇后崩，既葬，帝及羣臣皆除服，諒闇以居，心喪終制，不與士庶同禮。杜議引《尚書傳》云：亮，信也；陰，默也。爲聽於冢宰，信默而不言。鄭玄以諒陰爲凶廬，杜所不用。』今《晉書·杜預傳》無文。《論語》邢疏引《杜預傳》，與孔疏同。又《通典·總論喪期》云：『博士段暢重申杜元凱議：《尚書·毋逸》云：「高宗諒陰，三年不言。」諸儒皆云「亮陰，默也」，唯鄭玄獨以諒闇爲凶廬。今據諸儒爲正。』又《通典·皇太子爲太后服議》云：『杜亦不自解説，退使博士段暢採典籍爲證。』《左傳疏》謂暢爲預鄉人，然則段暢之議，實元凱嗾使爲之，其稱諸儒者，即指僞孔《傳》文也，特其書尚未通行於時，故或稱傳，或稱諸儒，不指名稱孔氏。」錫瑞案：丁説是也。陳氏謂僞孔襲用古文家説，然其説僅見於馬季長注，前無所承。史稱王肅「善賈、馬之學，不好鄭氏」，此肅用馬義駮鄭之一證也。鄭據伏《傳》，其義最古。《史記》注引鄭《無逸》注云「諒闇」轉作「梁闇」，「楣謂之梁，闇謂廬也」。小乙崩，武丁立憂喪三年之禮，居倚廬柱楣，不言政事。《禮記·喪服四制》云：「《書》曰：高宗諒闇。」鄭注：「諒，古作『梁』。楣謂之梁。闇，讀如鶉鵪之鵪。闇，謂廬也。廬有梁者，所謂柱楣也。」《儀禮·喪服傳》云：「既虞，翦屏柱楣。」鄭注云：「楣謂之梁。柱楣，所謂梁闇。」又注《既夕》云：「倚木爲廬，在中門外東方，北户。」蓋始喪時倚東壁爲廬，户北向，簷著於地，用草爲屏，不翦。至虞後，乃以楣柱，及地之簷，令高，翦其餘，而西向開户。蓋古天子至士，喪禮皆同此制。父母之喪，無貴賤一也。

伏生今文，與《禮經》合。自馬氏剏爲古文異説，杜預遂以逞其短喪之邪辭，故立説不可不慎也。《白虎通·爵》篇曰：「天子大斂之後稱王者，明民臣不可一日無君也。故《尚書》曰：『王麻冕、黼裳。』此大斂之後也。何以知不從死後加王也？以上『迎子釗』，不言迎王也。王者既殯而即繼體之位何？緣臣民之心不可一日無君也。故先君不可得見，則後君繼體矣。故《尚書》曰：『王再拜興對，乃受銅瑁。』明爲繼體君也。緣終始之義，一年不可有二君。故《尚書》曰：『王釋冕喪服。』吉冕服受銅，稱王以接諸侯，明已繼體爲君也。釋冕、藏銅、反喪服，明未稱王以統事也。《春秋傳》曰：『天子三年然後稱王者，謂稱王統事發號令也。』《尚書》曰：『高宗諒闇三年。』是也。《論語》曰：『君薨，百官總己聽于冢宰三年。』緣孝子之心，則三年不忍當也。故三年除喪，乃即位統事，踐阼爲主，南面朝臣下，稱王以發號令也。故天子、諸侯凡三年即位，終始之義乃備，所以諒闇三年，卒孝子之道。故《論語》曰：『古之人皆然，君薨，百官總己聽于冢宰三年。』所以聽于冢宰三年者何？以爲冢宰職在制國之用，是以由之也。故《王制》曰：『冢宰制國用。』所以名之爲冢宰何？冢者，大也。宰者，制也。大制事也。故《王度記》曰：『天子冢宰一人，爵禄如天子之大夫。』或曰：冢宰視卿，《周官》所云也。」《白虎通》用今文《尚書》之説，推闡伏義，極爲詳明。《公羊》隱三年「武氏子來求賻」，傳：「何以不稱使？當喪，未君也。」注：「當喪，謂天子也。未君者，未三年也，未可居君位稱使也。」文九年「毛伯來求金」，傳：「何以不稱使？當喪，未君也。踰年矣，何以謂之未君？以天子三年，然後稱王也。」《春秋繁露·玉英》篇曰：「天子三年，然後稱王，經禮也。有故，則未三年而稱王，變禮也。康王以子繼父，非有他故而稱王者，史臣之詞也。」是今《春秋公羊》説亦與伏義合。《白虎通》以冢宰爲天子之大夫者，《曲禮》：「天子建天官，先六大，曰太宰。」鄭注以爲殷制。宋承殷後，其六卿之名，見於《左氏》文七年十六年、昭二十二年、哀二十六年者，其目曰：右師、左師、司徒、司馬、司城、司寇，無所謂冢宰也。惟成十六年於六卿之外，復有向帶爲太宰，列於司寇之下，其非上卿可知。是殷制冢宰當爲天子之大夫，而百官聽之者，蓋以其制國用。《王制》，鄭君以爲多殷制，其義正相合。此言高宗之事，當以殷制解之，不當解爲周之天官。或以僞古文不應襲《論語》「百官總己以聽冢宰」爲疑，蓋未知殷自有冢宰，而非周之冢宰也。

高宗有親喪，居廬三年，然未嘗言國事，而天下無背叛之心者，何也？及其爲太子之時，盡以知天下人民之所好惡。是以雖不言國事也，知天下無背叛之心。《太平御覽》百四十六《皇親部》十二。

疏證曰：《畧説》曰：「天子太子年十八曰孟侯。孟侯者，於四方諸侯來朝，迎於郊者，問其所不知也，問之人民之所好惡、土地所生美珍怪異、山川之所有無，及父在時，皆知之。」其義與此傳相發明。傳云「爲太子之時，盡已知天下人民之所好惡」，正以其爲太子迎諸侯，故能盡知之也。《白虎通·朝聘》篇曰：「朝禮奈何？諸侯將至京師，使人通命于天子。天子遣大夫迎之百里之郊，遣世子迎之五十里之郊矣。」賈公彥《儀禮疏》引《書大傳》太子出迎之文，以爲此異代之制，又引《孝經》鄭注「天子使世子郊迎」，「皆異代法，非周制也」。然則周以前皆使太子迎諸侯。高宗能知天下之事，即能行諒闇之禮。其後孟侯之制廢，而諒闇之禮亦廢矣。

揜誥

疏證曰：陳壽祺曰：「《困學紀聞》云：『《大傳》之序有《揜誥》。』曲阜孔廣林曰：『案：百篇無《揜誥》，疑「揜」即「奄」也。成王既踐奄，作《成王政》，《揜誥》其即《成王政》與？』壽祺案：孔君此説甚善，然竟以《毛詩·破斧》正義所引《大傳》『遂踐奄』云云入此篇，恐非，今不從，而以『遂踐奄』以下之文入《金縢傳》『殺公子禄父』下，較合。」錫瑞案：陳説是也。成王踐奄，遷其君薄姑，與周公踐奄殺其君不同，並非一事，詳見上《金縢傳》。

周傳

古之帝王者必立大學、小學，注《禮志》曰：「小學在公宮南之左，大學在郊。」**使王太子、王子、羣后之子，以至公、卿、大夫、元士之適子，十有三年，始入小學，見小節焉，踐小義焉；年二十，入大學，見大節焉，踐大義焉。故入小學，知父子之道、長幼之序；入大學，知君臣之義、上下之位。小師取小學之賢者，登之大學；大師取大學之賢者，登之天子；天子以爲左右。**注天子，當爲「太子」。《禮志》曰：「周公居攝，踐阼而治，亢世子法於伯禽，使之與成王居，欲使成王之知父子、君臣、長幼之義，所以善成王也。」《太平御覽》百四十八《皇親部》十二。又《禮書》四十八、四十九，《御覽》六百十三《學部》七，《大戴禮·保傅》注，《禮記·王制》正義，節引《尚書·周傳》，各小異。

疏證曰：陳壽祺曰：「《禮記·王制》正義引《尚書·周傳》云：『王子，公、卿、大夫、元士之適子，十五入小學，二十入大學。』是《周傳》有此文也。《大戴禮·保傅》注引：『《白虎通》曰：「八歲入小學，十五入大學。」此太子之禮。《尚書大傳》曰：「公、卿之太子，大夫、元士之適子，年十三始入小學，見小節而履小義；年二十入大學，見大節而踐大義。」此世子入學之期也。又曰：「十五入小學，十八入大學。」謂諸子晚成者，至十五入小學；其早成者，十八入大學。』盧辨此注分别《書傳》而疏通之，最爲明晰。其《書傳》後一條『十五入小學』云云，《禮記·王制》正義亦引以爲《書傳·畧説》文，則與《周傳》兩篇分見，審矣。《大戴》注引『公、卿之太子』云云，《御覽·學部》七、《儀禮經傳通解·學制》所引並同，而《王制》正義與《御覽·皇親部》兩引又各異。今從《御覽·皇親部》，而他書異同附識於此。」錫瑞案：《大戴禮·保傅》篇曰：「古者年八歲而出就外舍，學小蓺焉，履小節焉；束髮而就大學，學大蓺焉，履大節焉。」注：「小學，謂虎門，師保之學也。大學，王宫之東者。束髮，謂成童。此世子入學之期也。又曰：『十五年入小學，十八入大學〔四〕。』謂諸子姓晚成者，至十五入小學；其早成者，十八入大學。」《公羊》僖十年傳注：「禮，諸侯之子八歲受之少傅，教之以小學，業小道焉，履小節焉；十五受太傅，教之以大學，業大道焉，履大節焉。」《賈子·容經》曰：「古者年九歲入就小學，蹍小節焉，業小道焉；束髮就大學，蹍大節焉，業大道焉。」《白虎通·辟雍》篇曰：「古者所以年十五入大學何？以爲八歲毁齒，始有識，知入學，學書計。七八十五，陰陽備，故十五成童志明，入大學，學經術。」《漢書·食貨志》：「八歲入小學，學六甲、五方、書計之事，始知室家長幼之節。十五入大學，學先聖禮樂，而知朝廷君臣之禮。」案：諸家説入學之年，皆與《大傳》不合，或是天子太子、諸侯世子之禮與公、卿、大大適子不同。《後漢書·楊終傳》曰：「禮制，人君之子八歲爲置少傅，教之書計，以開其明；十五置太傅，教之經典，以道其志。」此人君之子入學較早之證也。《禮記·内則》曰：「十有三年，學樂誦《詩》，舞《勺》。成童，舞《象》。二十而冠，始學禮。」下云「四十始仕」、「五十命爲大夫」，則此制通大夫、士言之。傳云「十三年入小學，二十入大學」，與《内則》所云年數相符，蓋亦舉公、卿、大夫、元士適子而言，故與諸書言天子、諸侯之制異也。「太子以爲左右」，可爲《虞夏傳》「舜爲左右」、《大誓傳》「左右小子」之證，説見前。又案：鄭注引《禮志》「小學在公宫南之左，大學在郊」者，乃《禮記·王制》文。鄭注《王制》云「此小學、大學，殷之制」，而此復引以解《周傳》，則鄭君亦不堅持殷制之説矣。攷公宫南之小學，即周師氏、保氏門闈之學，當爲歷代通制。盧辨注《大戴禮》曰：「小學，謂虎門，師保之學也。」其説最塙。曰「大學，王宫之東者」，則沿誤。公宫南之小學，與鄉學絶不相涉。蓋此小學爲王太子、王子、羣后之太子、公卿大夫元士之適子所入，故在公宫南之左。鄉學爲凡民之俊秀所入，故在各鄉。及其學成之後，則入公宫南小學者、入各鄉小學者，皆可登於大學。蓋大學即辟雍，與明堂、靈臺同處，又有沼有囿，自應在郊。此三代所同，而實本於五帝。《大傳》曰「俤張辟雍」，是虞時已有辟雍之證。《韓詩》説：「辟雍者，天子之學，在南方七里之内，立明堂於中。」《孝經援神契》：「明堂在國之陽，三里之外，七里之内。」然則辟雍、大學與明堂同處，皆在南郊。《王制》曰「大學在郊」，此古天子通制，非獨殷制爲然。《王制》多與《大傳》合，傳義亦當以大學爲在郊矣。大學止一，而小學有二。説者多以公宫南之小學與各鄉之小學捉而爲一，遂至轇轕不明。鄭君泥於《王制》「養老」之文，必謂四代質文相變，亦未敢據爲塙解也。

使公卿之太子，大夫、元士之適子，十有三年始入小學，見小節焉，踐小義焉；年二十入大學，見大節焉，踐大義焉。故入小學，知父子之道、長幼之序；入大學，知君臣之義、上下之位。故爲君則君，爲臣則臣，爲父則父，爲子則子。《儀禮經傳通解》卷九《學制》第十六引，多末十六字。

疏證曰：此專舉公、卿、大夫、元士言之，可見人君之子入學較早矣。前兼王太子、王子、羣后之子而言，蓋舉其大概，未及分别。其實不當兼人君之子言之，故《大戴禮》注引《大傳》，但云公、卿、大夫、元士之子也。明乎此，則知伏義與《大戴》、《公羊》初不相背，蓋各舉其一言之，故年數不合耳。

多方

古者十税一。多於十税一，謂之大桀、小桀；少於十税一，謂之大貊、小貊。王者十

一而稅，而頌聲作矣。故《書》曰：「越維有胥賦小大多政。」《困學紀聞》卷二。又《文選·報孫會宗書》注引「王者什一而稅」。

疏證曰：此以大桀、小桀、大貊、小貊解《多方》「大小」二字。政者，正也，大小各得其正也。江聲曰：「胥，繇役。繇役亦賦也，故曰胥賦。蓋胥賦即稅。正，即謂什一中正，謂胥賦之輕重一本於中正，小之不致爲小桀、小貊，大之不致爲大桀、大貊。」孫星衍曰：「胥者，《周禮·天官·序官》云：『胥十有二人，徒百有二十人。』注云：『此民給繇役者。』是給繇役者有胥名。賦者，《周禮·大司馬》云：『凡令賦，以地與民制之：上地食者參之二，其民可用者家三人；中地食者半，其民可用者二家五人；下地食者參之一，其民可用者家二人。』是繇役亦賦也。」錫瑞案：江、孫二說是也。《公羊》宣十五年傳曰：「古者什一而藉。古者曷爲什一而藉？什一者，天下之中正也。多乎什一，大桀、小桀；寡乎什一，大貉、小貉。什一者，天下之中正也。什一行，而頌聲作矣。」何氏解詁曰：「什一以借民力，以什與民，自取其一爲公田。奢泰多取於民，比於桀也。蠻貉無社稷、宗廟、百官制度之費，稅薄。頌聲者，太平歌頌之聲，帝王之高致也。」徐疏曰：「若十取四、五，則爲桀之大貪；若取二、三，則爲桀之小貪，故曰『多乎什一，大桀、小桀』。若十四、五乃取其一，則爲大貉行；若十二、十三乃取一，則爲小貉行，故曰『寡於什一，則大貉、小貉』也。」《公羊》與伏生皆齊學，用今文說，故其義同。《孟子》曰：「欲重之於堯、舜之道者，大貉、小貉也；欲輕之於堯、舜之道者，大桀、小桀也。」趙岐注曰：「今欲輕之，二十而稅一者，夷貉爲大貉，子爲小貉也；欲重之，過什一，則夏桀爲大桀，而子爲之小桀也。」趙注與徐疏義異，當以徐疏爲長。大桀、小桀、大貊、小貊，蓋古人成語，故《孟子》、《公羊》與伏生並引之。《漢書·賈山傳》曰：「什一而藉，君有餘財，民有餘力，而頌聲作。」《王莽傳》曰：「古者設廬井八家，一夫一婦田百畝，什而稅一，則國給民富而頌聲作。」皆用今文説也。

羿命

疏證曰：陳壽祺曰：「《漢蓺文志攷證》一：《大傳》『冏命』爲『羿命』。」錫瑞案：《史記·周本紀》：「穆王閔文、武之道缺，乃命伯羿申誡太僕國之政〔五〕，作《羿命》。」《漢書·古今人表》伯羿列中上第四等。段玉裁曰：《説文》引「《周書》曰『伯羿』」，古文『冏』字」。按：此七字不可解，當作「古文言『伯冏』」五字，如「甹枿」古文言「由枿」之比。蓋作「冏」者古文《尚書》，作「羿」者今文《尚書》。是以《周本紀》、《古今人表》皆作「羿」。

鮮誓

疏證曰：陳壽祺曰：「《史記·魯世家》作『肸誓』，索隱云：《大傳》作『鮮誓』。《困學紀聞》

卷二云：『費誓』，《說文》作『粊』，《史記》作『肸』，《大傳》作『鮮』。」錫瑞案：《史記》徐廣音義曰：「肸，一作鮮，一作獮。」索隱曰：「『《鮮誓》』即『《肸誓》』，古、今字異，義亦變也。鮮，獮也。言於肸地誓衆，因行獮田之禮，以取鮮獸而祭，故字或作『鮮』，或作『獮』。」案：小司馬之說當有所受，疑出於今文家。鄭注《周禮》引「《書》曰：『敹乃擭，敜乃阱。』時秋也。」鄭君蓋以誓文作於秋時。《周禮·大司馬職》云「中秋教治兵，遂以獮田」，《爾雅》亦云「秋獮爲獮」。鄭蓋據今文《尚書》說，以爲因秋獮治兵而誓衆也。《畧說》有「鮮者何也？秋取嘗也」之文，陳壽祺疑是《鮮誓》之傳，與小司馬合，見後。

擭，捕獸機檻。《經典釋文·禮記·中庸音義》。

疏證曰：《周禮·雍氏》「秋令塞阱杜擭。」鄭注曰：「擭，柞鄂也。堅地阱淺，則設柞鄂於其中。」賈疏以爲「豎柞於中，向上鄂鄂然，所以載禽獸，使足不至地，不得躍而出，謂之柞鄂」。《國語·魯語》曰：「鳥獸成，設穽鄂。」韋昭注云：「鄂，柞格，所以誤獸。」是也。

甫刑

陳壽祺曰：「《漢蓺文志考證》一：《大傳》以《吕刑》爲《甫刑》。」

疏證曰：《禮記》、《孝經》、《史記》、《漢志》、《鹽鐵論》皆引作《甫刑》。《尚書正義》曰：「《揚之水》，平王之詩，云『不與我戍甫』，明子孫改封爲甫侯。穆王時未有『甫』名，稱《甫刑》者，後人以子孫國號名之，猶叔虞初封唐，子孫封晉，而《史記》稱《晉世家》。」錫瑞案：正義之説非也。《詩·崧高》曰「生甫及申」，毛傳曰：「於周，則有甫、有申。」是「甫」之爲國舊矣，非至平王時始有甫也。甫，其國也；吕，其氏也。今文作「甫」，於義爲長。

有虞氏上刑赭衣不純，中刑雜屨，下刑墨幪，以居州里，而民恥之。陳壽祺案曰：「《路史·後紀》十二《陶唐紀》注引《唐傳》，又云：『《甫刑傳》以三刑爲有虞氏者，非。』」

疏證曰：陳壽祺曰：「《荀子·正論》篇曰：『世俗之爲説者，曰治古無肉刑，而有象刑：墨黥；楊倞注：或曰「墨黥」當爲「墨幪」，但以墨巾蒙其頭而已。慅嬰；注：當爲「澡纓」，謂澡濯其布爲纓。《禮記》曰「緦冠澡纓」。澡，或讀爲「草」。《慎子》作「草纓」也。共，艾畢；注：共，未詳，或衍字耳。艾，蒼白色。畢，與「韠」同，紱也，所以蔽前。君以朱，大夫素，士爵韋。令罪人服之，故以蒼白色爲韠也。菲，對屨；注：對，當爲「紨」。紨，枲也。《慎子》作「紨」。對，或作「蒯」。殺，赭衣而不純。注：純，音準。殺，所介反。治古如是。是不然。』《路史·後紀》十二注引《慎子》曰：『有虞氏之誅，以畫跪當黥，以草纓當劓，以履紨當刖，以艾畢當宫，布衣無領以當大辟，謂之戮。上世用戮，而民不犯。』羅氏曰：『畫跪，一作幪巾。履紨，一作菲履。艾畢，韠也。草纓，荀作慅嬰，墨刑也，與《甫刑傳》之説不同。布衣無領，即赭衣不純。』《路史·後紀·陶唐紀》謂：『而民恥之』，《唐傳》作『而反於禮』；《甫刑傳》以三刑爲有虞氏者，非。又引《慎子》與《甫刑傳》之説不同，是

《甫刑傳》有有虞氏三刑之文甚明，且末句《唐傳》作『而反於禮』，則《甫刑傳》作『而民恥之』又明矣。今據補入《甫刑傳》。」錫瑞案：《荀子》「共，艾畢」，「共」即「宮」之假借；「菲，對屨」，「菲」即「剕」之叚借。《慎子》以「履紂」當「刖」，以「艾畢」當「宮」，其明證也。楊倞注不得其義。陳氏引之，不加辨證，失之。「殺，赭衣而不純」，即《大傳》之「上刑」。楊注「殺，所介反」，蓋亦不得其義也。餘詳《唐傳》。

子張曰：「堯、舜之王，一人不刑而天下治。何則？教誠而愛深也。以上又見《路史·後紀》十一《陶唐紀》，「子張」作「子貢」，「曰」下有「傳云」二字。**今一夫而被此五刑。子龍子曰：未可謂能爲《書》。」**注 二人俱罪《甫刑》之説刑也。「被此五刑」，喻犯數罪也。**孔子曰：「不然也。五刑有此教。」**注 教然耳。犯數罪，猶以上一罪刑之。《太平御覽》六百三十五《刑法部》一。又《御覽》八十《皇王部》五引首二句。

疏證曰：陳壽祺曰：「《荀子·議兵》篇：『古者帝堯之治天下也，蓋殺一人，刑二人，而天下治。』此傳云『一人不刑而天下治』，即《虞夏傳》所謂『唐、虞象刑而民不犯』之意也。」孫星衍曰：「『犯數罪，猶以上一罪刑之』，言犯二罪以上，止科一罪也。一云：當作『犯數罪以上，猶以一罪刑之』，待決於王也。」錫瑞案：子張所云「一夫被五刑」，蓋如秦、漢具五刑之法，如

《漢書・刑法志》所云：「『當三族，皆先黥、劓，斬左右止，笞殺之，梟其首，菹其骨肉於市。其誹謗詈詛者，又先斷舌。』故謂之具五刑。」此秦、漢所刱，非古法。春秋時或已有之，而説《書》者誤引以解《書》之五刑。故子張以爲問，夫子曰：「不然也。五刑有此教。」謂《書》所謂五刑，特並列以示教，未有一夫被五刑者也。鄭謂「犯數罪，猶以上一罪刑之」，蓋以一人雖犯數罪，惟科其重之一罪，而輕罪不更科，如墨、劓並犯，則惟劓而不墨；臏、宫並犯，則惟宫而不臏；大辟並犯墨、劓、臏、宫，惟加大辟而已，不如秦漢時具五刑之法也。《甫刑》所謂「有并兩刑」，義蓋如此。《公羊》莊十年傳解詁曰：「律，一人有數罪，以重者論之。」昭三十一年傳解詁同。何氏所引，蓋漢律也。鄭注亦引漢律耳。鮑刻《御覽》作「二人刑而天下治」，吴中本亦作「二人刑」，與《荀子》「刑二人」之説相合，亦得通。

古者中刑用鑽鑿。《御覽》七百六十四《器物部》九。

疏證曰：《漢書・刑法志》曰：「大刑用甲兵，其次用斧鉞；中刑用刀鋸，其次用鑽鑿；薄刑用鞭扑。大者陳諸原野，小者致之市朝。」孫星衍曰：「古文以五刑爲象刑。班《志》引經而説之，云『聖人因天秩而制五禮，因天討而作五刑』，是本今文説也。《御覽》引《大傳》，今脱其全文，以班氏補其説。五刑始於有苗，制自夏代，唐、虞所無。古文説是也。」錫瑞案：孫説非也。《唐傳》明有「唐、虞象刑」之文，何得以象刑爲古文説而謂今文不然乎？伏生於《唐傳》曰「唐、虞象刑」，於《甫刑傳》曰「中刑用鑽鑿」，分析極爲精審。蓋唐、虞象刑，夏以後用肉刑。伏生《唐傳》「犯墨者蒙巾」云云者，爲唐、虞言之；《甫刑傳》「決關梁、踰城郭而略盜者，其刑臏」云云者，爲夏以後言之。孫氏乃誤併爲一談，據《甫刑傳》所云以概唐、虞，而忘《唐傳》象刑之明説，失之甚矣。《大傳》以肉刑爲古者，肉刑始於夏后，夏亦可以稱古，伏生初不以爲唐、虞之制也。

夏刑三千條。《唐律疏義》卷一、《玉海·律令》引長孫無忌《唐律疏》。

疏證曰：《孝經》：「孔子曰：五刑之屬三千。」孫星衍以爲據周律言之。《大傳》謂爲「夏刑」，則周律亦與夏刑同矣。《論衡·謝短》篇曰：「古禮三百，威儀三千。刑亦正刑三百，科條三千。」《白虎通·五刑》篇曰：「科條三千者，應天、地、人情也。五刑之屬三千：大辟之屬二百，宮辟之屬三百，腓辟之屬五百，劓、墨、辟之屬各千。」今文説以「五刑之屬三千」爲「夏刑三千條」，蓋據《書序》云「穆王訓夏贖刑」，故以《甫刑》所云即是夏刑也。《漢書·刑法志》曰：「昔周之法，建三典以刑邦國，詰四方：一曰刑新邦用輕典，二曰刑平邦用中典，三曰刑亂邦用重典。五刑：墨罪五百，劓罪五百，宮罪五百，刖罪五百，殺罪五百，所謂『刑平邦用中典』也。」《甫刑》「墨罰之屬千，劓罰之屬千，臏罰之屬五百，宮罰之屬三百，大辟之罰其屬二百。蓋多於平邦中典五百章，所謂『刑亂邦用重典』者也〔六〕。」錫瑞案：孟堅兼采古文説，以《尚書》比之《周禮》，多五百章，故以爲用重典，然其説殊非是。《周禮》古文説，與今文説本不相通。《大傳》以三千條爲夏刑，「穆王訓夏贖刑」是用古法，非穆王自造，何得因其多於《周禮》，以爲「刑亂邦用重典」乎？《刑法志》又云「宜删定律令，纂二百章，以應大辟。其餘罪次，皆復古刑，爲三千章。如此，則刑可畏而禁易避，輕重當罪，民命得全，合刑罰之中，殷天人之和」，則孟堅亦不盡以三千章爲重典矣。

夏后氏不殺不刑，死罪罰二千饌。《史記·平準書》索隱。

疏證曰：肉刑始於夏后。傳云「夏后氏不殺不刑」者，刑法一代嚴於一代，苗民始作肉刑，堯、舜之時未可遽廢，故以畫象代之。至夏后，乃正用肉刑，然不輕用，乃制罰以贖罪。故傳云「夏后氏不殺不刑」也。《漢書·董仲舒傳》武帝策曰：「殷人執五刑以督姦，傷肌膚以懲惡。」據此，則實用刑殺，當始於殷人。周成、康時，刑措不用。至穆王，刑殺益繁，故復古制，而仍參用夏之贖刑耳。夏侯、歐陽説：「『墨罰疑赦，其罰百率。』古以六兩爲率。」然則今文《尚書》於「墨辟疑赦」等句之「辟」字，皆作「罰」字。「穆王訓夏贖刑」，則肉刑亦不輕用，而但用罰。如罪可疑，則並不罰，赦之而已，故云「墨罰疑赦」。不可赦，乃罰之六百兩，故云「其罰百率」。推之劓、宫、臏、大辟，其義當同。今文《尚書》作「罰」，較古文作「辟」爲長。《大傳》所云「不殺不刑」，即此可以推其義矣。「二千饌」，當作「千饌」，説見後。

禹之君民也，罰弗及强，而天下治。一饌六兩。注所出金鐵也。死罪出三百七十五斤，用財少耳。《路史·後紀》十三《夏后氏紀》引《甫刑傳》。

疏證曰：陳壽祺曰：「饌，他本作『鐉』，非。惟震澤王氏《史記》本不誤。」又曰：「鄭注三百七十五斤，適合千饌六千兩之數。今文經曰：『大辟疑赦，其罰千率。』《史記索隱》引《大傳》『死罪罰二千饌』，『二』字當衍。」錫瑞案：僞孔《傳》云：「六兩曰鍰。鍰，黄鐵也。」釋文曰：「鍰，户關反，六兩也。鄭及《爾雅》同。《説文》云：『亦鋝也。』亦，舊譌作「六」，從段玉裁所訂正。鋝，十一銖二十五分銖之十三也〔七〕。」馬同。賈逵説俗儒以鋝重六兩，《周官》劍重九鋝，俗儒近是。」《周禮·職金》疏曰：「今文作『率』，説云一率六兩；古文作『鍰』，説云一鍰十一銖二十五分銖之十三也，百鍰爲三觔；鄭玄以爲古『率』多作『鍰』。」據此，則鄭君以爲「鍰」即是「鋝」，亦即是「率」，其重六兩。千率爲六千兩，與伏生、歐陽、夏侯之義合。若古文説，百鍰僅爲銅三觔，可贖墨罪；推之大辟亦僅用銅三十觔，可贖死罪。較之今文之數，輕重懸殊，失之太輕矣，故賈景伯以俗儒爲是。鄭從今文，不從古文也。

決關梁、踰城郭而畧盜者，其刑臏。男女不以義交者，其刑宫。觸易君命、革輿服制度、奸軌、盜攘、傷人者，注攘，竊也。**其刑劓。非事而事之、**注令原作「今」，誤，今改。所不當爲也。以上注見《御覽·刑法部》十四。**出入不以道義而誦不詳之辭者，其刑墨。降叛、寇賊、劫畧、奪攘、撟虔者，其刑死。**《周禮·司刑》注。又《太平御覽》百四十八《刑法部》十四引至「其刑墨」止，「詳」作「祥」，「奸軌盜攘」作「奸凶攘傷」。陳壽祺曰：「『其刑髕』，諸書引作『臏』，惟《華嚴經》第七十三《音義》卷下引傳首三句作『髕』，音義云『字從骨』，今依改。」又《尚書·呂刑》正義、《毛詩·召旻》正義、《北堂書鈔》並節引。

疏證曰：《周禮疏》解傳文云：「『男女不以義交者，其刑宮』者，以義交，謂依六禮而婚者。云『觸易君命』者，觸君命令不行及改易之。云『革輿服制度』者，依《典命》，上公九命，國家、宮室、車旗、衣服、禮儀皆以九爲節，侯、伯已下及卿、大夫、士皆依命爲多少之節，是不革。今乃革之。革，改也，謂上僭也。制度，即宮室、禮儀制度也。云『姦軌』者，案《舜典》云『寇賊姦軌』，鄭注云：『强聚爲寇，殺人爲賊，由内爲姦，起外爲軌。』案成十七年長魚矯曰：『臣聞亂在外爲姦，在内爲軌。御姦以德，御軌以刑。』鄭與傳不同。鄭欲見在外亦得爲軌，在内亦得爲姦，故反覆見之。或後人轉寫誤，當以傳爲正。云『降叛、寇賊、劫畧、奪攘、撟虔者，其刑死』者，案《呂刑》云『寇賊、姦軌、奪攘、撟虔』，注云：『有因而盜曰攘。撟虔，謂擾攘〔八〕。《春秋傳》「虔劉我邊垂」，謂劫奪人物以相撓擾也。』」錫瑞案：《潛夫論·述赦》篇曰「罔不寇賊、消義、姦宄、奪攘」，此引今文《尚書》。「寇賊」，即傳所謂「決關梁、踰城郭而畧盜」也。

「消義」，猶滅義，即傳所謂「男女不以義交」也。「姦宄」，即傳所謂「觸易君命、革輿服制度、奸軌、盜攘」也。「奪攘」，即傳所謂「降畔、寇賊、奪攘、矯虔」也。傳所謂「非事而事之、出入不以道義而誦不詳之辭」者，或亦在「消義」中矣。《書正義》曰：夏侯、歐陽等書「劓、刵、劅、黥」云「臏、宮、劓、割、頭庶剠」。王引之曰：「宮、劓、割」當作「宮、割、劓」，引此傳之文爲先後之次，云：「《大傳》不言『割』者，言『宮』，可以統『割』」。《尚書刑德放》曰：『涿鹿者，笮人顙也。黥者，馬羈笮人面也。』『涿』，古讀若『獨』。涿鹿，疊韻字也。『頭庶剠』即涿鹿黥。『頭』、『涿』古同聲，『庶』即『鹿』之譌耳。」然則《大傳》此文，正以釋《甫刑》之五刑。其分屬之詞，疑出古法家言，今不可攷。

孔子曰：古之刑者省之，今之刑者繁之。其教，古者有禮然後有刑，是以刑省也；今也反是，無禮而齊之以刑，是以繁也。《書》曰：「伯夷降典禮，折民以刑。」謂有禮然後有刑也。又曰：「茲殷罰有倫。」今也反是，諸侯不同聽，注 聽，議獄也。**每君異法，聽無有倫。是故知法難也。**《御覽》六百三十五《刑法部》一。又《孔子集語》卷下引至「是以繁也」止。

疏證曰：陳壽祺曰：「《孔叢》用此文。『諸侯不同聽』，『聽』作『德』，其義長。疑注『聽，議獄也』四字，當在傳文『聽無有倫』之下。」陳喬樅曰：「案：《大傳》引此經，『典』下有『禮』

字,此當是《歐陽尚書》本也。《漢書·刑法志》引《書》無『禮』字,『折民以刑』作『悊民惟刑』,當爲《夏侯尚書》本。此三家今文之本有不同也。攷《皋陶謨》以『天命有典』與『天秩有禮』並舉,此有『禮』字,於誼尤備。伏生於《甫刑傳》屢屢言『禮』,非以經文本有『禮』字,故言之如是其詳歟?」錫瑞案:《世本》曰「伯夷作五刑」,是伯夷典禮,兼作刑,故云「有禮然後有刑」。

子曰:吴越之俗,男女同川而浴,其刑重而不勝,由無禮也。中國之教,内外有别,男女不同椸架,不同巾櫛,其刑重而勝,由有禮也。語曰:「夏后氏不殺不刑,罰有罪而民不輕犯。」《孔子集語》卷下。

疏證曰:《春秋》莊公二十九年:「秋,有蜚。」《五行志》云:「劉向以爲:蜚色青,近青眚也,非中國所有。南越盛暑,男女同川澤,淫風所生。」此「吴越之俗,男女同川而浴」之證也。《禮記·曲禮》曰:「男女不雜坐,不同椸枷,不同巾櫛。」正義曰:「皆爲重别,防淫亂。椸,可以枷衣者。」

子曰:今之聽民者,求所以殺之。古之聽民者,求所以生之。不得其所以生之之道,乃刑殺,君與臣會焉。《孔子集語》卷下。

疏證曰：陳壽祺曰：「《孔叢》用此文。《漢書・刑法志》引『孔子曰：今之聽獄者』四句，不言《大傳》。」錫瑞案：《禮・王制》：「成獄辭，史以獄成告於正，正聽之。正以獄成告於大司寇，大司寇聽之棘木之下。大司寇以獄之成告於王，王命三公參聽之。三公以獄之成告於王，王三又，然後制刑。」鄭注：「《周禮》：王欲免之，乃命公會其期。又，當作『宥』。宥，寬也。一宥曰不識，再宥曰過失，三宥曰遺忘。」此「不得其所以生之之道，乃刑殺，君與臣會焉」之事。

子曰：古之聽民者，察貧窮，哀孤、獨、矜、寡，宥老、幼、不肖、無告，有過必赦，小罪勿增，大罪勿纍，[注]延罪無辜曰纍。注見《御覽・刑法部》一，又《刑法部》十八。**老弱不受刑，有過不受罰。是故老而受刑謂之悖，弱而受刑謂之剋，不赦有過謂之賊，率過以小謂之枳。**《孔子集語》卷下。又《御覽》六百三十五《刑法部》一引「有過」至「謂之賊」。陳壽祺曰：「《孔叢》用此文。」**故與其殺不辜，寧失有罪；與其增以有罪，寧失過以有赦。**《御覽》六百五十二《刑法部》十八。

疏證曰：《禮記・曲禮》曰：「八十、九十曰耄。七年曰悼。耄與悼雖有罪，不加刑焉。」《周禮・司刺》曰：「壹赦曰幼弱，再赦曰老旄，三赦曰惷愚。」注：「惷愚，生而癡騃童昏者。鄭司農云：『幼弱、老旄，若今律令年未滿八歲、八十以上，非手殺人，他皆不坐。』」《漢書・刑法志》孝景下詔曰：「高年老長，人所尊敬也；鰥寡不屬逮者，人所哀憐也。其著令：年八十以上、八歲以下，及孕者未乳，師、朱儒當鞠繫者，頌繫之。」孝宣又下詔曰：「諸年八十，非誣告、殺傷人，它皆勿坐。」成帝鴻嘉元年定令：「年未滿七歲，賊鬥殺人及犯殊死者，上請廷尉以聞，得減死。」此古宥老、幼、不肖、無告之法。《志》曰：「與其殺不辜，寧失有罪。」此條陳本引《御覽》有誤，今從鮑刻更正。

聽訟之術，大畧有三：治必寬，寬之術歸於察，察之術歸於義。注察，猶審也。**是故聽而不寬，是亂也；寬而不察，是慢也。古之聽訟者，言不越情，情不越義。是故聽民之術，怒必畏，畏思意，小罪勿兼。**注怒，責也。因責之罪必思。兼，謂思其辭、思其義。思義重罪。小可求以出之罪也。《御覽》六百三十九《刑法部》五。錫瑞案：陳本有誤。吴中本與鮑刻《御覽》合，今從之。

子曰：聽訟者雖得其情，必哀矜之。死者不可復生，斷者不可復續也。《孔子集語》卷下。陳壽祺曰：「《孔叢》用此文。」

疏證曰：《論語》：「曾子曰：如得其情，則哀矜而勿喜。」《漢書．刑法志》緹縈上書曰：「妾傷夫死者不可復生，刑者不可復屬。」與傳文下二句畧同，蓋亦本古語。

《書》曰：「哀矜哲獄。」《困學紀聞》卷二。

疏證曰：《漢書·于定國傳》贊曰：「于定國父子哀鰥哲獄。」注：「應劭曰：哲，智也。」陳喬樅曰：「案：『矜』、『鰥』，古通用字。隸古定本『矜』作『敬』，『哲』作『折』。然則《大傳》『哲』字，當即『折』之叚借也。」錫瑞案：陳説是也。《漢書》於「明悊」字作「悊」，於此「哲獄」作「哲」，班氏意以「明悊」字當從「心」，「折斷」字當从「口」。應劭以「哲」爲「智」，失之。《兩漢刊誤補遺》云：「案：《書大傳》引孔子曰：『聽獄者雖得其情，必哀矜之。《書》曰：哀矜哲獄。』又曰：『古之聽民者，察貧窮，哀孤、獨、矜、寡。』」與諸書所引同。

獄貨非可寶也，然後寶之者，未能行其法者也。貪人之寶，受人之財，未有不受命以矯其上者也。親下以矯其上者，未有能成其功者也。《御覽》六百四十一《刑法部》七。

疏證曰：孫星衍以傳爲釋「獄貨非寶，惟府辜功」之義，云：「今文讀『府』爲『評』，聲相近也，字亦或作『誣』。《周語》云『其刑矯誣』，注云：『以詐用法曰矯，加謀無罪曰誣。』受人之財，則親下以矯誣其上也。以『辜功』爲『未能成其功』者，《漢書·律曆志》注：『孟康曰：辜，必也。』《一切經音義》引《漢書音義》云：『辜，固也。謂規固販鬻以求利也。』則『辜功』謂取必規固以求功也。」案：傳文不必字字與經比坿，孫説近鑿。

孔子如衛，人謂曰：「公甫不能聽訟。」注公甫，魯大夫。**子曰：「非公甫之不能聽獄也。**注答而反之。**公甫之聽獄也，有罪者懼，無罪者恥，民近禮矣。」**《御覽》六百三十九《刑法部》五。「非」字作「不知」，從《孔子集語》卷下引改。《集語》無「公甫之聽獄也」六字。

君子之於人也，有其語也，無不聽者，皇於聽獄乎？注皇，猶況也。**必盡其辭矣。聽獄者，或從其情，或從其辭。**陳壽祺曰：「《孔叢》用此文。」

疏證曰：「皇」與「況」通，《無逸》「無皇曰今日耽樂」，《熹平石經》作「毋兄曰」，《秦誓》「我皇多有之」，《公羊傳》引作「而況乎我多有之」，是也。江聲以爲傳釋「非從惟從」之義，云：「據《大傳》言『聽獄者或從其辭，或從其情』，則此經兩『從』字有從辭、從情兩誼，而斷獄必以情，當以『非從』貼辭、『惟從』貼情言也。」《大傳》文見《孔叢子》引，尚有「辭不可從，必斷以情」二語。

大夫有汙豬之宮，殺君之地，雖有美菜，有義之士弗食。《藝文類聚》八十二《草部》下、《御覽》九百七十六《菜部》一。

疏證曰：《漢書·王莽傳》曰：「臣聞古者畔逆之國既以誅討，則豬其宮室，以爲汙池，納垢濁焉，名曰凶虛，雖生菜茹，而人不食。」蓋即本此傳。

【校勘記】

〔一〕「入」，原脱，據《太平御覽·皇親部》引《尚書大傳》補。皮錫瑞下文疏證引亦有「入」字。

〔二〕「太」，原脱，據《毛詩正義》補。

〔三〕「退」，原誤作「聽」，據《後漢書集解》改。

〔四〕「大學」下，原衍「者」，據《大戴禮記·保傅》盧注删。

〔五〕「誠」下，原衍「之」，據《史記·周本紀》删。

〔六〕「刑」，原誤作「行」，據《漢書·刑法志》改。

〔七〕「十一」，原誤作「十三」，據《尚書正義》引《釋文》改。

〔八〕「擾攘」，《周禮注疏》本作「撓擾」。

尚書大傳疏證卷七

畧説

遂人爲遂皇，伏羲爲戲皇，神農爲農皇也。遂人以火紀。火，太陽也，陽尊，故託遂皇於天。伏羲以人事紀，故託戲皇於人。蓋天非人不因，人非天不成也。神農悉地力，種穀疏，故託農皇於地。天、地、人之道備，而三五之運興矣。《風俗通·皇霸》第一引《尚書大傳》説。又《太平御覽》七十七《皇王部》二、又七十八《皇王部》三、又《火部》一，《初學記》九，《事類賦》注，《藝文類聚》十一《帝王》，《路史·因提紀》，並節引。

疏證曰：陳壽祺曰：「孫之騄本首列此條，目爲《三五傳》，無據，不可從。今姑入之《畧説》，爲近似。」錫瑞案：《河圖》及《三五曆》謂開闢時有天、地、人三皇，其言不雅馴。據《大傳》説，天皇、地皇、人皇即是遂人、伏羲、神農，非別有天、地、人三皇也。《風俗通》引此傳云云，又引《禮含文嘉》曰虙戲、遂人、神農。《白虎通·號》篇曰：「三皇者何謂也？謂伏羲、神農、燧人也。」其數三皇名號與傳説同，而《含文嘉》列遂人於羲、農間，《白虎通》列燧人於羲、農後，與傳説稍異。《路史》注引《命歷序》曰伏羲、燧人，則與《含文嘉》同。《路史》注又引《世紀》云「燧人氏没，包羲代之」，又引《古史考》云「燧人次有三姓，乃至伏羲」，又引「孔演明道經」注云：「燧人，謂人皇，在伏羲前，風姓，始王天下者。」小司馬《三皇本紀》云「太皡庖犧氏，風姓，代燧人氏，繼天而王」，則又以燧人在伏羲前。《易通卦驗》曰：「燧皇始出握機矩，表計寘圖，其刻曰：蒼渠通靈。」鄭玄注曰：「矩，法也。燧皇，世謂燧人，在伏羲前，作其圖緯之計，寘時無書，刻石而謂之耳。刻曰：蒼精渠肩之人，能通神靈之意也。」又《六蓺論》曰：「遂皇之後，歷六紀九十一代，至伏羲，始作十二言之教。」是鄭君亦以遂人在伏羲前，與傳説合。案：遂人教民熟食，鑽木取火，去茹毛飲血之俗未遠，其世次當在伏羲前，傳説是也。《雒書·甄曜度》與《武梁祠象碑》、宋均《援神契注》、譙周《古史考》，皆以遂人爲三皇。《白虎通》又引：「或曰：伏羲、神農、祝融也。《禮》曰：『伏羲、神農、祝融，三皇也。』」《風俗通》引《禮號謚記》伏羲、祝融、神農，則無遂人而有祝融。《風俗通》又引《運斗樞》曰：「伏羲、女媧、神農是三皇也。」《禮疏》引鄭注《中候·敕省圖》主之，又無遂人而有女媧。祝融、女媧無大功德於人，當以《大傳》之説爲正。《白虎通》又曰：「古之時，未有三綱六紀，民人但知其母，不知其父，能覆前而不能覆後，卧之詓詓，行之吁吁，飢即求食，飽即棄餘，茹毛飲血而衣皮葦。于是伏羲仰觀象于天，俯察法于地，因夫婦，正五行，始定人道，畫八卦以治下，下伏而化之，故謂之伏羲也。謂之神農何？古之人民皆食禽獸肉，至於神農，人民衆多，禽獸不足。於是神農因天之時，分地之利，制耒耜，教民農作，神而化之，使民宜之，故謂之神農也。謂之燧人何？鑽木燧取火，教民熟食，養人利性，避臭去毒，謂之燧人也。」《含文嘉》曰：「伏者，別也；羲者，獻也，法也。伏羲始別八卦，以變化天下，天下法則咸伏貢獻，故曰伏羲也。遂人始鑽木取火，炮生爲熟，令人無腹疾，有異於禽獸，遂天之意，故曰遂人也。神農，神者信也，農者濃也。始作耒耜，教民耕種，其德濃厚若神，故爲神農也。」

伏羲氏没，神農氏作。神農氏没，黄帝、堯、舜氏作。 羅壁《識遺》卷二引《大傳》言。陳壽祺曰：「《識遺》云：敘三五，傳次甚明。」

疏證曰：傳本《易》義，敘次明塙，足見或以遂人列羲、農之間，或以遂人列羲、農之後，皆不若傳説之精矣。

伏羲氏作八卦。 《路史·後紀》卷一《太昊紀上》注。

天立五帝以爲相，四時施生，法度明察，春、夏慶賞，秋、冬刑罰。帝者任德設刑，以則象之，言其能行天道，舉錯審諦也。黄帝始制冠冕，垂衣裳，上棟下宇，以避風雨，禮文法度，興事創業。黄者，光也，厚也。中和之色，德施四季，與地同功，故先黄以別

之也。顓者，專也；頊者，信也。言其承易文之以質，使天下蒙化，皆貴貞慤也。嚳者，考也，成也。言其考明法度，醇美嚳然，若酒之芬香也。堯者，高也，饒也。言其隆興煥炳，最高明也。舜者，推也，循也。言其推行道德，陳壽祺曰：「四字原文誤在『舜者，推也』之上，今移此。」循堯緒也。《風俗通義·皇霸》卷一《五帝》篇「謹按：《易》、《尚書大傳》云云」。又《御覽》七十七《皇王部》二載《風俗通》同，惟無「皇帝始制」以下二十五字，又無「嚳然」二字、「饒也」二字，「蒙化」之「蒙」作「遵」，末四句作「舜者，准也，循也，言其准行道以循堯緒也」，當從之。「准」、「循」與「舜」聲近，「推」則遠矣。今本《風俗通》字誤。

疏證曰：《春秋演孔圖》曰：「天子皆五帝精寶，各有題序。次運相據[一]，起必有神靈符紀，諸神扶助，使開階立遂。」注：「遂，當作『隧』。隧，道也。」《白虎通·號》篇曰：「五帝者，何謂也？《禮》曰：『黄帝、顓頊、帝嚳、帝堯、帝舜，五帝也。』《易》曰：『黄帝、堯、舜氏作。』《書》曰『帝堯』、『帝舜』。黄者，中和之色，自然之性，萬世不易。黄帝始作制度，得其中和，萬世常存，故稱黄帝也。謂之顓頊何？顓者，專也；頊者，正也。能專正天人之道，故謂之顓頊也。謂之帝嚳何？嚳者，極也。言其能施行，窮極道德也。謂之堯者何？堯，猶嶢嶢也，至高之貌。清妙高遠，優游博衍，眾聖之主，百王之長也。謂之舜者何？舜，猶僢僢也。言能推信堯道而行之。」《風俗通·皇霸》篇：「《易傳》、《禮記》、《春秋》、《國語》、《太史公記》：黄帝、顓頊、帝嚳、帝堯、帝舜也，是五帝也。」錫瑞案：《世本》、《大戴禮》及宋均、譙周諸古説，皆以黄帝、顓頊、帝嚳、堯、舜爲五帝，不數少昊，與傳説合。蓋少昊金天氏，僅王西方，不在五帝之列。《禮疏》引鄭注《中候·勑省圖》云：「德合五帝座星者稱帝，則黄帝、金天氏、高陽氏、高辛氏、陶唐氏、有虞氏是也。實六人而言五者，以其俱合五帝座星故也。」如鄭説，名五而實六，名實不相應。僞孔《書傳序》、《帝王世紀》孫氏注、《世本》乃數少昊以下爲五帝，而以黄帝上列三皇。黄帝稱帝而曰皇，其名尤不正矣。《白虎通·謚》篇曰：「黄帝先黄後帝者何？古者質，生死同稱，各持行合而言之，美者在上。黄帝始制法度，得道之中，萬世不易，後世雖聖，莫能與同也。後世德與天同，亦得稱帝，不能制作，故不得復稱黄帝。」《繁露·三代改制質文》篇曰：「黄帝之先謚，四帝之後謚，何也？曰：帝號必存五代，帝首天之色，號至五而反。周人之王，軒轅直首天黄號，故曰黄帝云。帝號尊而謚卑，故四帝後謚也。」《論衡》曰：「謚法：静民則法曰黄，德象天地曰帝。黄帝者，安民之謚，非得道之稱也。」皆與傳稱黄帝之義合也。《通典》引《通義》云：「顓頊者，顓猶專，頊猶愉。幼少而王，以致太平，常自愉儉，約自小之意[二]，故兩字爲謚也。」《白虎通·謚》篇曰：「帝者，天號也。以爲堯猶謚，顧上世質直，死後以其名爲號耳。所以謚之爲堯何？爲謚有七十二品。《禮謚法記》曰：『翼善傳聖謚曰堯。』」劉熙《謚法》曰：「以爲其尊高堯堯然，物莫之先，故謂之堯也。」亦與傳合。

堯八眉，舜四瞳子，禹其跳，湯扁，文王四乳。八眉者，如八字者也。其跳者，踦也。注其，發聲也。踦，步足不能相過也。**扁者，枯也。**注言湯體半小，象扁枯。**言皆不善也。**《御覽》三百六十三《人事部》四。又《玉篇》卷四《目部》、《初學記》九《帝王部》、《路史·有虞紀》、《荀子·非相》篇注。

疏證曰：陳壽祺曰：「《荀子·非相》篇曰：『禹跳，湯偏，堯、舜參牟子。』楊倞注引《尸子》曰：『舜兩眸子，是謂重明。作事成法，出言成章。』又引《尸子》曰：『禹之勞，十年不窺其家，手不爪，脛不生毛，偏枯之病，步不相過，人曰禹步。』《呂氏春秋》曰：禹通水濬川，顏色黎黑，步不相過。」錫瑞案：傳云「堯八眉」者，《白虎通·聖人》篇云：「聖人皆有異表。傳曰：堯眉八彩，是謂通明，曆象日月，璇璣玉衡。」《大義》引《文燿鉤》同。《御覽》引《援神契》曰：「堯鳥庭，荷勝，八眉。」注：「八眉，眉彩，色有八也。」《合誠圖》云：「堯面八彩。」注：「彩，色有八。」《元命苞》亦云「眉有八彩」。「舜四瞳子」者，《白虎通》引傳曰：「舜重瞳子，是謂滋涼，上應攝提，以象三光。」《大義》引《元命苞》、《御覽》引《文耀鉤》皆同，「象」作「統」。《御覽》引《演孔圖》云：「舜目四童，謂之重明。承乾踵堯，海內富昌。」又《路史》引《演孔圖》曰：「舜目重瞳，是謂無景。」《類聚》引《演孔圖》云：「舜重童子，是謂重明。」《孝經援神契》曰：「舜龍顔，重瞳，大口，手握褎。」注：「重瞳，取象雷多精光也。」《雒書·靈準聽》曰：「有人方面，日衡，重華。」注：「重華，重童子。」《尸子》、《淮南子》曰：「舜兩童子，是謂重明。作事成法，出言成章〔三〕。」《荀子》曰：「堯、舜參牟子。」《世紀》曰：「因瞳子，名重華。」傳云「四童子」，則《荀子》云「參牟」，非也。「文王四乳」者，《白虎通》引傳曰：「文王四乳，是謂至仁，天下所歸，百姓所親。」《淮南·脩務訓》文同。《路史》注引《演孔圖》曰：「文王四乳，是謂含良。」又引《元命苞》文同。《書鈔》又引《元命苞》云：「蓋法酒旗，布恩舒惠。」注：「酒，乳也。能乳天下，布恩之謂也。」禹跳、湯扁，詳陳説。

多聞而齊給。 注 齊，疾也。《史記·五帝本紀》索隱。陳壽祺曰：「此蓋《尚書大傳》説黃帝語。」

乃命五史，以書五帝之蠱事。 李鼎祚《周易集解》載伏曼容注引此，釋云：「然爲訓者，正以太古之時无爲无事也。」

疏證曰：蠱，故也。蠱事，故事也。五帝之名，周人所定。《繁露·三代改制質文》篇曰：「王者之法必正號，絀王謂之帝，封其後以小國，使奉祀之；下存二王之後以大國，使服其服，行其禮樂，稱客而朝。故同時稱帝者五，稱王者三，所以昭五端，通三統也。是故周人之王，尚推神農爲九皇，而改號軒轅，謂之黃帝，因存帝顓頊、帝嚳、帝堯之帝號，絀虞，而號舜曰帝舜，録五帝以小國。」據董子説，則稱黃帝、顓頊、帝嚳、帝堯爲五帝，實始於周。五帝爲周時之稱，則五史亦當爲周制。《周禮·春官》有大史、小史、内史、外史、御史五官，當即傳所云五史。《外史》「掌三皇五帝之書，掌達書名於四方」，注云：「楚靈王所謂三墳、五典，謂若《堯典》、《禹貢》，達此名使知之。」此五史書五帝故事之證也。

成王問周公曰：「舜之冠何如焉？」周公曰：「古之人有冒皮而句領者，然鳳皇巢其樹，麒麟聚其域也。」《北堂書鈔·冠》。注 言在德不在服也。古之人，三皇時也。冒，覆項也。句領，繞頸也。禮，正服方領也。注見《荀子·哀公》篇楊倞注，又引傳作「衣上有冒而句領」。

成王問周公曰：「舜何人也？」周公曰：「其政也，好生而惡殺。」《文選·檄蜀文》注、《路史·後紀》十二《有虞紀》注。**「鳳皇巢其樹。」**《御覽》九百十五《羽族部》二。又九百二十八《羽族部》十五、《事類賦》注十八、《玉海》百九十九。**周公對成王云：「古人冒而句領。」**注 古人，謂三皇時，以冒覆頭，句領繞頸。至黄帝，則有冕也。《禮記·冠義》篇目正義引《畧説》。

疏證曰：陳壽祺曰：「《禮記·冠義》疏引此文爲《畧説》，則自《北堂書鈔》以下四條皆《畧説》文也。《晏子》曰：『古者有紩衣攣領而王天下者。』《淮南子》曰：『古有鍪頭而卷領，以王天下。』與《畧説》同意。《荀子·哀公》篇：『魯哀公問舜冠於孔子，孔子不對。三問，不對。哀公曰：「寡人問舜冠於子，何以不言也？」孔子對曰：「古之王者，有務而拘領者矣，其政好生而惡殺焉。注：務，讀爲「冒」。拘，與「句」同。是以鳳在列樹，麟在郊野，鳥鵲之巢可俯而窺也。君不此問，而問舜冠，所以不對也。」』《荀子》作哀公問孔子，《書傳》作成王問周公，傳聞異辭。」錫瑞案：《禮記·王制》「有虞氏皇而祭」，注：「皇，冕屬也，畫羽飾焉。」《周禮·樂師》「教皇舞」，先鄭注：「皇舞者，以羽冒覆頭上，衣飾翡翠之羽」。後鄭注：「皇，襍五采羽，如鳳皇色」。然則舜之冠當爲冕屬而用羽飾，其制非不可攷，而周公不對者，蓋欲成王務其大者耳。又案：《淮南子》曰：「古者有鍪而綣領以王天下者矣，其德生而不辱，予而不奪，天下不非其服，同懷其德。當此之時，陰陽和平，風雨時節，萬物蕃息，鳥鵲之巢可俯而探也，禽獸可羈而從也，豈必褒衣博帶句襟委章甫哉！」注云：「古者，蓋三皇以前也。鍪，頭著兜鍪帽，言未知制冠也。綣領，衣皮屈而紩之，如今胡家韋襲反褶以爲領也。一説：鍪，放髮也，綣，繞頸而已，皆無飾也。」注視鄭注爲詳。《漢書·輿服志》曰：「上古衣毛而冒皮，後世聖人見鳥獸有冠角頓胡之制，遂作冕冠纓緌，以爲首飾。」陳祥道《禮書》引荀卿「古者有務而拘領」，云《書大傳》「務」作「冒」，「拘」作「句」。

舜不登而高，不行而遠，拱揖於天下，而天下稱仁。《御覽》八十一《皇王部》六，又四百十九《人事部》六十。**夏后氏主教以忠。**《儀禮·士喪禮》疏引《書傳·畧説》。**周人之教以文，上教以文君子，其失也小人薄。**注文，謂尊卑之差制也。習文法，無悃誠也。《文選·運命論》注。

疏證曰：陳壽祺曰：「《士喪禮》疏引『夏后氏主教以忠』，稱《書傳·畧説》。此《文選注》所引『周人之教以文』云云，當相連屬，中間尚有脱文及説殷人之教耳。」錫瑞案：《説苑·脩文》篇曰：「夏后氏教以忠，而君子忠矣，小人之失野。救野莫如敬，故殷人教以敬，而君子敬矣，小人之失鬼。救鬼莫如文，故周人教以文，而君子文矣，小人之失薄。救薄莫如忠，故聖人之與聖也，如矩之三雜，規之三雜，周則又始，窮則反本也。」《白虎通·三教》篇曰：「王者設三教何？承衰救弊，欲民反正道也。三王之有失，故立三教以相指受。夏人之王教以忠，其失野，救野之失莫如敬。殷人之王教以敬，其失鬼，救鬼之失莫如文。周人之王教以文，其失薄，救薄之失莫如忠。繼周尚黑，制與夏同。三者如順連環，周而復始，窮則反本。」又曰：「三教所以先忠何？行之本也。忠法人，敬法地，文法天。人道主忠，人以至道教人，忠之至也。人以忠教，故忠爲人教也。地道謙卑，天之所生，地敬養之，以敬爲地教也。」闕天教一段〔四〕。《禮疏》引《元命苞》曰：「『三王之有失，故立三教以相變。夏人之立教以忠，其失野，故救野莫如敬。殷人之立教以敬，其失鬼，故救鬼莫如文。周人之立教以文，其失蕩，故救蕩蕩，疑皆「薄」之誤。莫若忠。』如此循環，周則復始，窮則相承是也。」案：此皆今文説，可補《畧説》之缺。

帝命周公踐阼，朱草暢生。《御覽》八百七十三《休徵部》二。

疏證曰：《孝經援神契》曰：「周公踐阼理政，與天合，朱草生。」

周公輔幼主，不矜功，則蓂莢生。注矜，夸也。《御覽》八百七十三《休徵部》二引傳。又《文選·鮑昭詠史詩》注引傳及注。又《記纂淵海》卷四。

疏證曰：《路史·餘論·蓂莢》：「《書中候·摘洛戒》云：『堯、舜時皆有之，周公攝政七年又生。』亦見伏書《大傳》。或云朱草。《大戴禮》云：『朱草日生一莢〔五〕，至十五日後，日落一葉，周而復始。』按：《孝經援神契》云『朱草生，蓂莢孳』，則二物也。」錫瑞案：《人傳》亦當以爲二物。《運斗樞》曰：「老人星臨國，則蓂莢生。」又曰：「箕星得，則蓂莢生。」《援神契》曰：「王者德至於地，則蓂莢生。」又曰：「蓂莢，堯時夾階而生，以紀朔也。」《白虎通·封禪》篇曰：「德至地，則蓂莢起。」又曰：「日曆得其分度，則蓂莢生於階間。蓂莢者，樹名也，月一日莢生，十五日畢，至十六日一莢去。故夾階而生，以明日月也。」《御覽》引《世紀》曰：「堯時，有草夾階而生，每月朔日生一莢，至月半則生十五莢，至十六日後，日落一莢，至月晦而盡。月小，餘一莢。王者以是占曆。莢十五葉，日生一葉，從朔至望畢；從十六日毀一葉，至晦而盡。月小，則一葉卷而不落。聖明之瑞也，人君德合乾坤，自生。」

王者德及皇天，則祥風起。《御覽·九天部》九，又八百七十二《休徵部》二。《初學記》一。

疏證曰：《禮斗威儀》曰：「王者乘火而王，其政昇平，則祥風至。」《援神契》曰：「王者至八方，則祥風起。」《白虎通・封禪》同。《符瑞圖》曰：「朔風者，瑞風也。一名景風。」

王者德下究地之厚，則朱草生。《御覽》八百七十三《休徵部》二。又《文選・魯靈光殿賦》注、《王元長曲水詩序》注、《非有先生論》注。《記纂淵海》卷四。又《開元占經・竹木草藥占》篇引曰「德光地序，則朱草生」，《文選注》同。

疏證曰：《春秋感精符》曰：「王者德洽於地，則朱草廣生。」《孝經援神契》曰：「德至草木，則朱草生。」《白虎通・封禪》同，又曰：「朱草者，赤草也，可以染絳，別尊卑也。」《三禮義宗》：「朱草者，赤草也，可以染絳爲服，以別尊卑。王者施德有常，則應德而生。」《御覽》引《中候》云「朱草生郊」，注：「朱草，可以染服者。」

狄人將攻太王亶甫，《御覽》「甫」作「父」，此下重「亶甫」二字。**召耆老而問焉，曰：「狄人何欲？」耆老對曰：「欲得菽粟財貨。」太王亶甫曰：「與之。」每與，狄人至不止。太王亶甫贅其耆老而問之，**《毛詩・緜》正義引，「贅」作「屬」。陳壽祺曰：「《桑柔》正義引《孟子》曰『太王屬其耆老』，《書傳》云『贅其耆老』，是『贅』爲『屬』。據此，則《緜》正義作『屬』者誤也。今改正。」**曰：「狄人又何欲乎？」耆老對曰：「又欲君土地。」太王亶甫曰：「與之。」耆老曰：「君不爲社稷乎？」太王亶甫曰：「社稷，所以爲民也。不可以所爲民亡民也。」耆老對曰：「君縱**

不爲社稷，不爲宗廟乎？」太王亶甫曰：「宗廟，吾私也。不可以私害民。」遂策杖而去，逾梁山，邑岐山。【注】梁山，在岐山東北。注見《毛詩·公劉》正義。岐山，在梁山西南。注見《毛詩·緜》正義。**周人奔而從之者三千乘，一止而成三千户之邑。**《毛詩·緜》正義引《書傳·畧説》。又《御覽》七百九十九《四夷部》二。又《禮記·哀公問》正義、《毛詩·豳風譜》正義並引《書傳·畧説》。又《毛詩·桑柔》、《天作》正義節引。「周人」，《禮記正義》作「國人」。

疏證曰：陳壽祺曰：「《毛詩·緜》正義引《書傳》，又引《韓奕》箋云：『梁山，在馮翊夏陽縣西北。』鄭於《書傳》注云：『岐山，在梁山西南。』然則梁山之衺，其東當夏陽縣西北，其西當岐山東北。自豳適周，當踰之也。」錫瑞案：《詩》毛傳與《孟子》同，人所知，不録。《詩疏》引《莊子》與《吕氏春秋》皆云：「太王亶甫居豳，狄人攻之，與之珠玉而不肯。狄人之求者，土地也。太王亶甫曰：『與人之兄居而殺其弟，與人之父居而殺其子，吾不忍也。請免吾乎！爲吾臣與狄人臣，奚以異也？吾聞之，不以所養害所養。』杖策而去。人相連而從之，遂成國於岐山之下。」又引《書傳·畧説》云云，申毛曰：「與此大意皆同。此言『不得免焉』，《畧説》云『每與之，不止』，《吕氏春秋》言『不受』，異人别説，故不同耳。此言『犬馬』，《畧説》言『菽粟』，明國之所有莫不與之。」又案：《史記·周本紀》曰：「古公亶父復修后稷、公劉之業，積德行義，國人皆戴之。薰育戎狄攻之，欲得財物，予之。已復攻，欲得地與民。民皆怒，欲戰。古公曰：『有民立君，將以利之。今戎狄所爲攻戰，以吾地與民。民之在我，與其在彼，何異？民欲以我故戰，殺人父子而君之，吾不忍爲。』乃與私屬遂去豳，渡漆、沮，踰梁山，止於岐下。豳人舉國扶老攜弱，盡復歸古公於岐下。及他旁國聞古公仁，亦多歸之。」《吴越春秋》曰：「古公去邠，處岐周，居三月成城郭，一年成邑，二年成都，而民五倍其初。」《帝王世紀》曰：「古公亶父遂策杖而去，止於岐山之陽，邑于周地，故始改國曰周。豳人聞之，曰：『仁人，不可失也。』東循而奔從之者，如歸市焉，一年而成三千户之邑，二年而成都，三年五倍其初。」《琴操》曰：「《岐山操》者，周太王之所作也。太王居豳，狄人攻之，仁恩惻隱，不忍流血，選練珍寶、犬馬、皮幣、束帛與之。狄侵不止，問其所欲，欲得土地。太王曰：土地者，所以養萬民也。吾將委國而去矣，二三子亦何患乎無君焉！遂杖策而去，踰乎梁而邑乎岐山。自傷劣不能化夷狄，爲之所侵，喟然歎息，援琴而鼓之。」諸説皆與傳相發明。「策杖」似誤倒，當從《莊子》、《吕覽》、《琴操》作「杖策」。

宣王問於春子曰：「寡人欲行孝弟之義，爲之有道乎？」注宣王，齊君，陳敬仲之後也。

春子曰：「昔者衛聞之樂正子，注樂正子，曾子弟子也。**曰：文王之治岐也：五十者杖於家。六十者杖於鄉。七十者杖於朝，**注朝，當爲「國」。**見君，揖杖。**注揖，當爲

「去」。八十者杖於朝，見君，揖杖。注揖，挾也。君曰：趣見客，毋俟朝。注不欲久停老者也。古者七十致仕，來者客之也。以朝乘車輲輪，注乘車，安車也。言輲輪，明其小也。陳壽祺曰：「此注見《禮記·曲禮》正義引《書傳·畧説》。」又曰：「《儀禮通解》引注，無言『輲輪』以下七字，云見前『乘安車』注。蓋《通解》前引《曲禮》載疏引《書傳》及注之文，故此處不重載鄭注也。今補。」御爲僕，送至於家，注御，君之御也。而孝弟之義達於諸侯。九十杖而朝，見君，建杖。注建，樹也。君曰：趣見，毋俟朝。以朝車送之舍。天子重鄉養，注舍，館也。重，猶尊也。養以禮，食之也。卜筮、巫醫御於前，祝咽祝哽以食，《禮書》引作「祝饐祝鯁」。乘車輲輪，胥與就膳徹，注胥，樂官也。就，成也。胥成膳徹，謂以樂食之也。送至於家。君如有欲問，明日就其室，以珍從，注明日，明旦。而孝弟之義達於四海。此文王之治岐也。君如欲行孝弟之大義，盍反文王之治岐？」《儀禮經傳通解》十九《五學》引傳、注。又《玉海》七十四末引注。「九十」以下至「達於四海」，又見《禮書》五十。篇首見《困學紀聞》卷五。

疏證曰：陳壽祺曰：「《禮記·曲禮》正義引《書傳·畧説》『致仕者以朝，乘車輲輪』，在此篇。《呂氏春秋》『春居問於齊宣王，王稱之』。春居，王氏《困學紀聞》以爲即《大傳》所謂『春子』。《家語》言養老事，則孔子之問哀公，疑王肅剽《書傳》而爲之。」錫瑞案：

《禮・王制》：「五十杖於家，六十杖於鄉，七十杖於國，八十杖於朝，九十者，天子欲有問焉，則就其室，以珍從。七十不俟朝。」注云：「大夫、士之老者，揖君則退。」正義曰：「此謂大夫、士老年而聽致仕者，則七十杖於國，朝君之時，入門至朝位，君出，揖之即退，不待朝事畢也。」案：如正義，是君揖老者，非老者揖君。宋本「揖君」作「君揖」，是也。鄭注云「朝，當爲『國』；揖，當爲『去』」，蓋據《禮》七十者杖於國，猶未能杖於朝。云「七十致仕，來者客之」，亦與《王制》注文合也。「揖杖」者，持杖如揖。《吕氏春秋》：「孔子弟子從遠方來者，持杖而揖之，問曰：『子之母不有急乎？』」即「揖杖」之證。注云「乘車，安車；輲輪，明其小」者，《曲禮》曰：「行，役以婦人；適四方，乘安車。」注：「婦人、安車，所以養其身體也。安車，坐乘，若今小車矣。」疏引此傳云云。案《説文・車部》：「輇，蕃車下庳輪也。」車有蕃蔽而下爲卑輪，故爲安車，以輪卑則車安也。「輪」下云：「無輻曰輇。」蓋喪車、安車皆無輻，取其安。故喪車亦曰輇車，鄭注《周禮》「蜃車」云「《禮記》或作『槫』，或作『輇』」是也。輇車亦曰輲車，《雜記》「大夫載以輲車」是也。戴震云：「輇者，輪之名。輲者〔六〕，車之名。」然則輲輪當亦如葬車之輪，近地而行，故鄭云「明其小」也。若《援神契》云「安車輭輪」，注云：「安車，坐乘之車。輭輪，蒲裹輪。」是輭輪即蒲輪，與此云輲輪之義不同矣。「鄉養」者，鄉飲養老之禮。鄭君《目録》曰：凡鄉飲酒禮有四，「四則黨正蜡祭飲酒」，《鄉飲酒義》所云「六十者坐，五十者立侍」是已。十月行禮，當爲黨正飲酒事。《周禮·黨正》云：「國索鬼神而祭祀，則以禮屬民，而飲酒於序，以正齒位。」注：「國索鬼神而祭祀，謂歲十二月大蜡之時，建亥之月也。正齒位者，《鄉飲酒義》所謂『六十者坐，五十者立侍。六十者三豆，七十者四豆，八十者五豆，九十者六豆』是也。必正之者，爲民三時務農，將闕於禮，至此農隙而教之尊長養老，見孝弟之道也。」天子十月亦與羣臣有飲酒之禮。《月令·孟冬之月》云：「是月也，大飲烝。」注：「十月農功畢，天子、諸侯與其羣臣飲酒於大學〔七〕，以正齒位。謂之大飲，別之於燕。其禮亡。今天子以燕禮、郡國以鄉飲酒禮代之。」《詩·七月》云「十月滌場，朋酒斯饗。曰殺羔羊，躋彼公堂，稱彼兕觥」，亦即此禮也。「祝咽祝哽」者，《後漢·明帝紀》：「幸辟雍，初行養老禮，詔曰：尊事三老，兄事五更，朕親袒割，執爵而酳，祝哽在前，祝噎在後。」注云：「老人食多哽噎，故置人於前後祝之，令其不哽噎也。」鄭注云「膳徹，謂以樂食之也」者，《文王世子》曰：「適饌省醴，養老之珍具，遂發咏焉。退修之，以孝養也。反，登歌《清廟》。既歌而語，以成之也。言父子、君臣、長幼之道，合德音之致，禮之大者也。下管《象》，舞《大武》，大合眾以事，達有神，興有德也。正君臣之位，貴賤之等焉，而上下之義行矣。有司告以樂闋。」注云：「發咏，謂以樂納之。獻畢而樂闋。反就席，乃席工於西階上，歌《清廟》以樂之。既歌，謂樂正告正歌備也。闋，終也。告君以歌舞之樂終。此所告者，謂無算樂。」據此，則天子養老有納賓、登歌、下管及無算樂。《文王世子》多言文王時事，其與傳言文王治岐尤可相發明。

大夫、士七十而致仕，老於鄉里。大夫爲父師，士爲少師。注所謂里庶尹也。古者仕焉而已者，歸教於閭里。**耰鋤已藏，祈樂已入，**注祈樂，當爲「新穀」。**歲事已畢，餘子皆入學。**注餘子，猶衆子也。古者適子恒代父而仕也。**十五始入小學，見小節，踐小義；十八入大學，見大節，踐大義焉。**注小節、小義，正謂始□典□師受業。大節、大義，謂博習盡識也。**距冬至四十五日，始出學，傅農事。**注立春學止。**上老平明坐於右塾，庶老坐於左塾。餘子畢出，然後皆歸。夕亦如之，**注上老，父師也。庶老，少師也。**餘子皆入。父之齒隨行，兄之齒雁行，朋友不相踰，輕任并，重任分，頒白者不提攜。出入皆如之。**

《儀禮通解》卷九《學制》第十六引傳、注全。又《禮書》四十九引傳全。又《儀禮・鄉飲酒》疏、《禮記・曲禮》《王制》正義並節引，稱《書傳・畧説》。又《尚書・洛誥》正義、《禮記・學記》正義、《藝文類聚》三十八《禮部》、《御覽》五百三十四《禮儀部》十三並節引。《類聚》、《御覽》「已畢」並作「欲畢」。又見《文獻通考》、《玉海》、《困學紀聞》卷八。

疏證曰：陳壽祺曰：「門塾之學，《漢書・食貨志》、《白虎通》、《公羊傳》宣十年注，當作「十五年」，此云「十年」，誤。《禮記·學記》注皆有此説，蓋本《書傳》。《尚書·洛誥》正義引《書傳》此文而釋之曰『是教農人以義也』，以爲『予其明農哉』之證。然則《畧説》亦是申解《洛誥》此句經文耳。」錫瑞案：《爾雅·釋宫》：「門側之堂謂之塾。」《禮·學記》：「古之教者，家有塾。」注云：「古者仕焉而已者，歸教於閭里，朝夕坐於門。門側之堂謂之塾。」正義曰：「《周禮》：百里之内，二十五家爲閭，同共一巷，巷首有門，門邊有塾。謂民在家之時，朝夕出入，恒受教於塾，故云『家有塾』。」《白虎通》曰：「所以必有塾何？欲以飾門，因取其名，明臣下當見於君，必先孰思其事也。」則古字本作「孰」，後乃增「土」字耳。《公羊》宣十五年傳解詁曰：「一里八十户，八家共一巷。中里爲校室，選其耆老有高德者名曰父老，其有辨護伉健者爲里正，皆受倍田，得乘馬。父老比三老、孝弟官屬，里正比庶人在官吏。民春、夏出田，秋、冬入保城郭。田作之時，春，父老及里正旦開門，坐塾上，晏出後時者不得出，莫不持樵者不得入。五穀畢入，民皆居宅。十月事訖，父老教於校室。八歲者學小學，十五者學大學。」《漢書·食貨志》曰：「春，將出民〔八〕，里胥平旦坐於右塾，鄰長坐於左塾，畢出然後歸，夕亦如之。入者必持薪樵，輕重相分，斑白不提挈。冬，民既入。是月，餘子亦在於序室。八歲入小學，學六甲、五方、書計之事，始知室家長幼之節。十五入大學，學先聖禮樂，而知朝廷君臣之禮。」《白虎通·辟雍》篇曰：「古之教民者，里皆有師。里中之老有道德者爲里右師，其次爲左師，教里中之子弟以道藝、孝悌、仁義。立春而就事。朝則坐於里之門，餘子皆出就農而後罷。其有出入不時，早晏不節，有過，故使語之，言心無由生也。此處有脱文。若既收藏，皆入教學。其有賢才美質知學者，足以開其心。頑鈍之民，亦足以别於禽獸而知人倫。故無不教之民。孔子曰：『以不教民戰，是謂棄之。』明無不教民也。」案：諸説皆與傳相發明。右尊於左，蓋用殷法。上老、庶老坐於塾，所以教之學。里胥、鄰長坐於塾，所以教之耕。段玉裁曰：「《尚書大傳》蓋謂北面之塾也，《食貨志》蓋謂南面之塾也。」「父之齒隨行」云云者，亦見《禮·王制》。《王制》正義曰：「任，謂有擔負者俱應擔負，老少並輕，則併與少者擔之也。重任分者，老少並重，不可併與少者一人，則分爲輕重，重與少者，輕與老者。」《王制》多與傳義合也。

傳曰：已有三牲，必田狩者，孝子之意以爲己之所養，不如天地、自然之性逸豫肥美。禽獸多則傷五穀，因習兵事，又不空設，故因以捕禽獸，所以共承宗廟，示不忘武備，又因以爲田除害。鮮者何也？秋取嘗也。注取禽嘗祭。秋取嘗何以也？習鬥也。習鬥也者，男子之事也。然而戰鬥不可空習，故於蒐狩閑之也。閑之者，貫之也。貫之者，習之也。已祭，取餘獲陳於澤，注澤，射宫也。然後卿、大夫相與射。命中者雖

不中也取，命不中者雖中也不取，何以也？所以貴揖讓之取，而賤勇力之取也。鄉之取也於囿中，勇力之取也；於澤，揖讓之取也。《儀禮集傳集解》卷三十六《王制之壬》引傳、注。又《儀禮·鄉射記》注引「戰鬥」以下至末，「何以也」，「也」作「然」。又《毛詩·車攻》正義、《周禮·大司徒·囿人》疏、《禮記·郊特牲》《射義》正義、《玉海·射》並節引。

疏證曰：陳壽祺曰：「此條諸書所引不言何篇，盧氏本入之《畧説》，無所據。觀傳文專釋『鮮』字爲『秋取嘗』，疑是《鮮誓》之傳，未敢斷也。」錫瑞案：陳説是也。《穀梁》昭八年傳曰：「秋，蒐于紅，正也。因蒐狩以習用武事，禮之大者也。禽雖多，天子取三十焉，其餘與士眾，以習射於射宮。射而中，田不得禽，則得禽；田得禽，而射不中，則不得禽。是以知古之貴仁義而賤勇力也。」注云：「射宮，澤宮。射以不爭爲仁，揖讓爲義。」疏云：「『古之貴仁義』者，謂田獵之時，務在得禽，不升降，是勇力也；射宮之内，有揖讓周旋，是仁義也。田雖不得禽，射中則得禽，是貴仁義而賤勇力也。」《毛詩·車攻》傳曰：陳云《六月》傳，誤。「禽雖多，擇取三十焉，其餘以與大夫、士，以習射於澤宮。田雖得禽，射不中，不得取禽；田雖不得禽，射中，則得取禽。古者以辭讓取，不以勇力取。」正義曰：「其餘每禽三十之外，以與卿、大夫、士習射澤宮，所以班餘獲。射也不言諸侯，諸侯不常在。卿、大夫尚得與射，諸侯在射可知也。以大獸公之，非復己物，君賜使射，故非中不取。言嚮者田獵，所取用勇力；今射者禮樂，所取用辭讓也。此當有成文，《書傳》、《穀梁傳》與此畧同。」案：孔疏甚明，傳蓋與《穀梁》、毛傳同用古禮。《周禮・地官》陳云《大司馬》，誤。當作《大司徒》。・囿人》疏曰：「案《孟子》：『文王之囿七十里，芻蕘者往焉。』天子之囿百里，並是田獵之處，引《書傳》云云，曰：是爲蒐狩之常處也。」《禮記・郊特牲》正義曰：「王者獵在囿，而主皮射亦在澤，故鄭注《鄉射記》引《尚書傳》云云，曰：『澤，習禮之處。』」《射義》：「天子將祭，必先習射於澤者，所以擇士也。已射於澤，而後射於射宫。」正義曰：「澤是宫名，於此宫中射而擇士，故謂此宫爲澤。澤所在無文，蓋於寬閑之處，近水澤而爲之也。非唯祭而擇士，餘射亦在其中。」引《書傳》論主皮射云云，曰：「是主皮之射，亦近於澤也。選士於澤，不射侯也，但試武而已。故《司弓矢》云：『澤，共射椹質之弓矢。』鄭司農引此《射義》之文以釋之，是知於澤中射椹質而已。又鄭注《司弓矢》云〔九〕：『樹椹以爲射正，射甲與椹，試弓習武也。』其主皮之射則張皮，亦揖讓也。」《儀禮・鄉射記》：「禮，射不主皮。主皮之射者，勝者又射，不勝者降。」注云：「主皮者無侯，張獸皮而射之，主於獲也。」引《尚書傳》云云，曰：「澤，習禮之處，非所於行禮，其射又主中，此主皮之射與？」賈疏云：「揖讓取即是行禮，而云非所於行禮者，揖讓雖是禮，對大射之等，其體比於禮，其節比於樂，爲非所行禮也。云『此主皮之射與』者，《書傳》不言主皮，以義約同，故云『與』以疑之也。」下與《禮記》孔疏畧同。傳云「已有三牲，必田狩」云云者，《白虎通・田獵》篇曰：「王者、諸侯所以田獵者何？爲田除害，上以共宗廟，下以簡集士衆也。四時之田，總名爲田何？爲田除害也。王者祭宗廟，親自取禽者何？尊重先祖，必欲自射，加功力也。」《公羊》桓四年傳解詁曰：「已有三牲，必田狩者，孝子之意以爲己之所養，不如天地、自然之牲逸豫肥美。禽獸多則傷五穀，因習兵事，又不空設，故因以捕禽獸，所以共承宗廟，示不忘武備〔一〇〕，又因以爲田除害也。」皆與傳義相合，解詁更與傳文多同，蓋即用傳文。傳云「囿中」者，《毛詩・靈臺》「王在靈囿」，傳曰：「天子百里，諸侯四十里。」《白虎通・田獵》篇曰：「囿，天子百里，大國四十里，次國三十里，小國二十里。」《公羊》成十八年傳解詁曰：「天子囿方百里，公、侯十里，伯七里，子、男五里。」疏以爲《孟子》文，《司馬法》亦云。今《孟子》無其文，或《孟子》外篇語也。其説不同。焦循《孟子正義》曰：「意者《公羊傳注》所指爲離宫，《毛詩傳》、《白虎通》所指爲御苑，義或然也。」

天子太子年十八曰孟侯。注孟，迎也。注惟見《毛詩・豳譜》正義。**孟侯者，於四方諸侯來朝，迎於郊者，問其所不知也，問之人民之所好惡、土地所生美珍怪異、山川之所有無，及父在時，皆知之。**注十八嚮入大學，爲成人，博問庶事也。《太平御覽》百四十六《皇親部》十二引全，惟傳首無「天子」二字，注無「孟，迎也」三字。《毛詩・豳風譜》正義節引，作《書傳・畧説》，有「天子」二字。又《尚書・康誥》正義、《毛詩・采薇》正義、《儀禮・覲禮》疏、《禮記・月令》正義、《周禮・大行人》疏、《藝文類聚》十六《儲宫部》。

疏證曰：《白虎通·朝聘》篇曰：「朝禮奈何？諸侯將至京師，使人通命於天子。天子遣大夫迎之百里之郊，遣世子迎之五十里之郊矣。」引《覲禮》及此傳云云。《覲禮》賈公彦疏引《書大傳》太子出迎之文，以爲此異代之制，又引《孝經》鄭注「天子使世子郊迎」，「皆異代法，非周制也」。鄭君注《康誥》曰：「依《畧説》，太子十八爲孟侯，而呼成王。」孔疏駁之，以爲禮制無文。錫瑞案：《大傳·説命》篇云「高宗爲太子之時，盡已知天下人民之所好惡」，其義正與《畧説》相合，是太子迎侯本殷法。封康叔在居攝四年，未作周禮，周公呼成王爲孟侯，蓋循殷制；其後定禮，損益前代，無復此制，故《覲禮》無太子迎侯之文。惟伏生多見古書，猶識其事。賈疏以爲「異代之制」，近是；孔疏謂「禮制無文」，非也。孔疏又云：「豈周公自許天子，以王爲孟侯？皆不可信。」案：周公攝政稱天子，見《逸周書·明堂解》、《禮記·明堂位》、《大傳》、《史記》、《淮南》、《説苑》、《論衡》。土無二王，公稱天子，則成王止可稱世子。古者世子之稱，繫於今君，亦繫於先君。《禮記·曾子問》曰：「君薨而世子生，如之何？」是君薨仍可稱世子。孔子曰：「卿、大夫、士從攝主。」是古有代君攝位之事。《左氏傳》曰：「是以隱公立而奉之。」杜注云：「立爲太子，帥國人奉之。」孔疏云：「太子，父在之稱。今惠公已薨，而云『立爲太子』者，以其未堪爲君，仍處太子之位故也。」以此推之，成王少，未堪爲君，猶之魯桓；周公攝位，猶之魯隱。隱公可奉桓公爲太子，周公何不可奉成王爲太子乎？《文王世子》云「抗世子法於伯禽」，此周公奉成王爲世子之明證。成王爲太子，故曰「孟侯」。「孟」訓「迎」句，「侯」屬諸侯。周公使成王迎諸侯，非周公以王爲侯也。王鳴盛據《大戴記·公冠》篇，謂「成王可稱公，即可稱侯」。孫星衍據《釋詁》云「侯，君也」，謂「孟侯，猶云長君。漢靈帝皇子辯號史侯，皇子協號董侯」。案：王氏、孫氏雖申伏義，與伏義全不相符。傳云「孟侯」，謂太子迎諸侯。王氏、孫氏皆謂太子爲侯，明與伏、鄭之説相違，且無以解孔疏之惑。史侯、董侯乃亂世之事，何可以證古制？

古者帝王躬率有司、百執事，而以正月朝迎日於東郊，以爲萬物先而尊事天也；祀上帝於南郊，所以報天德。迎日之辭曰：「維某年某月上日，明光於上下，勤施於四方，旁作穆穆，維予一人某，敬拜迎日東郊。」迎日，謂春分迎日也。《堯典》曰：「寅賓出日。」此之謂也。《儀禮通解續》二十二《天神》。又《禮記·玉藻》正義引「祀上帝於南郊，即春迎日於東郊」，作《書傳·畧説》。又《毛詩·噫嘻》正義、《禮記·郊特牲》正義、《宋書·禮志》、《玉海》。錫瑞案：《玉燭寶典》引《大傳》，「以爲」上多「所」字，「祀上帝」作「禮上帝」，「天德」下多「也」字，「某年月上日」作「其月上日」，「迎日東郊」「日」下多「於」字。

疏證曰：《大戴禮·公冠》篇曰：「維某年某月上日，明光於上下，勤施於四方，旁作穆穆，維予一人某，敬拜迎於郊。以正月朔日，迎日於東郊。」與傳文畧同。《禮記·玉藻》「玄端而朝日於東門之外」，注云：「端，當爲『冕』，字之誤也。玄衣而冕，冕服之下。朝日，春分之時也。」正義曰：「按：《書傳·畧説》云『祀上帝於南郊』，即春迎日於東郊。彼謂孟春，與此春分朝日別。」又：「郊之祭也，迎長日之至也。」注云：「《易説》曰：『三王之郊，一用夏正。』夏正，建寅之月也。此言『迎長日』者，建卯而晝夜分，分而日長也。」正義曰：「按《書傳》云：『迎日，謂春分迎日也。』即引『寅賓出日』，皆謂春分。知此迎長日非春分者，此云『兆於南郊，就陽位』，若是春分朝日，當在東郊，故知非也。」據孔疏之説，則古天子迎日之禮有二：一建寅之月，迎日於南郊；一春分，迎日於東郊。傳文蓋兼舉之，而云「正月朝迎日於東郊，祀上帝於南郊」，似與孔疏之説畧異。蓋謂正月郊天在南郊，而迎日仍在東郊，與春分迎日同。《南齊書·禮志》何佟之引：「《覲禮》：『天子出，拜日於東門之外。』盧植：『以立春之日也。』《禮記·保傅》云『三代之禮，天子春朝朝日，秋暮夕月，所以明有敬也〔一〕』，而不明所用之定辰。馬、鄭云用二分之時，盧植云用立春之日。」據此，則盧氏以朝日在立春之日，與傳云正月合。鄭注以爲春分，未合傳義。

王者存二王之後，與己爲三，所以通三統，立三正。周人以至日爲正，殷人以日至後三十日爲正，夏人以日至後六十日爲正。天有三統，土有三王。三王者，所以統天下

也。【注】所存二王後者，命使郊天，以天子禮祭其始祖、受命之王，自行其正朔、服色。此謂通天三統。《尚書·微子之命》正義引傳、注。陳壽祺曰：「末句『三統』，或作『之統』。案：《毛詩·生民》正義云：『王者存先代，所以通天三統。』此用《書傳》及鄭注，作『通天三統』是也。」

疏證曰：陳壽祺曰：「《漢書·成帝紀十》綏和元年詔曰『蓋聞王者必存二王之後，所以通三統也』，本此。」錫瑞案：《禮記·郊特牲》曰：「天子存二代之後，猶尊賢也。尊賢不過二代。」疏引《異義》：「《公羊》說：存二王之後，所以通天三統之義，引此文。古《春秋左氏》說：周家封夏、殷二王之後，以爲上公；封黃帝、堯、舜之後，謂之三恪。許慎謹案云：治《魯詩》丞相韋玄成、治《易》施讎等說引《外傳》曰：『三王之樂，可得觀乎？』知王者所封三代而已。不與《左氏》說同。鄭駁之云：所存二王之後者，命使郊天，以天子之禮祭其始祖、受命之王，自行其正朔、服色。恪者，敬也，敬其先聖而封其後，與諸侯無殊異，何得比夏、殷之後？」又《魯頌譜》曰：「故孔子亦録其詩之頌，同於王者之後也。」鄭君蓋用此傳與《公羊》也。《繁露·三代改制質文》篇曰：「王者之法必正號，絀王當作「三王之前」謂之帝，封其後以小國，使奉祀之；下存二王之後以大國，使服其服，行其禮樂，稱客而朝。故同時稱帝者五，稱王者三，所以昭五端，通三統也。」《公羊》隱三年：「春，王二月。」解詁曰：「二月、三月皆有王者，二月，殷之正月也；三月，夏之正月也。王者存二王之後，使統其正朔，服其服色，行其禮樂，所以尊先聖，通三統。師法之義，恭讓之禮，於是可得而觀之。」《白虎通・三正》篇曰：「王者所以存二王之後何也？所以尊先王，通天下之三統也。明天下非一家之有，謹敬謙讓之至也。故封之百里，使得服其正色，行其禮樂，永事先祖。《春秋傳》曰：『王者存二王之後，使服其正色，行其禮樂。』」伏生與《公羊》皆齊學、今文家，故其義同矣。《史記・舜本紀》曰：「堯子丹朱、舜子商均皆有疆土，以奉先祀，服其服，禮樂如之，以客見天子，天子弗臣，示不敢專也。」《漢書・谷永傳》曰：「垂三統，列三正，明天下迺天下之天下，非一人之天下也。」《劉向傳》曰：「王者必通三統，明天命所授者博，非獨一姓也。」《左傳疏》引服注曰：「孔子作《春秋》，於春每月書王，以統三王之正。」皆同傳義。

天有三統，物有三變，故正色有三。天有三生、三死，故土有三王，王特一生死。《禮記・檀弓上》正義引《書傳・畧説》。**周以至動，殷以萌，夏以牙。**注謂三王之正也。至動，冬日至，物始動也。**物有三變，故正色有三。天有三生、三死，故土有三王，王特一生死。是故周人以日至爲正，殷人以日至三十日爲正，夏以日至六十日爲正。是故三統、三正若循連環，周則又始，窮則反本。**《公羊傳》隱元年疏引《書傳・畧説》。

夏以孟春爲正，殷以季冬爲正，周以仲冬爲正。夏以十三月爲正，色尚黑，以平旦爲

朔。殷以十二月爲正，色尚白，以鷄鳴爲朔。周以十一月爲正，色尚赤，以夜半爲朔。不以二月後爲正者，萬物不齊，莫適所統，故必以三微之月也。三正之相承，若順連環也。《白虎通·三正》篇。又《御覽》二十九《時序部》十四引同，惟「二月」作「二三月」，「所統」作「所立」，末句無「順」字。又《御覽》二十六《時序部》十一、《初學記·歲時》下。錫瑞案：《玉燭寶典》引「仲冬爲正」下，多「孟春爲正，其貴刑也」八字。

疏證曰：《春秋緯·感精符》曰：「十一月建子，天始施之端，謂之天統。周正服色尚赤，象物萌色赤也。十二月建丑，地始化之端，謂之地統。殷正服色尚白，象物牙色白。正月建寅，人始化之端，謂之人統。夏正服色尚黑，象物生色黑也。周以天統、服色尚赤者，陽道尚左，故天左旋，周以木德王，火是其子，火色赤，左行，用其赤色也。殷以地統、服色尚白者，陰道尚右，其行右轉，殷以水德王，金是其母，金色白，故右行，用其白色。夏以人統、服色尚黑者，人亦尚左，夏以金德王，水是其子，水色黑，故左行，用其黑色。」《白虎通·三正》篇曰：「正朔有三何？本天有三統，謂三微之月也。明王者當奉順而成之，故受命各統一正也，敬始重本也。朔者，蘇也，革也。言萬物革更於是，故統焉。《禮三正記》曰『正朔三而改，文質再而復』也。三微者，何謂也？陽氣始施黃泉，動微而未著也。十一月之時，陽氣始養根株黃泉之下，萬物皆赤。赤者，盛陽之氣也。故周爲天正，色尚赤也。十二月之時，萬物始牙而白。

白者，陰氣。故殷爲地正，色尚白也。十三月之時，萬物始達，孚甲而出，皆黑，人得加功。故夏爲人正，色尚黑。」引此傳文云云，曰：「孔子承周之弊，行夏之時，知繼十一月正者，當用十三月也。」《公羊》隱元年解詁曰：「夏以斗建寅之月爲正，平旦爲朔，法物見，色尚黑。殷以斗建丑之月爲正，鷄鳴爲朔，法物牙，色尚白。周以斗建子之月爲正，夜半爲朔，法物萌，色尚赤。」《後漢書·章帝紀》元和二年詔曰：「《春秋》於春每月書王者，重三正，慎三微也。」注引《禮記》曰：「三微者，三正之始，萬物皆微，物色不同，故王者取法焉。十一月時，陽氣始施於黄泉之下，色皆赤。赤者，陽氣。故周爲天正，色尚赤。十二月，萬物始牙而色白。白者，陰氣。故殷爲地正，色尚白。十三月，萬物孚甲而出，其色皆黑，人得加功展業。故夏爲人正，色尚黑。」又《陳寵傳》奏曰：「三微成著，以通三統。」注引《義宗》曰：「故曰三微，王者奉而成之，各法其一，以改正朔也。」又《魯恭傳》曰：「孝章皇帝深惟古人之道，助三正之微。」皆本傳義。

夏以十三月爲正，色尚黑，以平旦爲朔。殷以十二月爲正，色尚白，以鷄鳴爲朔。周以十一月爲正，色尚赤，以夜半爲朔。必以三微之月爲正者，當爾之時，物皆尚微，王者受命，當扶微理弱，奉成之義也。《後漢書·章帝紀》注。又《通典·賓禮》一引，末云「必用三微之月爲正，時物尚微，以明王者受命，扶微章成，此正使其道重大，正始也」。錫瑞案：陳本作「理得章成」，據《後漢·章帝紀》注改。

疏證曰：陳壽祺曰：「《書傳》説正朔二字最晰。」錫瑞案：傳文與《禮緯》、《白虎通》、《公羊解詁》皆云：「夏以平旦爲朔，殷以鷄鳴爲朔，周以夜半爲朔。」蓋夏正建寅而朔亦用寅時，殷正建丑而朔亦用丑時，周正建子而朔亦用子時。後世既從夏正建寅，應以平旦爲朔，乃正建寅而朔用子，是名爲夏正而實從周朔。此《太玄》所謂「童牛角馬，不今不古」者。蓋自漢武時改正已誤，後遂莫能是正，近儒孫星衍始辨其失。

周以至動，殷以萌，夏以牙。 注 謂三王之政也。至動，冬至日物始動也。**物有三變，故正色有三。天有三生、三死。** 注 異時生者，恒異時死。**是故周人以日至爲正，殷人以日至三十日爲正，夏以日至六十日爲正。天有三統，土有三王。** 注 統，本也。**三統者，所以序生也。三正者，所以統天下也。三統若循連環，周則又始，窮則反本也。夏以孟春爲正者，貴形也。**《御覽》二十九《時序部》十四。又《文選·西征賦》、《游仙詩》、《臨終詩》、《廣絶交論》等注並引「三王之統，若循連環」云云。錫瑞案：《玉燭寶典》引傳「天有三統」作「火有三統」，注「物始動也」作「始動之也」。

殷以季冬爲正者，其貴萌也。周以仲冬爲正者，其貴微也。《玉燭寶典》。**三王之治，若**

循環之無端，如水之勝火。《御覽》七十六《皇王部》一。**王者一質一文，據天地之道。**《白虎通・三正》篇。

疏證曰：《白虎通・三正》篇曰：「王者必一質一文者何？所以承天地，順陰陽。陽之道極，則陰道受；陰之道極，則陽道受。明二陰二陽不能相繼也。質法天，文法地而已。故天爲質，地受而化之，養而成之，故爲文。」引此傳云云及《禮三正記》「質法天，文法地」也。《樂緯・稽耀嘉》曰：「天道本下，親親而質省；地道敬上，尊尊而文煩。故王者始起，先本天道以治天下，質而親親。及其衰敝，其失也親親而不尊，故後王起，法地道，以文治天下，文而尊尊。及其衰敝，其失也尊尊而不親，故復反之於質也。」《文選注》引《元命苞》曰：「王者一質一文，據天地之道也。天質而地文也。」《説苑・修文》篇曰：「商者，常也。常者質，質主天。夏者，大也。大者文也，文主地。故王者一商一夏，再而復者也。」《公羊》桓十一年解詁曰：「天道本下，親親而質省。地道敬上，尊尊而文煩。」疏云「出《樂説》文」，是也。

正色三而復者也。《文選・皇太子宴玄圃賦詩》注。

疏證曰：《堯典》「三帛」，《史記》注引鄭注云：「高陽氏之後用赤繒，高辛氏之後用黑繒，其餘諸侯皆用白繒。」《通典》引《中候》云：「高陽氏尚赤，薦玉以赤繒。高辛氏尚黑，薦玉以黑繒。陶唐氏尚白，薦玉以白繒。」《公羊疏》引：「《禮説》云：『若尚色，天命以赤，尚赤；以白，尚白；以黑，尚黑。』宋氏云：『赤者命以赤烏，故周尚赤。湯以白狼，故尚白。禹以玄珪，故尚黑也。』」《大義》引《感精符》云：「帝王之興，今從符瑞。周感赤雀，故尚赤。殷致白狼，故尚白。夏錫玄珪，故尚黑。」此正色三而復之證。《禮記·大傳》、《漢書》董仲舒對策、《公羊》隱元年解詁、《白虎通》引《春秋瑞應傳》，皆有「改正朔、易服色」之文。《後漢書注》引《禮記》曰「正朔三而改，文質再而復」，《白虎通》引《禮三正記》曰「正朔三而改，文質再而復」，皆與傳義相合。《通典》引《三禮義宗》曰：「若以《書傳》、《中候》文，依《三正記》推之，則三皇五帝之所尚，可得而知也。以周人代殷用天正而尚赤，殷人代夏用地正而尚白，夏以人正代舜而尚黑，則知虞氏之王當用天正而尚赤，陶唐氏當用地正而尚白，高辛氏當用人正而尚黑，高陽氏當用天正而尚赤，少皞氏當用地正而尚白，黃帝當用人正而尚黑，炎帝當用天正而尚赤，共工氏當用地正而尚白，太皞氏當用人正而尚黑也。」

諸侯有德者，一命以車服、弓矢，再命以虎賁三百人，三命秬鬯。諸侯三命者，皆受天子之樂，以祀其宗廟。《儀禮通解續·宗廟樂舞》。又《路史·後紀》十一《陶唐紀》引至「以祀其宗廟」止，作《畧説》。陳壽祺曰：「此與《虞夏傳》所言不同。」

疏證曰：漢人言九命、九賜，有數説。《説苑·修文》篇紀三賜之禮，「一賜以輿服、弓矢，再賜以鬯，三賜以虎賁百人」。其言一賜，與此傳合；再賜、三賜，則與傳先後互異。《白虎通·攷黜》篇曰：「車馬、衣服、樂則三等者，賜與其物。《禮》：『天子賜侯氏車服，路先設，路下四，亞之。』又曰：『諸侯奉篋服。』《王制》曰：『天子賜諸侯樂則，以柷將之。』《詩》曰：『君子來朝，何錫與之？雖無與之，路車乘馬。又何與之？玄衮及黼。』《書》曰：『明試以功，車服以庸。』朱户、納陛、虎賁者，皆與之制度，而鈇鉞、弓矢、秬鬯，皆與之物，各因其宜也。」此班氏别載異義，分九錫爲三等，車馬、衣服、樂則爲一等，朱户、納陛、虎賁爲一等，鈇鉞、弓矢、秬鬯爲一等，而第一等已有樂則，第三等乃有弓矢，亦與此傳畧異。

晉平公問師曠曰：「吾年七十，欲學，恐已暮。」師曠曰：「臣聞老而學者，如執燭之明。執燭之明，孰與昧行？」公曰：「善。」《藝文類聚》八十《火部》。

疏證曰：王引之曰：「『執燭』之『執』當爲『熱』。熱，古『爇』字。《説苑·建本》篇作『炳燭』。『炳』乃『焫』之譌。焫，與『爇』同。」陳壽祺曰：「自此以下七條，諸書所引《大傳》未稱《畧説》，今以意定之，宜入此篇。」錫瑞案：《説苑》：晉平公問師曠曰：「吾年七十，欲學，恐晚，如何？」對曰：「暮不炳燭耶？臣聞少而學者，如日出之陽；壯而學者，如日中之光；老而學者，如炳燭之明。炳燭之明，孰與昧行？」平公曰：「善哉！善哉！」

子曰：心之精神是謂聖。《孔子集語》卷下。又《繹史》八十六。

疏證曰：陳壽祺曰：「孫之騄本入《五行傳》，蓋以爲『思心曰睿，睿作聖』之訓也，似近之。」

錫瑞案：今文《尚書》作「思心曰容，容作聖」，陳案作「睿」，非也。

子曰：君子不可以不學，見人不可以不飾。不飾無貌，無貌不敬，不敬無禮，無禮不立。夫遠而光者，飾也；近而逾明者，學也。譬之圩邪，水潦集焉，菅蒲生焉，從上觀之，誰知非源水也？《孔子集語》卷下。

疏證曰：陳壽祺曰：「《大戴禮・勸學》篇與此大同。」錫瑞案：《大戴》「圩邪」作「洿邪」，「菅蒲」作「莞蒲」，「源水」作「源泉」。孔廣森補注曰：「洿邪，地之窳者也。《史記》曰：『汙邪滿車。』源泉喻學，水潦、莞蒲喻飾。」

子張曰：「仁者何樂於山也？」孔子曰：「夫山者，嶢然高。」「嶢然高，則何樂焉？」「夫山，草木生焉，鳥獸蕃焉，財用殖焉，生財用而無私爲焉，四方皆代焉，每無私予焉。出雲風以通乎天地之間，陰陽和合，雨露之澤，萬物以成，百姓以饗。此仁者之所以樂於山者也。」《太平御覽》四百十九《人事部》六十。又三十八《地部》三，「嶢然」作「嵬嵬然」，無「嶢然高」以下八字，「鳥」作「禽」，「財用」作「材木」，「風」作「雨」，無「生財」以下八字，又無「代焉每」三字。又《文選・頭陀寺碑文》注引「夫山」至「無私與焉」。

陳壽祺曰：「《孔叢》引此文，『代』作『伐』。」

子貢曰：「葉公問政於夫子，子曰『政在附近而來遠』。魯哀公問政，子曰『政在於論臣』。齊景公問政，子曰『政在於節用』。三君問政，夫子應之不同，然則政有異乎？」子曰：「荆之地廣而都狹，民有離志焉，故曰『在於附近而來遠』。哀公有臣三人，内比周以惑其君，外障距諸侯、賓客以蔽其明，故曰『政在論臣』。齊景公奢於臺榭，淫於苑囿，五官之樂不解，一旦而賜人百乘之家者三，故曰『政在節用』。」《孔子集語》卷下。

疏證曰：陳壽祺曰：「《韓非子·難三》、《家語·辯政》、《説苑·政理》篇與此大同。《漢書·武帝紀》元朔六年詔：『蓋孔子對定公以徠遠，哀公以論臣，景公以節用，非期不同，所急異也。』臣瓚注曰：『《論語》及《韓子》皆言葉公問政於孔子，孔子答以悦近來遠。今云定公，與二書異。』」錫瑞案：傳與《論語》、《韓非》、《説苑》皆合，作「葉公」自不誤。云「地廣都狹」，此尤當屬「葉公」之明證。若魯之定公，不得云地廣矣。夫子口中不得稱哀公之謚，蓋記者以意改之。「有臣三人」，即季孫、叔孫、孟孫三家。

東郭子思問於子貢曰：「夫子之門，何其雜也？」子貢曰：「夫隱括之旁多枉木，良醫之門多疾人，砥礪之旁多頑鈍。」夫子聞之曰：「修道以俟天下，來者不止，是以雜也。」《孔子集語》卷下。又《繹史》九十五。

疏證曰：陳壽祺曰：「《説苑·雜言》篇與此同，惟『子思』之『思』作『惠』。《荀子·法行》篇與此小異，『東郭子思』作『南郭惠子』。劉恕《外紀》卷九載『東郭子惠問於子貢』云云，不著所徵，然與《説苑》異，與《書傳》同，則《書傳》之文也。思，當爲『惠』。」錫瑞案：《荀子》作「子貢曰：君子正身以俟，欲來者不距，欲去者不止。且夫良醫之門多病人，檃括之側多枉木，是以雜也」。傳以「修道以俟天下」三語爲夫子之言，與《荀子》不同，蓋所傳異。東郭子惠，不知何人。《莊子·外篇》田子方稱其師東郭順子，或即其人與？子方之師，正與子貢時代相接。《説文》：「檃，栝也。」「栝，檃也。」檃栝者，所以矯正曲木。字本从木，或通用「隱括」字。《公羊解詁序》云：「故遂隱括使就繩墨焉。」《大戴禮·衛將軍文子》篇曰：「外寬而内直，自設於隱括之中。」盧注曰：「能以禮自聳直也。孔子曰：『隱括之旁多曲木也。』」

子夏讀《書》畢，見夫子。夫子問焉：「子何爲於《書》？」對曰：「《書》之論事也，昭昭若日月之明，離離若參辰之錯行，上有堯、舜之道，下有三王之義。商所受於夫子者，志之弗敢忘也，雖退而窮居河、濟之間，深山之中，壤室編蓬，爲户於中，彈琴詠先王之道，則可發憤慷慨矣。」《蓺文類聚》六十四《居處部》四，又五十五《雜文部》一，又《草部》下。《文選·蘇子卿古詩》注、《左太沖招隱詩》注、《非有先生論》注節引。《御覽·百卉》四。

子夏讀《書》畢，孔子問曰：「吾子何爲於《書》？」子夏曰：「《書》之論事，昭昭若日月焉。所受於夫子者，弗敢忘，退而窮居河、濟之間，深山之中，壤室蓬户，彈琴瑟以歌先王之風，有人亦樂之，無人亦樂之，上見堯、舜之道，下見三王之義，可以忘死生矣。」孔子愀然變容曰：「嘻！子殆可以言《書》矣。雖然，見其表，未見其裹；闚其門，未入其中。」顏回曰：「何謂也？」孔子曰：「丘常悉心盡志以入其中，則前有高岸，後有大蹊，填填正立而已。六誓可以觀義，五誥可以觀仁，《甫刑》可以觀誡，《洪範》可以觀度，《禹貢》可以觀事，《皋陶謨》可以觀治，《堯典》可以觀美。」《外紀》卷九。又《文選·夏侯常侍誄》注引「子見其表，未見其裹」。《御覽》四百十九《人事部》六十、《困學紀聞》卷二、《小學紺珠》卷四並引「六誓」以下。

疏證曰：陳壽祺曰：「《外紀》引『子夏讀《書》畢』一條，未舉所徵，然《文選注》、《御覽》、《困學紀聞》分引數條，並與此合，是爲《書傳》文無疑。薛季宣《書古文訓序》亦有此，文末有『通斯七者，《書》之大義舉矣』二句，亦不稱所出，而末敘『七觀』云：『是故《帝典》可以觀美，《大禹謨》、《禹貢》可以觀事，《臯陶謨》、《益稷》可以觀政，《洪範》可以觀度，六誓可以觀義，五誥可以觀仁，《甫刑》可以觀誡。』其序次與《孔叢子》同，與《御覽》、《困學紀聞》所引《大傳》七觀異，則非《書大傳》之文明矣。《孔叢》言《大禹謨》、《益稷》者，蓋作僞者羼入，而不知真古文與今文皆無《大禹謨》，其《益稷》一篇則統於《臯陶謨》中也。又《韓詩外傳》説此事，以爲子夏讀《詩》。」錫瑞案：六誓者，《甘誓》、《湯誓》、《太誓》三篇、《牧誓》也。五誥者，《大誥》、《康誥》、《酒誥》、《洛誥》、《召誥》也。皆今文《尚書》文。伏生傳《書》，本無《太誓》，而此並數之，且分《太誓》爲三篇者，蓋歐陽、張生據後出篇數增之也。

子曰：「參！女以爲明主爲勞乎？昔者舜左禹而右臯陶，不下席而天下治。」《孔子集語》卷下。陳壽祺曰：「此與《大戴禮·王言》篇同。末二句又與《説苑》卷一《君道》篇同。」

疏證曰：孔廣森《大戴禮解詁》曰：「天道左陽而右陰，王者左德而右刑。禹宅百揆，故言左；臯陶作士，故言右。不下席，所謂無爲而治。」

尚書大傳諸書所引，有未審何篇，無所附者，今雜綴於此。

伊尹母方孕，行汲，化爲枯桑。其夫尋至水濱，見桑穴中有兒，乃收養之。《錦繡萬花谷》前集卷十引《尚書大傳》。

疏證曰：《呂氏春秋》曰：「伊尹之母居伊水上，孕，夢有神告之曰：『臼出水而東走，無顧！』明日〔三〕，視臼中出水，告其鄰，東走，顧，其邑盡爲水，身化爲桑。有莘氏采桑，得嬰兒於桑之中，獻之於君。君命乳之，命之曰伊尹。」《水經注》曰：「昔有莘氏女采桑於伊川，得嬰兒於空桑中，言其母孕於伊水之濱，夢神告之曰：『臼水出而東走。』母明視而見臼水出焉，告其鄰居而走，顧望其邑，咸爲水矣。其母化爲空桑，子在其中矣。莘女取而獻之，命養於庖，長而有賢德，殷以爲尹，曰伊尹也。」其說小異。

民擊壤而歌，鑿井而飲，畊田而食，帝力何有？《禮記·經解》正義引《尚書傳》。

疏證曰：王充《論衡》曰：「堯時，五十之民擊壤於塗，觀者曰：『大哉！堯之德也。』擊壤者曰：『吾日出而作，日入而息，鑿井而飲，耕田而食，堯何等力？』」《帝王世紀》曰：「堯帝之世，天下太和，百姓無事。有老人擊壤而歌曰：『日出而作，日入而息，鑿井而飲，畊田而食，帝力於我何有哉！』」《論語比考讖》曰：「叔孫武叔毀孔子，譬若堯民曰：『我畊田而食，穿井而飲，堯何力焉！』」《文選注》引《風土記》曰：「壤，以木爲之，前廣後鋭，長四尺三寸，其形如履。將戲，先側一壤，以地遥於三四十步，以手中壤擊之，中者爲上。」《御覽》亦載之，云「長尺三四寸」，其文小異。「長四尺三寸」，則不得如履形，當從《御覽》。

周人以仁接民，而天下莫不仁，故曰大矣。［注］言文王仁，故謂之大矣。《太平御覽》四百十九

《人事部》六十。

文王施政，而物皆聽。《文選·褚淵碑文》注、《沈休文奏彈王源》注。**周人可比屋而封。**《文選·七命》注、《四子講德論》、《勸進今上箋》、《奏彈王源》等注。

成王削桐葉爲珪，以封唐叔。《禮記·大傳》正義。

疏證曰：《吕氏春秋》曰：「叔虞與成王居，王援桐葉爲珪以授之，曰：『吾以此封汝。』虞以告周公，周公請曰：『天子封虞乎？』王曰：『余戲耳。』公曰：『天子無戲言。』時唐滅，乃封之於唐。」又《韓詩外傳》稱：「周成王與弟戲，以桐葉爲圭，曰：『吾以封汝。』周公曰：『天子無戲言。』王乃應時而封，故曰應侯。」《史記·晉世家》曰：「成王與叔虞戲，削桐葉爲珪，以與叔虞，曰：『以此封若。』史佚因請擇日立叔虞。成王曰：『吾與之戲爾。』史佚曰：『天子無戲言。言，則史書之，禮成之，樂歌之。』於是遂封叔虞於唐。」一以爲周公，一以爲史佚，所傳聞異。周公、史佚同在四輔之列，故致誤耳。

公，爵；劉，名也。《毛詩音義》。

疏證曰：釋文曰：「公劉，王云：『公，號；劉，名也。』王基云：『公劉，字也。』」正義曰：「鄭不辨『公劉』是名是字。王肅曰：『公，號也；劉，名也。』王基云：『周人以諱事神，王者祫百世。召公大賢，出自姬姓，稱揚先祖盛德之君而舉名，不亦遠於禮乎！』其意以爲公劉必是字也。計虞、夏之時，世代尚質，名字之別，難得而知。《世本》、《史記》不應皆没其名而盡書其字，以之爲名，未必非矣。鄭以姜嫄爲名，詩人亦得稱之，何獨公劉不可言其名也？周人自以諱事神，於時未有諱法。祫祭之及羣公，未能重於先妣，何當許姜嫄而怪公劉？王基雖述鄭，未必然也。王肅以『公』爲號，猶可焉。何則？后稷至於大王，十有餘世，唯三人稱公，何故三君特以公號，豈餘君不爲公也？若爲名單而以『公』配，則古公、祖紺者，復二名而加『公』矣。」據孔疏，則「劉」應爲名。周十有餘世，唯三人稱公，蓋嘗以諸侯入爲三公者，公劉爵爲公，傳義當有所據。

周公兼思三王之道，以施於春、秋、冬、夏。《困學紀聞》卷八。

疏證曰：傳以四事爲四時之事者，詳見《五行傳》及《禮記·月令》、《漢書·魏相傳》。相采《易》陰陽及《明堂月令》奏之曰：「東方之神太昊，乘《震》，執規，司春。南方之神炎帝，乘《離》，執衡，司夏。西方之神少昊，乘《兑》，執矩，司秋。北方之神顓頊，乘《坎》，執權，司冬。中央之神黄帝，乘《坤》、《艮》，執繩，司下土。兹五帝所司，各有時也。東方之卦，不可以治西方；南方之卦，不可以治北方。春興《兑》治則饑，秋興《震》治則華，冬興《離》治則洩，夏興《坎》治則雹。明王謹於尊天，慎於養人。故立羲、和之官，以乘四時，節授民事。」與傳義相合。

戰者，憚警之也。《白虎通・誅伐》篇、《藝文類聚》五十九《武部》。又《御覽》三百四《兵部》三十五、又三百八《兵部》三十九「警」並作「驚」。

疏證曰：傳以「戰」爲「憚警」者，《廣雅・釋言》：「戰，憚也。」《法言・吾子》篇云「見豺而戰」，注：「戰，悸也。」「悸」有「驚」意，則訓「憚」者疊韻爲訓，訓「驚」者展轉相訓。《論語・述而》云「子之所慎：齊、戰、疾」，則作「驚」亦通。

王者躬耕，所以供粢盛。《文選・籍田賦》注。

疏證曰：《禮記・祭義》曰：「是故昔者天子爲藉千畝，冕而朱紘，躬秉耒；諸侯爲藉百畝，冕而青紘，躬秉耒，以事天地、山川、社稷、先古，以爲醴酪齊盛於是乎取之，敬之至也。」《祭統》曰：「是故天子親耕於南郊，以共粢盛」，注：「齊，或爲『粢』。」

煙氛郊社不修，山川不祝，風雨不時，霜雪不降，責於天公。臣多弑主，孽多殺宗，五品不訓，責於人公。城郭不繕，溝池不修，水泉不隆，水爲民害，責於地公。《論衡》卷十五《順鼓》篇。又《丹鉛總録》卷二十六《瑣語類》引，小異。

疏證曰：陳壽祺曰：「《韓詩外傳》卷十八亦說天公、人公、地公。此與《夏傳》天子三公又爲一義。」錫瑞案：今文說以司馬主兵，亦謂天公；司徒主人，亦稱人公；司空主地，亦稱地公。此與《御覽》引《書傳》「百姓不親」云云見《夏傳》似殊，而其義實不異。

季夏可以大赦罪人。《北堂書鈔·夏》。

衣錦尚蘔。《詩考·異字異義》、《困學紀聞》卷三。注 蘔，讀爲「絅」，或爲「絺」。《困學紀聞》卷三。

疏證曰：盧文弨曰：「字書無『蘔』字。《儀禮·士昏禮》『被顈』，注：『顈，禪也。』賈疏引《詩》曰『褧衣』。又『加景』，疏亦引『衣錦褧衣，裳錦褧裳』。『顈』與『景』，即《詩》之『褧』字，字異而義同也。」陳喬樅曰：「案：蘔，即『蘏』字轉寫之譌。蘏，即『顈』也。《禮記》釋文：『絅，本又作顈，《詩》作褧，同。』又《玉篇》『檾』亦作『苘』，云與『檾』同。《廣韻》又作『䔛』，竝云與『苘』同，可證也。」《禮記·雜記》鄭注：「顈，草名，無葛之鄉，去麻則用顈。」《類篇》云：「䔛，麻屬。」是「褧」、「絅」義同，「顈」、「檾」字同。蓋以禪衣無裏言之，則爲絅、爲褧；以用枲反古言之，則爲顈、爲檾。「䔛」即「蘏」之渻文，「䔛」、「蘏」、「苘」，皆「檾」之或體耳。

剴，切。《毛詩·雨無正》正義。

矜、寡、孤、獨，天民之窮而無告者，皆有常餼。《毛詩·大田》正義。

疏證曰：《禮記·王制》曰：「少而無父者謂之孤，老而無子者謂之獨，老而無妻者謂之矜，老而無夫者謂之寡。此四者，天民之窮而無告者也，皆有常餼。」正義曰：「此一節論矜恤鰥、寡、孤、獨之事。無妻無夫謂之矜寡者，按《孝經》云：『男子六十無妻曰鰥，婦人五十無夫曰寡。』舜年三十而《尚書》謂之鰥者，以其父頑、母嚚，無爲娶之端，故雖三十而亦稱鰥。《詩》云：『何草不黄，何人不矜？』據久役在外，嫁娶失時，亦謂之爲矜。矜與鰥同。其男子無妻，亦謂之寡。《左傳》云：『崔杼生成及彊而寡。』按劉熙《釋名》云：『無妻曰鰥。愁悒不能寐，目恒鰥鰥然。其字從魚，魚目恒不閉。無夫曰寡。寡者，倮也，倮然單獨也。無父曰孤。孤，顧也，顧望無所瞻見也。無子曰獨。獨，鹿也，鹿鹿無所依也。』」

外無曠夫，内無怨女。《毛詩·雄雉序》正義。正義云：「《書傳》曠夫，謂未有室家者。」

老而無妻謂之鰥，老而無夫謂之寡，幼而無父謂之孤，老而無子謂之獨，行而無資謂之乏，居而無食謂之困。此皆天下之至悲哀而無告者。故聖人在上，君子在位，能者在職，必先施此，無使失職。《御覽》四百七十七《人事部》百十八。又《毛詩·何草不黄》正義、《周禮·遺人》《廩人》疏節引。

火發於密，水洩於深。《記纂淵海》卷一《水火》引《尚書大傳》。《萬卷英華》前集。陳壽祺曰：「《韓昌黎外集·擇言解》有『火洩於密，水發於深』二語，蓋本《書大傳》。」

凡宗廟有先王之主曰都，無曰邑。唐釋湛然《止觀輔行傳弘決》卷第四之三注引《尚書大傳》。陳壽祺曰：「傳文『宗廟』二字似有誤。」

疏證曰：《左氏》莊二十八年傳：「凡邑，有宗廟先君之主曰都，無曰邑。」集解曰：「《周禮》：『四縣爲都，四井爲邑。』然宗廟所在，則雖邑，曰都，尊之也。」據《左氏傳》，則此傳「宗廟」二字應在「有」字之下，蓋傳寫誤倒。《左氏》兼諸侯言，故曰「先君」。此專言天子，故曰「先王」耳。《周禮·春官》「都宗人掌都祭祀之禮」，注云：「王子弟則立其祖王之廟。」疏曰：「《左氏傳》莊二十八年云：『邑，有先君之主曰都。』明天子禮亦然，故知都內王子弟有祖王之廟也。」又「家宗人掌家祭祀之禮」，注云：「大夫采地之所祀與都同，若先王之子孫亦有祖廟。」疏曰：「云『若先王之子孫亦有祖廟』者，亦如上都宗人，但天子與諸侯禮異。諸侯之卿、大夫，同姓，邑有先君之主則曰都，無曰邑。天子之臣，同姓大夫，雖有先君之主，亦曰邑也。」賈疏過求分析，與此傳不合，似失之。

子夏葉拱而進。《困學紀聞》卷二。

陳壽祺曰：「『葉拱』二字，亦見《家語·辯樂解》。」

魏文侯問子夏，子夏乃遷延而退。《文選·難蜀父老》注。

鬃鬃，周成王時州靡國獻之。《爾雅·釋獸》疏。

陳壽祺曰：「《山海經·海內南經·梟陽國》『鬃鬃』注引『《周書》成王時』云云，是《逸周書·王會解》文也。《爾雅疏》明引《大傳》，未審當在何篇，抑或邢叔明記憶之誤與？」

尚書大傳補遺

泰嶽，即伯夷。言「僉」，非一人也。

疏證曰：《路史·後紀》：「泰嶽蓋長，伯夷之子。世謂即伯夷，始繆於伏氏。按：《朝鮮記》云伯夷生西嶽，則泰嶽爲伯夷之子明矣，故子晉云共工從孫四嶽佐之。《書》『咨四嶽，僉曰』，言『僉』，非一人也。見《書大傳》。伯夷之子爲西嶽，或襲之爾。」羅氏所攷，未足爲據，而其文明引伏氏《書傳》，則《大傳》當有此二句。

出教不得民心，則民讙譈。 原本《玉篇·言部》。

故先軗其志，見其事。 注 軗，猶見也。 原本《玉篇·車部》。

洧槃之水，出崦嵫之山。 《離騷經》王逸注引《書大傳》，或作「禹大傳」。

疏證曰：《離騷經》「朝濯髮於洧槃」，王逸注：「洧槃，水名也。」案：《北山經》：「繡山，洧水出焉，東流注於河。」與鄭之潧、洧別。

尚書大傳刊誤

堯年十六，以唐侯升爲天子，遂以爲號。《論語·泰伯》疏。

陳壽祺曰：「《堯典》正義云『偏撿《書傳》，無帝堯即位之年』，則此似非伏生《大傳》文，疑出《書緯》。」錫瑞案：《論衡·氣壽》篇曰：「《堯典》曰：朕在位七十載，求禪，得舜。舜徵三十歲在位。堯退而老，八歲而終，至殂落，九十八歲。未在位之時，必已成人。今計數，百有餘矣。」《論衡》「三十歲在位」當作「二十」，乃與「九十八歲」合，淺人用古文《尚書》改之。王仲任習今文《尚書》，如《大傳》有堯即位之年，仲任無緣不知，乃云「必已成人」，爲約畧之詞，則《書傳》必無堯即位之年矣。《帝王世紀》曰「年二十而登帝位」，皇甫謐之説既不可信，亦與「年十六」之數不合。陳云疑出《書緯》，仲任亦非不見緯書者。僞孔《傳》云「堯年十六即位」，正義曰「孔氏必當有所案據，未知出何書」，然則僞孔《傳》外，無載堯即位之年者。《論語疏》所引「書傳」，正與僞孔《傳》同，則其所謂「書傳」即僞孔《傳》，非伏生《大傳》，明矣。吴中本無此條，陳氏疑之而仍增入，由未知此「書傳」即孔《傳》耳。今删去。

《尚書》曰：「堯將禪舜，納之大麓之野，烈風雷雨不迷，致之以昭華之玉。」《水經·濁漳水》注引《尚書》。

陳壽祺曰：「疑《尚書》逸篇之文，且與《文選注》、《御覽》所引異，恐非《尚書傳》。」錫瑞案：陳氏知此條非《尚書傳》，又於《辨譌》首列此條，謂是《尚書》逸篇文，雅雨堂本誤入《唐傳》。其說甚塙，而輯本仍載之，蓋猶未免騎牆之見。今刪去。

子夏曰：「昔者三王慤然欲錯刑遂罰，平心而應之，和然後行之，然且曰：『吾意者以不平慮之乎？吾意者以不和平之乎？』如此者三，然後行之。此之謂慎罰。」《御覽》六百三十五《刑法部》一。

錫瑞案：陳本《康誥》中列此條，《甫刑》中又複出。今於《甫刑》中刪去。

大水、小水，東流歸海也。《文選·海賦》注、《郭有道碑文》注。

錫瑞案：吴中本、陳本皆列此條。攷《文選》兩處之注並無之，今刪去。

【校勘記】

〔一〕「運」，原誤作「連」，據《太平御覽》卷七十六引《春秋演孔圖》改。

〔二〕「小」，原誤作「少」，據《通典·禮典》改。

〔三〕「出」，原誤作「此」，據《尸子》、《淮南子》改。

〔四〕「段」，原誤作「殷」，據文義改。

〔五〕「莢」，《大戴禮記》本作「葉」。
〔六〕「輲」，原誤作「輪」，據戴震《釋車》改。
〔七〕「諸侯與其」，原誤作「與其諸侯」，據《禮記正義》改。
〔八〕「將」，原誤作「秋」，據《漢書・食貨志》改。
〔九〕「云」，原誤作「之」，據《禮記正義》改。
〔一〇〕「不忘」，原誤作「亦防」，據《春秋公羊傳注疏》改。
〔一一〕「敬」，《大戴禮記・保傅》作「别」。
〔一二〕「明」，原誤作「朝」，據《吕氏春秋・孝行覽・本味》篇改。

附録

《尚書大傳疏證》提要

《尚書大傳疏證》七卷，皮氏家刊本。清皮錫瑞撰。首有夏敬莊序及自序。錫瑞爲今文之學，書中多申伏抑鄭。雖用陳壽祺之本，而不盡遵其説。如「度西曰柳穀」，鄭注云：「柳之言聚。」賈疏云：「柳者，諸色所聚。日將没，其色赤，兼有餘色，故曰柳穀。」錫瑞采夏侯説昧谷爲柳穀，「穀」乃「谷」之假借字。「在旋璣玉衡」，鄭注云：「渾儀中筩爲旋璣，外規爲玉衡。」錫瑞以爲非《大傳》義，旋璣、玉衡皆星名。「古者諸侯之於天子，五年一朝」，鄭於《尚書·堯典》「五載一巡守，群后四朝」注云「巡守之年，諸侯朝於方嶽之下。其間四年，四方諸侯分來朝於京師，歲徧」，是也。錫瑞以爲如鄭説，則巡守之年，四方諸侯無一來助祭者，不如何休《公羊解詁》分四方諸侯爲五部，部有四輩，輩主一時之説爲長。「致天下於大麓之野」，鄭注云：「麓者，録也。」錫瑞以爲與《書》之「納麓」不同，鄭説誤。「四嶽、八伯」，鄭注云：「堯始得羲、和，命爲六卿。其主春、夏、秋、冬者，並掌方嶽之事，是爲四嶽，出則爲伯。」錫瑞以爲：「古者天子三公、九卿，無六卿。羲、和司天之官，即是四子，非羲、和別爲二人。鄭蓋傅會『南正重司天，北正黎司地』，羲近重，和近黎，故以羲、和爲掌天地，四子掌四時，即《周禮》之六卿。然《周禮》作於周公，不可以解唐、虞之制。羲、和司天之官，不得兼掌方嶽。《大傳》明以四嶽、八伯並列，是四嶽以外，更有八伯。注與《大傳》顯然不合。」「儀伯之樂」，鄭注云：「儀，當爲羲。羲仲之後。」錫瑞以爲：下文「羲伯之樂」，鄭注云「羲伯，羲叔之後」，鄭何以知此「儀」爲「羲」？又何以知此爲仲後，下爲叔後？皆出傅會。「天子三公，一曰司徒公，二曰司馬公，三曰司空公」，鄭注云：「《周禮》天子六卿，與太宰、司徒同職者，謂之司徒公；與宗伯、司馬同職者，謂之司馬公；與司寇、司空同職者，則謂之司空公。一公兼二卿。」錫瑞以爲：「古者祇有三公、九卿，六卿是周制。若一公兼二卿，乃周大國三卿之制。鄭以周制爲夏制，以諸侯之官爲天子之官，失之。」「百姓不親」條，鄭注云：「坐而論道，謂之三公。通職名，無正官名。」錫瑞以爲鄭所云乃《周官》之三公，非《大傳》之三公，引《韓詩外傳》《公羊傳注》《白虎通》，三公各有所主，鄭蓋以古文解今文。「武王勝殷，繼公子禄父」，鄭注云：「武庚字禄父。」錫瑞以爲非《大傳》義，今文説以武庚、禄父爲二人。「星辰莫同」，鄭注云：「莫，夜也。星辰之變夜見，亦與晝同。」錫瑞以爲鄭義迂曲，疑非傳旨。「奄君薄姑」，鄭注疑爲齊地。錫瑞以爲是奄君之名，齊地不妨同名，鄭所疑非。「古之帝王者，必立大學、小學」，鄭注引《禮志》：「小學在公宫南之左，大學在郊。」錫瑞以爲係《禮記·王制》文，鄭注《王制》云「此小學、大學，殷之制」，此復引以解《周傳》，則四代質文相變之説非矣。

其辨正陳説者，如以《暢訓》即《略説》，「天子必有四鄰」一節爲《唐傳》，「古八家而爲鄰」一節爲《洛誥傳》，「舜攝時，三公、九卿」一節爲《夏傳》；又如「旋璣」之引《考靈曜》，「上刑」之引《荀子》，皆以爲誤。

其自序云：「西莊之作《後案》，阿鄭實多；樸園之考今文，詆伏尤妄。」謂王鳴盛、陳喬樅也。此外，於王引之、段玉裁、孫星衍、侯康之説，咸有所駁。書中屢引《玉燭寶典》之文，則近時新由日本傳入者，他家所不及見也。至其考據之詳核，爲讀《大傳》者所必資矣。（《續修四庫全書總目提要（經部）》，中華書局一九九三年）